कवि केदारनाथ सिंह

इसमें तुम्हें जंगली पत्तों की खुशबू
और एक जानवर के रोओं की गरमाहट मिलेगी
तुम्हें एक मजबूत पत्थर मिलेगा
जिस पर तुम बैठ सकते हो
पत्थर को छुओ
तुम्हें पानी का संगीत सुनाई पड़ेगा
एक पत्ता उठा लो
और तुम पाओगे तुम उसकी नसों में
खून की तरह बह रहे हो
तुम बाहर निकलोगे
और तुम्हें सूरज मिल जायेगा

—केदारनाथ सिंह

ਭਾਈ [illegible] ਸਿੰਘ

([illegible])

[illegible]

[illegible]

ਸਾਹਿਤ ਅਕਾਦਮੀ

कवि केदारनाथ सिंह

(कवि-कर्म का विवेचन और मूल्यांकन)

सम्पादक

भारत यायावर

राजा खुगशाल

वाणी प्रकाशन

वाणी प्रकाशन
4695, 21-ए, दरियागंज, नयी दिल्ली 110 002
फ़ोन : +91 11 23273167 फ़ैक्स : +91 11 23275710
शाखाएँ
अशोक राजपथ, पटना 800 004, बिहार
कॉफ़ी हाउस कैम्पस, महात्मा गांधी मार्ग, इलाहाबाद 211 001, उत्तर प्रदेश
महात्मा गांधी अन्तरराष्ट्रीय हिन्दी विश्वविद्यालय, वर्धा 442 001, महाराष्ट्र
सुल्तानिया रोड, मोतिया पार्क, भोपाल 462 001, मध्य प्रदेश
www.vaniprakashan.com
marketing@vaniprakashan.in
sales@vaniprakashan.in

KAVI KEDARNATH SINGH

Edited by Bharat Yayawar, Raja Khugshal

ISBN : 978-93-5072-038-7

Criticism

संस्करण 2004
आवृत्ति 2020
मूल्य : ₹ 495

सिटी प्रेस, दिल्ली-110 095 में मुद्रित
वाणी प्रकाशन का लोगो मक़बूल फ़िदा हुसेन की कूची से

केदार जी के कवि के
प्रेरक
त्रिलोचन शास्त्री को

भाइयो और बहनो
यह दिन डूब रहा है
इस डूबते हुए दिन पर
दो मिनट का मौन
जाते हुए पक्षी पर/रुके हुए जल पर
घिरती हुई रात पर/दो मिनट का मौन
जो है उस पर/जो नहीं है उस पर
जो हो सकता है उस पर/दो मिनट का मौन
इस महान शताब्दी पर
महान शताब्दी के/महान इरादों पर
महान शब्दों और महान वादों पर
दो मिनट का मौन

—केदारनाथ सिंह

क्रम

केदारनाथ सिंह

भारत यायावर

केदार जी से मिलने के पहले उनके प्रति एक भ्रम-सा मन में था और यह भ्रम उन्हीं के द्वारा रचित था। केदार जी की कविताओं का प्रेमी मैं शुरू से ही था। जब अपनी काव्य-यात्रा शुरू कर रहा था, तभी 'तीसरा सप्तक' में संकलित केदार जी की कविताएँ पहली बार पढ़ी थीं। उन कविताओं के साथ जो केदार जी का आत्म-वक्तव्य था, उसी ने उनके बारे में मेरे मन में एक भ्रम का निर्माण किया था—"कविता, संगीत और अकेलापन, तीन चीजें मुझे बेहद प्रिय हैं। मित्र बहुत कम बना पाता हूँ क्योंकि एक व्यावहारिक आदमी में जो खुलापन होना चाहिए, उसका मुझमें नितान्त अभाव है।" पढ़कर मैंने केदार जी की अपने मन के पर्दे पर जो छवि बनायी थी, वह एक ऐसे कवि की छवि थी, जो लोगों से मिलना-जुलना, बातचीत करना पसन्द नहीं करता, जो अन्तर्मुखी है, जो अकेलेपन में ही जीवन-रस ग्रहण करता है। ये धारणाएँ मेरे मन में बहुत गहरे पैठी हुई थीं। फिर पटना में डॉ० नन्दकिशोर नवल से केदार जी के बारे में ढेरों बातें हुईं। जब भी पटना जाता, नवल जी से लम्बी साहित्यिक बातचीत हुआ करती और अब भी होती है। इसी क्रम में नवल जी ने एक बार केदार जी के श्रेष्ठ प्राध्यापक होने की बात कही। उन्होंने बताया कि यदि मुझे कभी किसी प्रोफेसर का छात्र या विद्यार्थी होना पड़े, तो मैं केदार जी का होना पसन्द करूँगा।...इस तरह नवल जी ने केदार जी के प्रति मेरे मन में बेहद आकर्षण भर दिया, अन्यथा केदार जी से शायद कभी नहीं मिलता या मिलने की कोशिश करता।

1980 के अक्तूबर में मैं दिल्ली गया था। उसी समय अनिल जनविजय ने जवाहरलाल नेहरू विश्वविद्यालय के रूसी भाषा में दाखिला लिया था और वहीं रह रहा था। वहीं एक दिन अपने विभाग से लौटते हुए केदार जी से अनिल ने मेरा परिचय करवाया। खादी का कुरता-पाजामा पहने, केदार जी ने खड़े-खड़े कुछ मिनट बातें कीं और अपनी सादगी, सरलपन या कहें, अपने व्यक्तित्व के खुलेपन से आश्चर्य में डाल दिया। ठेठ गाँव-कस्बों के औसत पढ़े-लिखे आदमी की तरह,

साधारण लिबास में उन्हें देखकर और आत्मीय, तरल व्यक्तित्व को पाकर मैंने जो मन के पर्दे पर केदार जी की छवि बना रखी थी, अचानक दरक गयी। उसी दिन केदार जी ने शाम को घर पर बुलाया। शाम को मैंने और अनिल ने केदार जी का लम्बा इण्टरव्यू लिया। इण्टरव्यू मूलतः केदार जी की कविताओं पर ही केंदित था। पर उसमें युवा कवियों, मसलन राजेश जोशी, अरुण कमल, उदय प्रकाश की कविताओं पर भी गम्भीर टिप्पणी की गई थी, साथ ही विश्व के प्रमुख कवियों से सम्बन्धित भी कई बातें थीं। इस इण्टरव्यू से केदार जी के कवि के व्यापक सरोकारों की जहाँ जानकारी मिली, वहीं नये-से-नये रचनाकारों की रचनाओं के प्रति भी उनके लगाव की जानकारी मिली। वह इण्टरव्यू शम्भु बादल द्वारा सम्पादित पत्रिका 'प्रसंग' और बाद में 'कलावार्ता' में छपा था।

केदार जी से इस पहली ही भेंट से उनके प्रति बेहद आत्मीयता और लगाव महसूस करने लगा। फिर प्रायः हर वर्ष दिल्ली जाना होता और केदार जी से सबसे ज्यादा मिलना होता। केदार जी के संस्मरणों में सबसे ज्यादा त्रिलोचन जी का उल्लेख होता। त्रिलोचन के बारे में संस्मरण सुनाते हुए केदार जी कभी ठहाके लगाते, कभी गहरी उदासी से भर जाते। त्रिलोचन केदार जी के लिए प्रातः स्मरणीय व्यक्ति हैं। केदार जी के व्यक्तित्व के निर्माण में शायद त्रिलोचन का प्रमुख योगदान रहा है। इसलिए उन्होंने प्रारम्भ में सॉनेट भी लिखे हैं। यह त्रिलोचन के प्रति उनकी आस्था के कारण ही सम्भवतः लिखा गया होगा।

केदार जी से अब भी मिलना होता है, मिलते ही उनकी 'हाथ' कविता की याद आती है—

"उसका हाथ
अपने हाथ में लेते हुए मैंने सोचा
दुनिया को
हाथ की तरह गर्म और सुन्दर होना चाहिए"

केदार जी का व्यक्तित्व भी 'गर्म' और 'सुन्दर' है और उनकी कविताएँ भी। वे अपनी कविताओं के गर्म और सुन्दर होने का विशेष ध्यान भी रखते हैं। वे बिम्बों के ताजा प्रयोग अपनी पीढ़ी के कवियों में सर्वाधिक करते दिखाई पड़ते हैं। उनमें कला-सजगता भी सर्वाधिक है। इसी कारण कई आलोचकों ने रूपवादी कलावादी होने का भी उन पर आरोप लगाया है। पर वे मूलतः प्रगतिशील चेतना के कवि हैं। यद्यपि यह चेतना उनमें बहुत मुखर नहीं दिखाई पड़ती। उनमें एक विशेष प्रकार का संयम है। वे अफरा-तफरी में तुरत किसी घटना या वस्तु पर प्रतिक्रिया नहीं व्यक्त करते। काव्य-विषयों में प्रवेश करने के पहले वे उनके रूप-रस-गन्ध में उतरते हैं। उसके आसपास की अर्थ-छवियों का भी रेखांकन करते हैं। काव्य-विषय से रागात्मक लय स्थापित कर उसकी आत्मा में प्रवेश करते हैं। इसीलिए केदार जी की कविताएँ स्थूल नहीं हैं। वे 'रोटी में नमक की तरह' हैं।

केदार जी की कविताओं की भूमि महानगर-कस्बों से लेकर सुदूर ठेठ देहात तक की है। उनका जुड़ाव दिनानुदिन लोक-जीवन के प्रति गहरा होता गया है। उनकी कविताओं के द्वारा हिन्दी भाषा को एक नयी त्वरा, नया रूप और नया अर्थ मिला है। केदार जी पर प्रकाशित यह संकलन उनकी कृतियों के मूल्यांकन का एक छोटा प्रयास भर है। अभी वे अपनी रचनाशीलता के चरम पर हैं, और यही समय है, जब उनकी कविताओं का समग्र मूल्यांकन जरूरी है।

मैं बोलता हूँ, इसलिए लिखता हूँ

केदारनाथ सिंह

मैं क्यों और कैसे लिखता हूँ, इसका कोई सीधा उत्तर मेरे पास नहीं है। बस इतना जानता हूँ कि मेरे लिखने की यात्रा मेरे बोलने से शुरू होती है। मैं बोलता हूँ, इसलिए लिखता हूँ। मनुष्य के इतिहास में लिखना बोलने का अनुवर्ती है—लगभग यही बात रचना-प्रेमियों पर भी लागू होती है। मुझे हमेशा लगता है कि जब मैं लिख रहा होता हूँ तो असल में मैं बोल रहा होता हूँ। यह बोलना मुझे बराबर एहसास कराता है कि मेरे और कागज पर उतरते हुए शब्द के बीच कोई और भी है जो लगातार उपस्थित है। असल में वह आसन्न उपस्थिति ही मेरे और मेरे शब्द के रिश्ते को तय करती है। सचाई यह है कि यह उपस्थिति शब्द के साथ ही लगी-लिपटी चली आती है। क्योंकि शब्द बाहर से आता है और जिस अंश तक वह 'बाहरी' है, उस अंश तक वह बाहर की वास्तविकता को लिये-दिये आता है मेरे भीतर। अतः कागज के पन्ने पर जो घटित होता है, वह कई बार बाहर और भीतर का एक मूक संलाप होता है, कई बार एक मुखर बहस और कई बार एक अजब सी अनबन या टकराव, जिसका दबाव शब्द चुपचाप झेलते हैं।

कविता की भूमिका या उसके पूरे स्वरूप पर विचार करते हुए मुझे यह आवश्यक लगता है कि उस ठोस सन्दर्भ को दृष्टि से ओझल न होने दिया जाय, जिसमें एक भारतीय कवि आज रचनारत है। इस तथ्य की ओर बहुत कम ध्यान दिया गया है कि जिस सीमारेखा पर खड़े होकर आज ज्यादातर भारतीय कविता लिखी जा रही है, वहाँ हमारी जातीय चेतना के दो छोर यानी शहर और गाँव अजब ढंग से घुले-मिले होते हैं। कई बार इस घुलावट को कवि जानता है और कई बार वह बिना जाने ही उसे अपने सम्पूर्ण बोध का हिस्सा बन जाने देता है। भारतीव कवि के वास्तव-बोध की एक यह ऐसी विशेषता है जो उसे पशिचमी काव्य की संवेदना से अलग करती है।

नगर-केन्द्रित आधुनिक सृजनशीलता और ग्रामोन्मुख जातीय चेतना के बीच जब-तब मैंने एक खास किस्म के तनाव का भी अनुभव किया है। यह तनाव हमारे

दैनिक सामाजिक जीवन की एक ऐसी जानी-पहचानी वास्तविकता है, जिसकी ओर अलग से हमारा ध्यान कम ही जाता है। मेरे लिये यह अनुभव एक 'एस्थेटिक' बोध भी है और एक गहरे अर्थ में मेरी नैतिक चेतना का एक अविछिन्न हिस्सा भी। अपने रचना कर्म में मेरी एक कोशिश यह होती है कि उसमें अनुभव के इन दोनों स्तरों की अन्त:क्रिया किसी हद तक समाहित हो सके। वह किस हद तक सम्भव हो पाती है, यह बताना मेरे लिये कठिन है पर वह मेरी रचना-क्रिया का एक जरूरी हिस्सा है, इसे मैं भूलना नहीं चाहता।

मेरी कविता का पाठक कहाँ और कौन है, इसे मैं ठीक-ठीक नहीं जानता। जानने का कोई सीधा उपाय भी नहीं है मेरे पास। एक दिलचस्प किंवदन्ती की तरह मुझे सिर्फ इतना मालूम है कि हिन्दी-भाषी समाज में वह जो एक छोटी-सी दुनिया है, जिसे खूब पढ़े-लिखे लोगों की दुनिया कहते हैं, कही वही होना चाहिए आज की कविता के पाठक को। मेरे लिए वह लगभग अज्ञात वयकुलशील है। उसकी यह अज्ञात वयकुलशीलता मुझे कई बार परेशान करती है, पर वह जैसे किसी जादुई छिद्र से चुपचाप मेरे समस्त रचना-कर्म को देखती भी रहती है। यह अदृश्य रूप से देखना मेरी पूरी रचना की भाषा और उसके 'टोन' को दूर तक प्रभावित करता है। सचाई यह है कि आज पाठक यदि कहीं है तो वह पूरे काव्य परिदृश्य के हाशिये पर है, केन्द्र में नहीं और कुल मिलाकर वहाँ भी उसकी स्थिति सन्देहों से परे नहीं है। पाठक की इस संदिग्ध स्थिति को एक ठोस मानवीय सम्भावना में बदला जाय—मेरे रचना-कर्म का यह एक खास मुद्दा है। एक तरह से देखा जाय तो पूरी भारतीय कविता पाठक या सहृदय के साथ एक गहरे स्तर पर जुड़ी रही है और यह मुझे उसका एक खास चरित्र-लक्षण जान पड़ता है। एक समकालीन रचनाकार के नाते यहाँ मैं अपनी स्थिति को थोड़ा विडम्बनापूर्ण पाता हूँ और लिखते समय अपनी स्थिति के इस दंश को भूलना नहीं चाहता।

यहाँ मैं एक छोटी-सी घटना का उल्लेख करना चाहूँगा। कोई दो साल पहले जब गर्मी की छुट्टियों में गाँव गया था तो एक दिन अचानक एक वृद्धजन से भेंट हो गई, जो गाँव के अनुभव में पके हुए एक कर्मठ किसान थे। मैंने प्रणाम किया तो हँसते हुए बोले—'सुना है, कवित्त लिखित हो।' मैं जानता था 'कवित्त' से उनका मतलब कविता से ही है। मैंने स्वीकृति-सूचक सिर हिलाया तो बोले—'कुछ सुनाओ।' मैं कुछ देर अवाक् खड़ा रहा। भला उन्हें क्या सुनाता! अस्तु, हाथ जोड़े और आगे बढ़ गया। पर अपने समाज में अपनी विडम्बनापूर्ण स्थिति का सबसे तीखा बोध मुझे उसी दिन हुआ। मैं जानता हूँ कि यह आज की कविता की एक सीमा हो सकती है, पर कोई दोष नहीं कि वह एक बूढ़े किसान को सुनायी नहीं जा सकती। पर इस कठोर सचाई का दंश यदि हमें उद्वेलित या विचलित भी न करे तो फिर यह मानना होगा कि हमारी संवेदना में कहीं एक गहरी फाँक आ गई है।

मेरे लिए लिखना लगभग उसी तरह एक जिम्मेवारी से भरा हुआ काम है, जैसे एक मिस्त्री के लिए एक ढीले नट की चूल कसना या एक गड़रिये के लिए अपनी खोई भेड़ की तलाश करना। हम तीनों इसी तरह अपनी-अपनी नागरिकता

का शुल्क अदा करते हैं। कविता से मैं उतनी ही माँग करना चाहता हूँ, जितना वह दे सकती है। कविता—सिर्फ इस कारण कि वह कविता है, दुनिया को बदल देगी, ऐसी खुशफहमी मैंने कभी नहीं पाली। एक रचनाकार के नाते मैं कविता की—और खासतौर से एक उपभोक्ता-समाज में लिखी जाने वाली कविता की—ताकत और सीमा दोनों जानता हूँ। इसलिए इस बात को लेकर मेरे मन में कोई भ्रम नहीं कि मेरी पहली लड़ाई अपने मोर्चे पर ही है और वह यह कि किस तरह कविता को मानव-विरोधी शक्तियों के बीच मानव संवेद्य बनाये रखा जाय। परिवर्तन की दिशा में आज एक कवि की सबसे सार्थक पहल यही हो सकती है।

वातावरण की तरह शब्द को प्रदूषण से बचाये रखना आज रचनाकार का एक बड़ा सरोकार बन गया हैं और यहाँ एक कवि की जिम्मेवारी कई गुना बढ़ जाती है। उसके लिए इस तथ्य को भुला देना खतरनाक हो सकता है कि जो शब्द वह इस्तेमाल कर रहा है, वह एक लम्बी परम्परा से छनकर उस तक पहुँचा है। लिखते समय यह चेतना मुझे बल देती है कि मेरा शब्द मुझसे पहले असंख्य मुखों से असंख्य बार उच्चरित हो चुका है। सचाई यह है कि एक लेखक कोरी प्लेट पर कभी नहीं लिखता। असल में कविता की दुनिया कोरी प्लेट जैसी कोई चीज होती ही नहीं। एक कवि को जो प्लेट लिखने के लिए मिलती है, वह ऊपर से नीचे तक इबारतों से भरी होती है। कविता इन इबारतों को मिटाती नहीं, बल्कि उन्हीं के बीच की खाली जगहों से वह पचखियों की तरह फूटती है और उनके साथ किसी गहरे स्तर पर जुड़ती-टकराती हुई अपने लिए एक स्वतन्त्र परिवेश और आबोहवा रच लेती है। उन सारे ज्ञात-अज्ञात स्रोतों के प्रति—वे चाहे जीवन में हों या भाषा में—मैं एक गहरी जिम्मेवारी महसूस करता हूँ।

इस शती के शुरू में कविता के अस्तित्व को लेकर बहुत-सी शंकायें व्यक्त की गई थीं। पर शती के अन्तिम दशक के द्वार पर दस्तक देने से पहले हम देखते हैं कि कविता न सिर्फ जीवित है, बल्कि उसने अपने जीवित रहने के संघर्ष को मानव-अस्तित्व के मूलभूत संघर्ष के साथ बहुत दूर तक एकाकार कर लिया है। फिर हम यह भी जानते हैं कि इस स्थिति ने उसके काम को बहुत जटिल, मुश्किल और चुनौती-भरा बना दिया है। इन सारी मुश्किलों और चुनौतियों के बीच कविता मानवीय सच और शब्द की गरिमा को बनाये रखने के संघर्ष में आज भी जुटी है और इस काम में विभिन्न महाद्वीपों में लिखी जाने वाली समकालीन कविता के बीच एक विलक्षण साझेदारी दिखाई पड़ती है। आज हिन्दी कविता और उसके समानान्तर पूरी भारतीय कविता अपने खास ढंग से और अपने खास सामाजिक-सांस्कृतिक माहौल में अपने को और इस तरह अपने समय के मनुष्य को जिन्दा रखने के उसी संघर्ष में लगी हुई है। मेरा समस्त रचना कर्म उसी संघर्ष का एक छोटा-सा विनम्र हिस्सा है—यही एहसास मुझे अगली कविता लिखने के लिए ताकत देता है और वह जरूरी नैतिक सम्बल भी, जिसके सहारे एक लेखक अपनी जमीन पर खड़ा रहता है।

[साहित्य अकादमी पुरस्कार अर्पण समारोह के अवसर दिया गया वक्तव्य]

कवि केदारनाथ सिंह

शब्द जब आदमी को खोलता है

देवेन्द्र कुमार

शक्ल सूरत से नहीं
मैं हर किसी को उसकी भाषा से पहचानता हूं
भाषा सबसे सशक्त माध्यम है
किसी की पहचान का।
शब्द और जुबान का गहरा रिश्ता है
शब्द जब आदमी को खोलता है

तो वह नहीं/उसका संस्कार बोलता है
नदी की धारा की तरह
कविता यहीं से मुड़ती है/और जाकर
एक विशाल रिश्ते से/जुड़ती है

सच को नकारना
और खा पीकर डकारना
कविता क्या/अपने ही किसी अन्तरंग का
दिल दुखाना है
दिल जीतना और बड़ी से बड़ी परेशानी को
चुटकी बजा के हंसी-हंसी में उड़ा देना
बखूबी जिन्हें आता है/वह हजारीप्रसाद द्विवेदी
के नाम से जाना जाता है।

न कोई पगड़ी
न कोई पुंछौटा
न कोई मकाब
न कोई मुहिम
एक ऐसी ही अज़ीम-शख्सियत का नाम है
केदारनाथ सिंह।

जिसका कविता से गहरा वास्ता है
वह व्यक्ति के रूप में पहले बांधता है
और जहां जाकर दोनों घुल-मिल जाते हैं
वहां कवि और व्यक्ति में फर्क करना मुश्किल होता है
मुश्किल ही नहीं/घोर मुश्किल
कि आखिर इन दोनों में कौन बड़ा है ?
या दोनों।
लोग एक दूरी बनाकर मिलते हैं
वह दूरी मिटाकर—
अपने अनुभवों की दुनिया में ले जाते हैं
जहां लोक की अगाढ़ सम्पत्ति है
जांते से उठती धुन है। बैलों के गले में बंधी घण्टियां हैं
गीतों से भरा फागुन है
और है—
कमरे का दानव, बढ़ई के खूंटे में फंसा चिड़िया का दाना
मैदान में खेलते बच्चे, जुम्मन मियां
अकाल में सारस···
यहां से देखने पर उनका अनागत
सबका अनागत हो जाता है।
उनके मुंह से निकला 'माई' शब्द
अब भी पूरे घर में गूंजता है।
मैं उनके हाथ से लेकर
पंखा झलने लगता हूं/वह इशारे से बताते हैं
भाभी सो रही है
झपकी भले आ जाए/पर सिरदर्द से नींद ही उन्हें कहां आती !
उनके साथ बैठना/बैठना न होकर
एक दिलचस्प घटना होती है
काव्य जगत के इस अजातशत्रु को/सुख-दुख की
घड़ियों में
मैंने बहुत करीब से देखा है
कभी मुनिवर, कभी बंग-वासी के साथ
अक्सर यह कहते हुए कि—
'मुनिमतंग से हुक्का-पानी बरकरार है, न !
'छवि की डली' का क्या हाल है

आजकल कुछ कर-धर रहे हैं
या भारत बेहाल है !"
धूमिल आपका समकालीन ही है, न !
शुरुआत अच्छी नहीं थी
पर देखते-देखते एक महत्वपूर्ण कवि
बन गया !
समकालीन कविता विशेषांक देखा
राजेश जोशी के बारे में आपका क्या खयाल है ?

हंसना-हंसाना
समान रूप से सबको साथ लेकर चलना
जैसे सूर्य नमक की तरह रोटी में प्रवेश करता है
उसी तरह परिवार में घुल-मिल जाना
न चुप रहना/न चुप रहने देना
जितना है/उतने में अपने को ठीक-ठाक
व्यवस्थित कर लेना
मां नहीं/ममता की उद्‌गार/सहज-आत्मीय शब्द
'माई' की तरह बांधे रहना
विला किसी टिप्पणी के बड़ी से बड़ी
आपदा को
हंसते हुए झेल जाना
और अन्त में—'अच्छा फिर मुलाकात होगी !'
आदि कुछ है/कुछ क्या बहुत कुछ
जिससे आदमी उनके साथ स्टेशन तक
घिराटता हुआ चला जाता है
और जब लौटकर घर वापस आता है
तो लगता है—कुछ खो गया है
वरना कौन किससे निजात पाता है
यह आदमी उदासी के बेहद गाढ़े वक्त में
ग़ालिब के शेरों की तरह याद आता है
और परिवार की कीमत को कुछ ज्यादा ही समझता है

परिवार नामक संस्था
जिसका निर्माण आदमी ने
शायद अपनी ढ़लती उम्र में किया था

केदारनाथ सिंह के लिए

विश्वनाथ त्रिपाठी

चुप रहने के आदी मेरे आदरणीय और प्रिय दर्शन मित्र
यह खत तुम्हें पहुंचे ।
अभिवादन ! मेरे ऊबड़-खाबड़, बेतरतीब व्यक्तित्व की—
जिसके कच्चेपन और उगती दूबों वाली निरीहता को
तुम जानते हो
विनम्रता स्वीकार हो ।
इस बीच तुमने क्या-क्या सहा और झेला है—
मैंने तुम्हारी आंखों की संकोचग्रस्त, बहुत कुछ छिपाने
को कोशिश करती हुई प्रकट होती हुई विवशता में
देखा और—
सहसा मैं बहुत असहाय हो गया ।
चुप रहने की कोशिश में पहाड़ टूटते हैं—
अररा अरराकर, हहरा हहराकर छतनार पेड़
गिरते हैं
जख्मी कबूतरों का झुंड दिखता है
विवशता कितना चीत्कार करती है ।
भला तिल-तिलकर गिरते हुए—मानव आंखों के
आंसुओं से चट्टान कटती है !
सुना कि तुम अकेले रह गए हो !
सूर्यहीन कन्धा, थपथपाने वाली हथेलियों से भी
रहित हो गया है !
फसल के रखवाले तुम रह गए हो और
धरती अमानवीय भूकम्प के झटके में अगाध
जलाशय बन गई है ।

तुम अब इसी जलाशय में तैरोगे
जल से तुम्हारे कपड़े और केश नहीं भीगेंगे
जलाशय तुम्हारी आंखों में सूख जाएगा—
तुम चुप ही नहीं रहोगे
तुम आंसू नहीं बहाओगे और जलाशय में
तैरोगे
कहां हैं, कैसी हैं
तुम्हारी धरती की फसलें
तुम्हारी कवितायें और लेख
तुम्हारे बच्चे
जो धरती से रहित हो गए हैं
जो तैयार होकर किसान कवि के खेत से दूर शहरों में जाने को
प्रतीक्षित हैं
जिन्हें मैंने नहीं देखा।

सब कुछ सहो!
मेरे ऊबड़-खाबड़ व्यक्तित्व की विनम्रता
जलाशय के किनारे उगी हुई केवल दूब है।
मैं कहां तक साथ दे सकता हूं।
इतना निकट—फिर भी तुम्हारे निजीपन के दरवाजे के
बाहर!

केदार के साथ बीते कुछ दिन

परमानन्द श्रीवास्तव

केदारनाथ सिंह आज हिन्दी कविता की मुख्यधारा के अत्यन्त महत्वपूर्ण कवियों में हैं। एक पीढ़ी के कवियों में यदि नागार्जुन, त्रिलोचन का महत्व निर्विवाद माना जाता है तो दूसरी पीढ़ी के कवियों में रघुवीर सहाय और केदारनाथ सिंह को विशेष स्वीकृति प्राप्त है। केदार का व्यक्तित्व अपनी पीढ़ी के कवियों में सबसे अधिक सहज मुक्त खुला हुआ है। जो उन्हें नज़दीक से जानते हैं वे उनकी उन्मुक्तता के कारण-तत्त्व को भी जानते होंगे। आधुनिक दृष्टि और काव्य मुहावरे में रची-बसी उनकी कविता में गांव का किसान इधर बिना नाम दिए भी जो ज्यादा प्रकट है वह उनका अपना व्यक्तित्व है। केदार को मैं 55-56 से इसी रंग में देख रहा हूं जबकि उनकी कविता में परिवर्तन के कई स्पष्ट मोड़ दिखाई देते हैं। नामवर जी को मैंने पहले जाना जब वे मेरे अनुरोध पर प्रगतिशील लेखक संघ और शायद स्टूडेंट्स फ़ेडरेशन के संयुक्त आयोजन, प्रेमचन्द जयन्ती में भाषण करने के लिए गोरखपुर आये थे। कहने की जरूरत नहीं कि पहली ही बार उनकी तेजस्वी वक्तृता के असर में आ गया। उनसे कुछ निकटता बढ़ी, साहित्यक मार्गदर्शन मिलने लगा तभी केदार के बारे में जाना। उन्हें देखने का पहला ही अवसर था, गोरखपुर नगरपालिका के सारी रात चलने वाले कवि सम्मेलन में केदार का काव्य-पाठ। मुझे याद है जब संयोजक ने नाम पुकारा और केदार माइक पर पहुंचे, गोपेश ने लपककर माइक संभाल लिया और श्रोताओं को आगाह किया कि वे कुछ नया सुनने के लिए अपने को तैयार कर लें। केदार ने गीत पढ़े जो जबान पर चढ़ गये—'रात पिया पिछवारे पहर ठनका किया/सुना नहीं तुमने क्या दिल जो धड़का किया।' उन्हीं दिनों केदार के एक अन्य गीत की लय-वक्रता ने ध्यान आकृष्ट किया : 'गीतों से भरे दिन फागुन के ये/गाये जाने को जी करता।'

केदार शोधकार्य में लगे—मैं शोधकार्य के लिए लखनऊ जाना चाहता था—विषय की तलाश में नामवर जी से राय लेने बनारस गया। केदार तब अधिक निकट आये। घूम फिरकर मैं सेंट एण्ड्रयूज़ कालेज गोरखपुर में पहले अध्यापक

और वर्ष बाद विभागाध्यक्ष हुआ। यूनीवर्सिटी में एम० ए० कक्षाएं स्थानांतरित हुईं —मुझसे वरिष्ठ अध्यापक विश्वविद्यालय चले गये। केदार उदय प्रताप इण्टर कॉलेज में अध्यापक नियुक्त हुए। साल भर में ही मुक्त। शोध के बहाने बनारस में सक्रिय। 'तीसरा सप्तक' प्रकाशित हुआ। केदार को नयी स्वीकृति मिली। अब मैं एक कालेज में विभागाध्यक्ष था, केदार बेकार थे। एक अध्यापक का पद खाली था। विज्ञापित हुआ। फार्म लेकर मैं बनारस गया। केदार से फार्म भरवाकर मैंने जमा किया। साक्षात्कार के लिए वे गोरखपुर आये। उनका जो कुछ साहित्य तब तक छपा था जमाकर उन्हें दिया कि साक्षात्कार में खाली हाथ न उपस्थित हों। केदार चुन लिए गये। अब हम साथ थे। मुक्त सृजनशील आनन्द के अद्‌भुत दिन थे वे। केदार को दस बजे की क्लास पढ़ाने को दी गयी थी। अक्सर 'लेट'। प्रिंसिपल का ध्यान न आ जाय, इसलिए अक्सर उस 'क्लास' में चला जाता। नामवर जी का आना-जाना सेंट एण्ड्रयूज में कई बार हुआ। उनके व्याख्यान का जादू पूरे शहर पर छाया हुआ था। त्रिलोचन जी भी उन दिनों हमारे यहां आये। काव्यपाठ हुआ। पं० विद्यानिवास मिश्र उन दिनों विश्वविद्यालय से निर्वासन का दंश झेल रहे थे। मैं और केदार उनके लगभग एकान्त सहचर थे। भाई रामविनायक सिंह और उनके परिवार ने (भाभी जी के साथ के विनोदक्षण प्रीतिकर थे। हम सबका साझा था उनमें) केदार को बहुत अपनत्व दिया। केदार को यहां जो स्नेह सुख मिला उसमें इतना आकर्षण जरूर रहा होगा कि वे उसके सहारे पडरौना जैसी छोटी जगह में दस साल बिता दें। सेंट एण्ड्रयूज़ में उनका कक्षा से पलायन प्रिंसिपल वार्की को खटक रहा था। केदार का हाल यह कि वे मुझसे पहले अपनी कक्षा का अवकाश घोषित कराते थे, फिर मेरी अपनी कक्षा भी छुड़वा देते। वहां से चलकर जब हम सड़कों पर या रेस्तरां में होते, केदार का प्रिय सूत्र था—पलायन ही रचना का उत्स है, केदार से जवाब तलब। मैंने बहुत कहा, कि जवाब मैं लिखवा देता हूं। केदार ने एक शब्द नहीं कहा और पडरौना कॉलेज में विभागाध्यक्ष होकर चले गये। केदार आधुनिक भावबोध की बहुत गूढ़ कवितायें लिख रहे थे, जिनकी शिल्पपूर्णता चकित करने वाली थी। उनका अध्ययन-क्रम निरन्तर बना हुआ था। दुनिया भर के महत्वपूर्ण कवियों को पढ़ते हुए वे अपनी पसन्द का कवि बदलते रहते। कभी डिलेन टामस, कभी वैलेस स्टीवेन्स, कभी ब्रेख्त। लेकिन उनके भीतर का किसानी स्वभाव तब भी स्थगित नहीं था। वे पूरे क्षेत्र में जितनी लोकप्रियता पा सके, वह एक सर्वथा आश्चर्यजनक तथ्य है। उन्हीं दिनों एक अजब घटना हुई। तब तक शायद वे पडरौना कॉलेज में प्रिंसिपल हो चुके थे। बीच में जब मैं विश्वविद्यालय में नियुक्त हुआ, वे भी नियुक्त हुए। स्थायी पद पर मैं, अस्थायी पद पर वे। अकुंठ। पर यहां का माहौल उन्हें रुचा नहीं। तीन महीने में अलग। तो जब वे पडरौना में प्रिंसिपल थे, हिन्दू-मुसलमान संघर्ष जैसी स्थिति पैदा हुई थी। किसी जगह को लेकर विवाद था—जगह किसके हिस्से में मानी जाय। अधिकारियों ने

बैठक बुलायी। जनता एकत्र। प्रस्ताव हुआ कि हिन्दू अपनी ओर से एक प्रतिनिधि का नाम दें, गोपन रूप से। एक नाम मुसलमान भी दें, अपने प्रतिनिधि के रूप में। यह याद कर आज भी केदार की आंखें भर आती हैं, दोनों ने एक ही नाम दिया था—केदारनाथ सिंह का नाम।

केदार ने यहीं से बड़ी बेटी का विवाह किया। सब कुछ सहज प्रसन्न। इसके बाद उनके जीवन में बड़ा हादसा हुआ। पत्नी कैंसर पीड़ित। बच्चे बेहाल। पत्नी की मृत्यु ने उन्हें कितना तोड़ा है, यह ऊपर से देखकर कम ही लोग जान पायेंगे। केदार की विनोद प्रियता मित्रों में प्रसिद्ध है। प्रसन्न चेहरा ही सर्वत्र उपस्थित दिखाई देता है। उसके पीछे गहरी पीड़ा है। यह निकट के लोग ही जानते हैं। सबसे अधिक शायद उनकी बेटियां ही जानती हैं। संघर्ष के दिनों की असंख्य यादें हैं, उन सबको कहना बड़ा कठिन लगता है। केदार की कविता में जो निरन्तर निखार है' उसका कारण वही संघर्ष की निरन्तरता कविता के बाहर का कोई क्षण शायद उनके लिए होता ही नहीं। सब कुछ जो आसपास घटता है उनके संवेदनशील मन को बहुत छू रहा होता है। पद-प्रतिष्ठा-नाम-यश—किसी चीज उसका उनके लिए कोई अर्थ नहीं। पडरौना के निषाद जी को वे जो माल देंगे, वे उच्च पदासीनों को उनसे तो मिलने से रहा। दिल्ली में रहते हुए 'पूर्वांचल' में जब तक थे मन को यही अहसास कराते—कि हैं तो 'पूर्वांचल' में ही। 'जे एन यू' का वातावरण कितना भी नया हो, आधुनिक, उसमें रचा-बसा एक अदृश्य ग्रामांचल केदार को बांधता है। यह क्षेत्रीयता नहीं, असली जीवन से घनिष्ठ लगाव का सूचक है। दिल्ली का बेगानापन केदार के अपनेपन को कभी आच्छन्न नहीं कर पाया। वे अब भी नियमपूर्वक ढूंढ़-ढूंढ़कर साल में कई बार उन जगहों को छू जाते हैं, जिन्होंने गाढ़े दिनों में उन्हें संभाला। यहां की स्मृतियां उनके मन में निरन्तर बजती रहती हैं। छुट्टियों में वे गांव जरूर जाते हैं और अपने अतरंग दो साथियों को जीवन-रस के ग्रहण में अनिवार्य साक्षी बनाते हैं। उन्हें मिलाकर ही 'रास्ता' कविता के 'तीन जनों' को पहचाना जा सकता है। केदार जहां होंगे वहां 'तीन जन' होंगे ही—कभी हरिहर सिंह और देवेन्द्र कुमार (बंगाली जी) को मिलाकर कभी किन्हीं और को साथ लेकर। पारिवारिकता उनका सहजशील है। 'संग साथ' उनका प्रिय सरोकार है। उनका परिचय-सम्पर्क न सिर्फ बड़ा है—प्रगाढ़ भी खूब है उनके अपने परिवार में मां पिताश्री साथ रहते हैं। केदार में जो शिशुता बची हुई है, उसका अर्थ वे ही जानेंगे जिन्होंने केदार को पिता-श्री के साथ गांव जवार दुनिया-जहान क्रिकेट राजनीति की बातें करते देखा हो। इस सुख के आगे सब सुख बेकार हैं।

आचार्य हजारीप्रसाद द्विवेदी, त्रिलोचन जी और नामवर जी के साथ केदार ने जिन्दगी का जो महत्वपूर्ण हिस्सा बिताया है उससे निश्चय ही उनकी रचनात्मक संवेदना व्यापक और समृद्धतर हुई है। पं० जी के साथ, उनके चरणों में बैठकर केदार जो सुख पाते रहे हैं, उसका सहभागी मैं अनेक बार रहा हूं। उनके लिए पं०

जी की विकलता देखी है। त्रिलोचन जी तो उनके काव्यगुरु हैं ही। त्रिलोचन के काव्यमर्म के बारे में उनसे कभी बात करिए तो पता लगेगा कि उनके महत्व का कैसा अनोखा बिम्ब उनके मन में निरन्तर जीवित है। नामवरजी से केदार का सम्बन्ध सभी जानते हैं पर इसमें कितने सम्बन्ध समाये हुए हैं, यह कम लोग जानते होंगे। नामवरजी बहुत 'अलग' 'अकेले' 'दूर' 'तटस्थ' दिखाई देते हैं। यह भी उनके व्यक्तित्व का एक पहलू है। केदार के निजी पारिवारिक अनुष्ठानों में देखकर सुख होता है कि वे कितनी सहजता से उनके पूरे परिवार का अभिभावकत्व ओढ़े लेते हैं, केदार हम सबके पारिवारिक जीवन से कितने अभिन्न हैं, इसके बारे में लिखना बहुत कठिन-औपचारिक लगता है। वही सहज मुक्त खुला मन है उनका, जो घर बाहर एक-सा दिखाई देता है। दिल्ली रहते हुए दस वर्ष से अधिक हो रहे हैं, उसके साथ लगाव भी पैदा हुआ है, प्रियजनों की संख्या भी बढ़ी है पर 'दिल्ली' को पूरी तरह स्वीकार कर पाना उनके लिए कठिन है। उन्हें दिल्ली में भी चाहिए एक सहज पूर्वांचल—वह उनका अपना घर भी हो सकता है। पास-पड़ोस भी।

केदार की काव्य प्रक्रिया के बारे में कुछ बातें। बहुत दिनों तक वे कविताएँ छुपाकर रखते हैं—ऐसे रहस्य की तरह—जिसे यकायक खोलना अच्छा नहीं। लम्बे समय से मैं उनकी असंख्य नयी कविताओं का पहला पाठक रहा हूं। मुझे भी प्रयत्न करके काव्य-रहस्य खोलने के लिए भूमिका बनानी पड़ती है। केदार मेरी पहली प्रतिक्रिया के लिए जिस तरह उत्सुक होते हैं वह उनकी बड़ी रचनात्मक तैयारी का महत्वपूर्ण प्रमाण है। कविता के कथ्य के लिए वे उतने ही चौकन्ने दिखाई देते हैं जितने शिल्परूप की पूर्णता के लिए उत्सुक। हर नयी कविता घटना सी लगे—किसी नये प्रस्थान का उपक्रम जान पड़े—यह कोशिश उनकी रहती है। प्रकाशित करने की हड़बड़ी में उन्हें कभी देखा नहीं। महीनों एक कविता उनके साथ-साथ चलती है—चिन्तन में, कागज पर, आंतर पाठ की प्रक्रिया में। संवेदना और विचार की घुलावट के लिए केदार में धैर्य भी है, समझ भी। कल्पना का साहस उनके यहां देखने की चीज है। साधारण में आश्चर्य उनकी अपनी हिकमत है।

ग़ालिब केदार के ज़ेहन में हमेशा होते हैं। बीसों वर्ष से मैं देखता हूं ग़ालिब से नया चुनने, नयी व्याख्या करने का हौसला उनमें ज्यों का त्यों बना हुआ है। मीर की कविता से जो स्थल वे चुनते हैं और कविता को जिस परिप्रेक्ष्य में रख देते हैं, उसे देखकर लगता है यह प्रसंग कभी पहले परिचय में आया ही नहीं। फ़ैज़ फ़िराक़ में हमेशा नया खोजने के लिए बेचैन। केदार की संवेदनात्मक शिराएं लगातार उत्सुक, अन्त:सजग हैं।

ज़िन्दगानी हुई है सब प बवाल
कुंजड़े झींके हैं रोते बक्क़ाल
पूछ मत कुछ सिपाहियों का हाल
एक तलवार बेचे है इक ढाल

'मीर के यथार्थवाद से केदार ने ही हमारी पहचान करायी। फ़ैज उनकी ज़बान पर रहे हैं—'रात ढलने लगी है सीनों में/आग सुलगाओ आबगीनों में/दिल ए-उश्शाक़ की खबर लेना/फूल खिलते हैं इन महीनों में।'

केदार के साथ बरसों पहले के वे दिन याद आते हैं जब पतझर वसन्त के बीच का उनका समय खास मौसम होता था। 'झरने लगे नीम के पत्ते बढ़ने लगी उदासी मन की।' पर उन्हीं दिनों केदार को इसकी भी चिन्ता होती कि पडरौना वाले क्षेत्र में कम्यूनिस्ट पार्टी का संगठन क्यों नहीं है केदार समय के साथ लगातार जिरह करने वाले कवियों में रहे हैं। देर रात तक उन्हीं दिनों विकल्प की राजनीति पर हम बहसें करते रहे हैं। विकल्प की कविता भी उनके लिए उससे असम्बद्ध सवाल नहीं।

केदारनाथ सिंह के पत्र परमानंद श्रीवास्तव के नाम

ज० ने० वि०
नयी दिल्ली-75
27-3-78

प्रिय भाई,

तुम्हारा पत्र तथा प्रपत्र—दोनों मिले। तिथि इस बार हम लोगों के लिए बिल्कुल प्रतिकूल पड़ रही है—28 तथा 29 मार्च को हमारे विभाग में आचार्य हजारीप्रसाद द्विवेदी का भाषण है, जिसमें जाहिर हमारी---मेरी और नामवर जी की—उपस्थिति अनिवार्य होगी। फिर पण्डित जी तो उन तिथियों में यहां होंगे ही—यानी गोरखपुर वे भी नहीं जा सकेंगे।

गरज कि गैरहाजिरी के लिए क्षमा चाहता हूं। मैंने 'अज्ञेय' जी से, दो दिन पहले जब भेंट हुई थी तो अपनी असमर्थता बता भी दी थी। इधर डेढ़ हफ्ते से घायल होकर पड़ा हूं—ठुड्डी में गहरी चोट है और जबड़ों में भी। टांके लगे थे जो कल खुले हैं। कायदे से खा नहीं पा रहा हूं। पूर्णतः ठीक होने में शायद हफ्ता भर और लग जायेगा।

और सब ठीक-ठाक है। अब कैसे बताऊँ कि तुम्हारी गोष्ठी में न जा सकने पर यहां बैठे-बैठे कैसा लग रहा है। 'शहरे गोरखपुर बरसातें तेरी याद आइयां'—फ़िराक साहब की इस पंक्ति में 'बरसातें' की जगह सिर्फ 'गोष्ठियां' रख देना चाहूंगा। लगभग दो साल दिल्ली रहते हो गये—पिछले कुछ महीनों में दिल्ली अच्छी भी लगने लगी है। पर सचाई यह है कि अपना कस्बाई मन बार-बार पूरब की ओर भागता है। मैं चाहता हूं कि मन की इस छटपटाहट को दिल्ली की रंगारंग भाग-दौड़ में भी बचा कर रखूं। देखो, कब तक रख पाता हूं।

सस्नेह
केदार

ज० ने० वि०
नयी दिल्ली-67
12-1-81

प्रिय भाई,

उस दिन गोरखपुर छोड़ते समय तुमसे भेंट न हो सकी, न ही इतना इत्मीनान का समय मिला कि कुछ देर बैठकर तुमसे कुछ सुख-दुख की चर्चा हो सके। बहरहाल तुम्हारा आयोजन कुल मिलाकर सफल रहा, ऐसा इम्प्रेसन लेकर मैं लौटा हूँ। जाहिर है, यह अकेला दम का जलूस था और इसके लिए मेरी बधाई स्वीकार करो।

यहां लौटकर आया तो तुम्हारी पुस्तक 'समकालीन कविता का व्याकरण' की प्रति पड़ी मिली। तुम्हारा प्रकाशक दे गया था। पढ़ गया और तुम्हारी आलोचना में जो एक नई निर्णायक धार पैदा हुई है, उससे प्रभावित हुआ। नामवर जी की प्रतिक्रिया भी अच्छी है। उस दिन वे दिल्ली दूरदर्शन से जब सन् 80 की साहित्यिक उपलब्धियों का लेखा जोखा प्रस्तुत कर रहे थे तो उन्होंने तुम्हारी पुस्तक का खासतौर पर उल्लेख किया। तुमने अपनी आलोचनात्मक भाषा को जो नई चमक और प्रखरता दी है, उसकी मैं खासतौर से दाद देना चाहूंगा। मेरी कविताओं में 'झांझी का पुल' तुम्हारी अपनी खोज है और मेरा ख्याल है कि तुम्हारी असरदार व्याख्या को पढ़कर ही नामवर जी ने उस दिन (दूरदर्शन पर) उस कविता के महत्व पर जोर दिया। क्या तुम उस कविता की एक समग्र व्याख्या लिखना चाहोगे! तुमने अपने पिछले पत्र में यह ठीक ही लक्ष्य किया था कि मेरी इधर की कविताओं का विकास उसी दिशा में हो रहा है। इधर लिखने का एक प्रवाह आया है—देखो क्या कुछ बनता है।

मैं जानता हूं तुम भी गोरखपुर में बहुत संतुष्ट नहीं हो। पर एक बात कहूंगा—इस सारे असंतोष को एक लेखक की हैसियत से—अपना दुर्भाग्य कभी मत समझना। तुम्हारी आलोचना में इधर जो धार पैदा हुई है उसका इससे सीधा सम्बन्ध है। तुम जानते हो, मैं बेतरह अकेला हो गया हूं—सिर्फ उसको बाहर प्रकट नहीं होने देता। पर अपने सारे कष्टों के बीच से जो नई दृष्टि मैंने पाई है उसने एक बात मेरे सामने साफ कर दी है कि जिस 'अकेलेपन' की बात अस्तित्व-वादी लोग करते हैं वह महज एक तक खोखला रूमानी कंसेप्ट है जिसका भारतीय जन के अकेलेपन से कोई सम्बन्ध नहीं है। मेरे और इस देश के मेरे जैसे असंख्य अनाम लोगों के अकेलेपन के बीच जाने-अनजाने एक गहरा इंटरएक्शन है। तुमने कभी गांव देहात के ऐसे लोगों को देखा है जो बिना किसी गिला-शिकवा के एक पूरी उम्र एक पेड़ या टीले की तरफ देखते हुए गुजार देते हैं। मैं पिछले दिनों गांव गया था तो एक बूढ़े नट को एक पेड़ पर बैठे देखा जो घंटों से उन खेतों की

ओर एकटक देख रहा था, जिनसे उसका कोई रिश्ता नहीं था। मेरे लिए यह दृश्य सार्त्र या काफ्का के किसी नायक के अकेलेपन से ज्यादा खौफ़नाक था।

बहरहाल, न जाने क्या-क्या लिख गया। शायद हम लोग उम्र के उस मुकाम पर पहुंच गये हैं, जब लगता है कि गाड़ी छूट रही है, इसलिए ज़रा तेज दौड़ना चाहिए। पर तुम तो जानते हो, मैं कितना सुस्त हूं। खैर, अब बंद करता हूं—एक 'जायका' पहुंच गये हैं—दिल्ली में भी कम नहीं हैं।

पत्र तुरंत दो। सभी मित्रों को मेरा अभिवादन कहो। बच्चों को स्नेह।

तुम्हारा
केदारनाथ

ज० ने० वि०
नयी दिल्ली
15-10-84

प्रिय भाई,

तुम्हारे सकुशल पहुँच जाने की सूचना यथासमय मिल गई थी। तुम्हारे पत्र का इन्तजार था जो अब तक नहीं मिला। सो अपनी ओर से लिख रहा हूं।

'बाघ' कविता 'आलोचना' के इस अंक में जा रही है। कुछ अंश और जो तुम्हें नहीं सुना सका था, जोड़ दिये हैं। तुम्हारे सुनाये हुए में से एकआध-अंश निकाल भी दिये हैं। अब कविता लगभग एक आवयविक संग्रथन पा गई है। मैं तो अभी इतनी जल्दी—छापने के ही पक्ष में नहीं था। पर तुमने उस दिन नामवर जी के सामने रहस्य खोल दिया और फिर तो वे ऐसे पीछे पड़े कि देना ही पड़ी।

मैं कल या परसों भोपाल जा रहा हूं। 30 नवम्बर तक वहां रहना है। निराला संगोष्ठी का कार्यक्रम स्थगित हो गया है। उसकी सूचना पहुंची होगी। हां, 4, 5, 6 दिसम्बर को उत्तर प्रदेश हिन्दी संस्थान वाले प्रोग्राम में आऊंगा। तब आशा करता हूं, भेंट होगी।

बाकी सब ठीक-ठाक है। पत्र दो। बच्चों को स्नेह।

तुम्हारा
केदार

ज० न० वि०
नयी दिल्ली-67
21-12-84

प्रिय भाई,

तुम्हारा 14-12-84 का पत्र मिला। सकुशल हूं, जिसका सबूत मेरा यह पत्र है। भोपाल में सभी आत्मीयजन ठीक हैं। हालांकि 2-30 बजे रात में घर छोड़कर भागना तो मुझे भी पड़ा था । यह अलग कहानी है जो मिलने पर सुनाऊँगा। वैसे 40-50 हजार लोग एक साथ सड़क पर—2-30 बजे रात में—किसी सुरक्षित कोने की तलाश में भाग रहे हों, इस दृश्य की जरा कल्पना करो। तो बस समझ लो, यही आलम था उस भयानक रात का । उस त्रासदी के आतंक से अभी तक उबर नहीं पाया हूं । अनिल और उषा भी ठीक हैं। भागने में वे भी मेरे साथ थे। गैस का थोड़ा-सा असर प्रोफेसर कालोनी तक था। वैज्ञानिकों के अनुसार वह 'थोड़ा सा असर' भी बहुत होता है। पर अभी तक तो सब ठीक-ठाक है। आगे के बारे में क्या कहूं ! विस्तार से बातें मिलने पर ही होंगी।

क्या जनवरी के आरम्भ में तुम्हें दिल्ली आना है - साहित्य अकादमी की 'जनरल कौंसिल' की बैठक में ! शायद जनवरी में ही कभी मीटिंग होनी है। सूचना गई होगी। 25 या 26 दिसम्बर को दो-तीन दिन के लिए भोपाल जाना है। 29 या 30 दिसम्बर तक लौट आऊंगा । अनिल-उषा ने अपने लिए अलग आवास ले लिया है—विजयमोहन जी के घर के पीछे।

और सब ठीक-ठाक है। 'आलोचना' मिल गई होगी। आशा करता हूं कविता तुमने पढ़ ली होगी। समग्र रूप में पढ़ने पर कैसी लगी लिखो। यह तो तय है कि कविता में—उसकी अंतर्वस्तु और तंत्र दोनों में—ऐसा कुछ है जिसको व्याख्या की जरूरत है। क्या तुम्हें ऐसा नहीं लगा कि पूरी कविता सौन्दर्य और आतंक को एक ही बिन्दु पर जीने और महसूस करने की एक लम्बी कोशिश है। बहरहाल ये मेरी अपनी बातें हैं। तुम्हारी प्रतिक्रिया मेरे लिए अधिक महत्त्वपूर्ण होगी।

पत्र दो—विस्तार से। विश्वनाथ जी, बंगाली जी, हरिहर जी इत्यादि से मेरा कुशल-क्षेम कहो। शान्ता जी को मेरा नमस्कार दो और मेरे गोरखपुर पहुंचने की सूचना भी।

उत्तर की प्रतीक्षा में
तुम्हारा
केदारनाथ सिंह

ज० ने० वि०
नयी दिल्ली-67
18-5-85

प्रिय भाई,

बहुत दिनों से तुम्हारा कुछ हालचाल नहीं मिला। सलाहकार बोर्ड (साहित्य अकादमी) की बैठक में तुम्हें आना था। वहाँ भी नहीं आये। क्या बैठक टल गई ? कुछ पता नहीं चला। सोमदत्त तो लिखकर भी नहीं आए।

'प्रतिनिधि कविताएं' प्रेस में हैं। जून के अन्त या जुलाई के शुरू में रिलीज़ करेंगे। छपकर तैयार हफ़्ते दस-दिन में हो जाएगी। पुस्तक तो जुलाई में ही तुम तक पहुंच सकेगी।

हां, अभी दो-चार दिन पहले कुल सचिव का पत्र मिला है—लालबहादुर शास्त्री महाविद्यालय मुगलसराय में मौखिकी के संबंध में। 30 मई को मौखिकी सम्पन्न करने वहां जा रहा हूं। उसके बाद दो एक दिन बनारस (डॉ० बच्चनसिंह के निवास पर) रहकर फिर गांव आऊंगा। कुछ दिन---कम से कम 15-20 दिन हवा-पानी बदलने के लिए गांव रहना चाहता हूं। मुझे लगता है (और अब गहराई से लगने लगा है) कि गांव के साथ यह जो मेरा लगातार आने-जाने का अटूट रिश्ता है वही मेरे भीतर के कवि को जिलाए हुए है। सिर्फ मेरे ही भीतर के कवि को नहीं—हम सबके भीतर रचनाकार को जो कहीं न कहीं आज भी उस करइठ मिट्टी से जुड़े हुए हैं। दिल्ली में इस जुड़ाव की अहमियत कुछ ज्यादा ही तल्खी के साथ महसूस होती है।

अब पत्र देना तो चकिया/बलिया के पते पर। जून के अन्त तक शायद वहीं रहूंगा—बच्चों के साथ।

और सब ठीक-ठाक है। बच्चों को स्नेह।

आशा है स्वस्थ-प्रसन्न हो।

तुम्हारा
केदारनाथ

बोल्डर (अमरीका)
20-5-86

प्रिय भाई,

यह पत्र बोल्डर नामक शहर से लिख रहा हूं जो अमरीका का एक खूबसूरत पहाड़ी शहर है—न्यूयार्क से कोई ढाई-तीन हजार मील दूर। कल यहां से पूरा ग्रुप न्यूयार्क के लिए रवाना होगा। न्यूयार्क की हवाई यात्रा यहां से कोई पांच घण्टे की है—बेहद लम्बी और थका देने वाली। इससे पहले हम न्यूयार्क के अलावा

बाल्टीमोर, सान्टाफे और लास एंजेलेस की यात्रा कर चुके हैं। 21 मई की रात में न्यूयार्क पहुंचेंगे और 23 को एक दिन के लिए डेट्रायट और फिर 25 को एक दिन के लिए बोस्टन। बोस्टन से 26 मई को फिर न्यूयार्क लौटना होगा और उसी दिन रात में एयर इंडिया से भारत के लिए रवाना हो जाऊंगा। अशोक यहां कुछ दिन रुकेंगे। मेरे साथ मराठी कवि अरुण कोलाटकर सहयात्री होंगे। यदि यात्रा में सब ठीक-ठाक रहा तो 27 मई की रात में दिल्ली पहुंच जाऊंगा। पहले इरादा था कि लंदन रुकते हुए आऊं। पर इतना थक गया हूं कि अब रुकने की हिम्मत नहीं है। इसलिए ज्यादा से ज्यादा लंदन का एयरपोर्ट ही देख सकूंगा या उसके आसपास की थोड़ी झलक। अब लंदन फिर कभी। इस बार इतना ही। भारत लौटने की तड़प कितनी है, तुम कल्पना भी नहीं कर सकते।

यह पत्र अक्षोम्येश्वरी प्रताप के भाई चामुण्डश्वरी प्रताप—जो यहां सी प्रताप के नाम से जाने जाते हैं—के घर से लिख रहा हूं। यहां अचानक वे एयरपोर्ट पर मिले—कोई बीस पच्चीस वर्ष बाद। वे यहां के नागरिक हो गये हैं और बहुत ठाठ से रहते हैं। कई दिनों बाद उनके यहां आज शुद्ध भारतीय भोजन मिला है, जिसके लिए तड़प रहा था। ये लोग गोरखपुर के निवासी हैं और बेहद आत्मीय।

कविता-पाठ का कार्यक्रम अमरीका के पांच शहरों में हो चुका है और दो में होना अभी शेष है। रिस्पांस कुल मिलाकर ठीक ही रहा है। विस्तार से बात आने पर ही होगी। यदि सकुशल पहुंच गया तो आते ही पत्र दूंगा। अभी तो केवल इतना ही कि ठीक-ठाक हूं और सभी मित्रों की बेहद याद आ रही है। इतनी दूर से अपना वतन कितना सुन्दर लगता है, कितना महान, तुम इसका अनुमान नहीं लगा सकते। सभी मित्रों को मेरा अभिवादन दो—बंगाली जी, हरिहर जी, विश्वनाथ प्र० तिवारी सभी को। घर में सबको यथायोग्य।

तुम सपरिवार स्वस्थ-प्रसन्न होगे, इस
विश्वास के साथ

तुम्हारा
केदार

ज० ने० वि०
नयी दिल्ली-67
29-2-86

प्रिय भाई,

मेरा पत्र—अमरीका से भेजा हुआ—मिला होगा। 27 मई की रात में 12 बजे के आसपास दिल्ली पहुंचा—उसी प्लेन से जिससे श्रीकान्त जी का शव आया। यह कितनी बड़ी बिडम्बना है। विस्तृत सूचना अखबार से मिली होगी।

जाहिर है, श्रीकान्त जी की ढेरों स्मृतियों का जो दबाव मन पर है, उससे उबरने में समय लगेगा । अमरीका में उन्हें देख न सका, क्योंकि देखना संभव नहीं था। अंतिम भेंट वही थी जो तुम्हारे साथ—उनके आवास पर हुई थी। आज एकेडेमी में एक शोकसभा का आयोजन है। क्या कहूंगा, समझ में नहीं आता। कितनी निरर्थकता महसूस होती है ऐसे अवसरों पर। मुख्तसर यह कि मेरी पीढ़ी का (यानी हमारी पीढ़ी का) एक पाया और गिरा।

यदि कुशीनगर आना है तो 15 जून के आस-पास आना चाहूंगा। छुट्टियों का अपना कार्यक्रम लिखो । सभी मित्रों को मेरा सस्नेह अभिवादन। शान्ता जी 15 जून के आसपास गोरखपुर में रहेंगी या नहीं, यह भी सूचित करना। बाकी सब वैसा ही है जैसा तुम देखकर गये हो।

पत्र तुरन्त दो। बच्चों को स्नेह तथा शुभाशीष
स्वस्थ प्रसन्न होंगे—इस विश्वास के साथ

तुम्हारा
केदार

कविता का सीधा सम्बन्ध भाषा से है

केदारनाथ सिंह

['तीसरा सप्तक' में अपनी कविताओं और कविता के बारे में कवि के इस वक्तव्य में कवि का वैचारिक आत्म-मन्थन ही नहीं छठे दशक के बाद की कविता के लिए कुछ संकल्प भी हैं। इस वक्तव्य से कवि की कविता-यात्रा को समझने में मदद मिल सकती है। 'तीसरा सप्तक' के वक्तव्य के साथ प्रस्तुत हैं केदार जी की कुछ पुरानी कविताएं।]

कविता में मैं सबसे अधिक ध्यान देता हूं बिम्ब-विधान पर। बिम्ब-विधान का सम्बन्ध जितना काव्य की विषय-वस्तु से होता है, उतना ही उसके रूप से भी। विषय को वह मूर्त और ग्राह्य बनाता है; रूप को संक्षिप्त और दीप्त। चित्रों के प्रति मेरे मन में जो आकर्षण है; उसके कुछ कारण हैं। प्रकृति बहुत शुरू से मेरे भावों का आलम्बन रही है। मेरा घर गंगा और घाघरा के बीच में है। घर के ठीक सामने एक छोटा-सा नाला है जो दोनों को मिलाता है। मेरे भीतर भी कहीं गंगा और घाघरा की लहरें बराबर टकराती रहती हैं। खुले कछार, मक्का के खेत और दूर-दूर तक फैली पगडण्डियों की छाप आज भी मेरे मन पर उतनी ही स्पष्ट है जितनी उस दिन थी, जब मैं पहली बार देहात के ठेठ वातावरण से शहर के धुमैले और शतशः खण्डित आकाश के नीचे आया।

मानवीय संस्कृति का इतिहास चेतना के विकास का इतिहास है। इस विकास के साथ-साथ काव्यात्मक बिम्बों के स्वरूप तथा पद्धति में भी अन्तर आता गया है। यह विचित्र बात है कि काव्य में बिम्बों का अन्तरावलम्बन उसी प्रकार चलता रहता है, जिस प्रकार जीवन में संस्कृतियों का। सामान्यतः काव्य का आनन्द लेते समय हम इस बात को लक्ष्य नहीं कर पाते, पर थोड़ा रुककर यदि वैज्ञानिक दृष्टि से छान-बीन की जाये तो निश्चय ही किसी बहुत बड़े सत्य का उद्‌घाटन हो सकता है, जो सम्भव है हमारी संस्कृति की गुत्थियों को सुलझाने में सहायक हो। उदाहरण के लिए यौन-बिम्बों को लिया जाये। आज अधिकांश यौन-बिम्ब जीवन के

उच्चतर मूल्यों को व्यक्त करने के लिए साहित्य में लाए जाते हैं। प्रायः उनके द्वारा आध्यात्मिक संकेतों का ग्रहण होता है। इसके विपरीत फारसी तथा उससे प्रभावित उर्दू साहित्य में आध्यात्मिक बिम्बों के माध्यम से लौकिक जीवन की अनुभूतियों को व्यक्त करने का चलन-सा हो गया है। अपने यहां की रीतिकालीन कविता में भी ऐसा पाया जाता है। यौन-बिम्बों के साथ आध्यात्मिक मूल्यों का यह विनिमय, सम्भव है, किसी सांस्कृतिक अन्तरावलम्बन का प्रतिफल हो।

मानव-संस्कृति के विकास में कवि का योग दो प्रकार से होता है—नवीन परिस्थितियों के तल में अन्तःसलिला की तरह बहती हुई अननुभूत लय से अविष्कार के रूप में, तथा अछूते बिम्बों की कलात्मक योजना के रूप में। पहले में कवि का व्यक्तित्व मुखर होता है, दूसरे में वस्तु-जगत के साथ उसका अधिकाधिक सम्बन्ध। लय के अविष्कार के द्वारा वह मानवीय संवेदना को व्यापक बनाता है और नवीन बिम्बों के परिचय से हमारी ऐंन्द्रिय चेतना को बृहत्तर यथार्थ के साथ सम्पृक्त करता है।

बिना चित्रों, प्रतीकों रूपकों और बिम्बों की सहायता के मानव-अभिव्यक्ति का अस्तित्व प्रायः असम्भव है, यहां तक कि जब हम शुद्ध विचार के क्षेत्र में पहुंच कर गम्भीर तत्त्व-दर्शन की चर्चा करते हैं, तब भी हमारे उपचेतन में कहीं न कहीं उन विचारों के वर्ण-चित्र उभरते मिटते रहते हैं। बिम्ब-निर्माण की यह प्रक्रिया पूरे मानव-जीवन में फैली हुई है।

नयी कविता की विशिष्टता की परीक्षा न तो चरित-चित्रण की पूर्व प्रचलित पद्धति पर हो सकती है, न प्राचीन रसवाद के नियमों के आधार पर; यद्यपि मैं यह मानता हूं कि रस की सत्ता से इनकार करना काव्य की सत्ता से ही इनकार करने के समान है। पर आधुनिक कविता में रस की धारणा बदल गयी है। रसवाद के लक्षणों के अनुसार आज की अधिकांश बौद्धिक कविताएं अवरकोटि में आयेंगी। परन्तु फिर भी वे हमें प्रभावित करती हैं और कभी-कभी बहुत प्रभावित करती हैं; यह उनके श्रेष्ठ काव्य होने का सबसे बड़ा प्रमाण है। एक आधुनिक कवि की श्रेष्ठता की परीक्षा उसके द्वारा आविष्कृत बिम्बों के आधार पर ही की जा सकती है। उसकी विशिष्टता और उसकी आधुनिकता सबसे अधिक उसके बिम्बों में ही व्यक्त होती है। बिम्ब-निर्माण के विविध क्षेत्र हैं—प्रकृति, विज्ञान, मनोविज्ञान, धर्म, लोक-साहित्य तथा इतिहास आदि-आदि। हिन्दी के नये कवियों ने प्रकृति तथा मनोविज्ञान तक ही अपने को सीमित रखा है। धर्म, पुराण, इतिहास और लोक-साहित्य का क्षेत्र आज भी अपनी सम्पूर्ण उर्वरता और सम्भावनाओं के साथ नये सशक्त हाथों के स्पर्श की प्रतीक्षा कर रहा है। मेरा यह दृढ़ विश्वास है कि आधुनिक जीवन की जटिलताओं और अन्तर्विरोधों को व्यक्त करने के लिए लोक-साहित्य, धर्म, पुराण तथा इतिहास के खण्डहरों में बहुत से ऐसे अज्ञात प्रतीक और अदृष्ट बिम्ब पड़े हुए हैं जिनकी खोज के द्वारा नयी कविता की सम्भावना का पथ

और भी प्रशस्त किया जा सकता है।

मैं बिम्ब-निर्माण की प्रक्रिया पर जोर इसलिए दे रहा हूं कि आज काव्य के मूल्यांकन का प्रतिमान लगभग वही मान लिया गया है। एक अंग्रेज आलोचक का तो यहां तक कहना है कि आधुनिक कवि नये-नये बिम्बों की योजना के द्वारा ही अपनी नागरिकता का शुल्क अदा करता है। तात्पर्य यह कि प्राचीन काव्य में जो स्थान 'चरित्र' का था, आज की कविता में वही स्थान बिम्ब अथवा 'इमेज' का है। इसके कई कारण हो सकते हैं; परन्तु मेरी समझ में सबसे प्रत्यक्ष कारण यह है कि बिखरी अनुभूतियों और जटिल संवेदना को रूपायित करने के लिए चरित्र-निर्माण का माध्यम कथा-कहानी के लिए उपयुक्त हो सकता है, पर काव्य के अपेक्षाकृत सीमित कलात्मक संगठन के भीतर वह सरलता से नहीं आता। कदाचित इसीलिए इस युग की सर्वश्रेष्ठ कथात्मक काव्यकृति 'कामायनी' के अलग-अलग चरित्र हमें उतना नहीं प्रभावित करते, जितना उसके सम्मोहक चित्र और कथानक की गहन उदात्त पृष्ठभूमि। नयी कविता पर जो अस्पष्टता और दुरूहता का आरोप लगाया जाता है, उसका सबने बड़ा कारण है, उसमें सर्वथा नये अपरिचित, सघन बिम्बों की अधिकता, जिसके लिए अधिक संस्कृत और श्रेष्ठ सहृदयवर्ग की आवश्यकता होती है। 'चरित्र' का साधारणीकरण अपेक्षाकृत सरल होता है। पर बिम्ब तो उससे भी अधिक सूक्ष्म वस्तु है। फिर वह अधिक से अधिक कवि के रागात्मक अनुबन्धों पर आधारित होने के कारण अपने साथ एक व्यापक सन्दर्भ के लिए होता है। उसके तल तक पहुंचने के लिए उस सन्दर्भ का ज्ञान अत्यन्त आवश्यक है।

कहा जाता है कि एक सफल कविता का जन्म मानव-जाति के ज्ञात यथार्थ को सम्पन्नतर बनाता है। उसी तरह एक सफल बिम्ब का आकलन काव्यमात्र को पहले से अधिक सम्पन्न बना जाता है। मेरी निश्चित धारणा है कि नयी हिन्दी कविता में इस प्रकार के सफल बिम्बों की संख्या किसी भी अन्य युग की कविता से अधिक है।

कविता का सबसे सीधा सम्बन्ध भाषा से है। भाषा प्रेषणीयता का सर्वसुलभ माध्यम है। अतः 'शुद्ध कविता' जैसी किसी चीज की कल्पना बिल्कुल बेमानी है। समाज के प्रत्येक सदस्य को छोटी-से-छोटी चेतन-क्रिया किसी-न-किसी अंश में सामाजिक होती है। फिर कविता तो समाज के सबसे अधिक संवेदनशील व्यक्ति की चेतन-क्रिया है। उसकी सामाजिकता असन्दिग्ध है। कविता अपने अनावृत्त रूप में केवल मात्र एक विचार, एक भावना, एक अनुभूति, एक दृश्य, इन सब का कलात्मक संगठन अथवा इन सब के 'अभाव' की एक तीखी पकड़ होती है। यह 'पकड़' जितनी ही वास्तविक होगी, कवि का संवेद्य उतना ही गहरा और प्रभावशाली होगा। इसके लिए उसमें वास्तविकता के विभिन्न स्तरों की प्रत्यक्ष जानकारी होनी चाहिए और यह जानकारी सोलहों आने उसकी अपनी होनी

चाहिए। नयी कविता की एक यह भी उपलब्धि है कि उसमें कवियों का अपनापन' अधिक-से-अधिक सुरक्षित है।

काव्य के विषयों की सीमा नहीं बांधी जा सकती। कुछ विषय ऐसे होते हैं जो प्रत्येक काल की कविता में अपना कलात्मक समाधान खोज लेते हैं; जैसे जन्म, मृत्यु, प्रकृति, ऋतुएं आदि। एक सीमा पर जाकर कवि का आत्म-मन्थन इतना तीव्र हो जाता है कि वह चाहे भी तो इनके बारे में चुप नहीं रह सकता। पर ये विषय चूंकि सार्वयुगीन हैं, अतः इनकी स्थिति जीवन की पृष्ठभूमि में होती है, कर्म-संकुल जीवन में नहीं। इनके समान्तर एक परिवर्तनशील जीवन-चक्र भी होता है जिसमें जगत् के दैनिक सुख-दुख, आशा-आकांक्षा, संस्कृतियों का आना-जाना, नगरों का बनना-मिटना और फ़सलों के उत्सव चलते रहते हैं। कवि की स्थिति इनके बीच होती है। वह बराबर आगे की तरफ देखता है, पर उन अनुगूंजों, असफल प्रयत्नों, अधूरी प्रार्थनाओं और अज्ञात प्रतिध्वनियों को कभी नहीं भूलता जो उसके साथ-साथ लगी चली आती हैं। अतीत का अनवरत बोध उसको उतना ही बल देता है, जितना एक नन्हें-से-नन्हें जीवित क्षण की तीव्र अनुभूति। छायावादी कवियों में 'प्रसाद' के भीतर यह बोध सबसे अधिक जागृत था। 'चेतना सजग रहती दुहरी' लिखने वाले कवि की व्यथा आज के संदिग्ध-चित कवि की मनःस्थिति के अधिक निकट है।

ऊपर जो बातें कही गई हैं उन्हें ज्यों का त्यों मेरी कविताओं पर घटाना मेरे साथ अन्याय करना होगा। वस्तुतः वे मेरे संकल्प हैं, जिनकी ओर मुझे क्रमशः बढ़ते जाना है। अधिक-से-अधिक मेरी रचनाओं में मेरी इस विचार-प्रक्रिया की छाप यत्र-तत्र देखी जा सकती है, बस।

नयी कविता से मेरा परिचय **'तार सप्तक'** के माध्य से हुआ था। तब बनारस की कवि-गोष्ठियों में शम्भुनाथ सिंह के गीतों की गूंज थी। त्रिलोचन शास्त्री की रचनाएं कम समझी जाती थीं। नामवर सिंह लिखते थे, पर कम-कम। मेरी आरम्भिक कविताओं पर इन सबका असर था! पर आज उन कवियों की एक-आध पंक्तियां ही याद रह गई हैं, शेष पता नहीं क्या हुई। **'तार सप्तक'** के बाद मैंने अज्ञेय' का **'इत्यलम्'** और गिरिजाकुमार माथुर का **'नाश और निर्माण'** पढ़ा। मेरे भीतर नयी कविता की भूमि धीरे-धीरे उभरने लगी। विश्वविद्यालय-जीवन में प्रवेश करने पर मेरा रुझान बंगला की ओर हुआ और रवीन्द्रनाथ के गीतों ने मुझे बहुत प्रभावित किया। फिर धीरे-धीरे अंग्रेजी की आधुनिक कविता का सन्दर्भ भी मेरे निकट खुलने लगा और उसके माध्यम से कुछ अन्य भाषाओं की कविताओं से परिचय हुआ। आज वहां आकर मन टिक गया है, जहां से कालिदास, सूर, बोदलेयर, निराला, ऑडेन, डायलन, टॉमस और जीवनानन्द दास, समान रूप से प्रिय लगते हैं। जीवनानन्द दास की 'बनलता' से नयी इमेजरी, एक 'दृश्य गन्धमय निर्जन कान्तार' (यह विशेषण बुद्धदेव वसु

का है) की तरह लगती है, जिसकी विराटता की छाप मेरे मन पर बहुत गहरी है।

कला का संघर्ष एक तरह का आत्म-संघर्ष होता है—विशेष रूप से एक नये कवि के लिए। कवि के अनुभव और उसका दर्शन इस संघर्ष को केवल दिशा-भर देते है, उसे समाप्त नहीं कर देते। मेरी कुछ कविताओं में इस संघर्ष की झलक बहुत साफ़ है। मैं मन को बराबर खुला रहने की कोशिश करता हूं, ताकि वह आस-पास के जीवन की हलकी आवाज को भी प्रतिध्वनि कर सके। समाज के प्रगतिशील तत्वों और मानव के उच्चतर मूल्यों की परख मेरी रचनाओं में आ सकी है या नहीं, मैं नहीं जानता। पर उनके प्रति मेरे भीतर एक विश्वास, एक लालसा, एक लपट जरूर है, जिसे मैं हर प्रतिकूल झोंके से बचाने की कोशिश करता हूं, करता रहूंगा।

केदारनाथ सिंह की कुछ पुरानी अप्रकाशित कविताएं

घर

बहुत दिनों पर घर आया हूं
पूछ रहा हूं घर !

कच्ची लोनी मिट्टी वाला
चूल्हे और अंगीठी वाला
गर्म महकता घर !

दूध भरे थन-सा धरती पर
झुका हुआ वह घर !
बंधा हुआ खूंटे से
वह हर सांझ रंभाता घर !

बहुत दिनों पर घर आया हूं
खोज रहा हूं घर !
किस्सों के जंगल में
वह हर बार खो गया घर !

आंधी-तूफान के बाद का सबेरा

देख रहा हूं
एक समूची उथल-पुथल के बाद
सभी कुछ सहज-शान्त है।
धीरे-धीरे निथर गया है सब कुछ।
सारा जहर पचाकर
आसमान भी चुप है।
हर पत्ती
हर टहनी अपनी ठीक जगह पर
उसी तरह से कांप रही है।
उसी तरह से वहां खड़ा है
युकलिप्टस का वृक्ष।
चींटियां फिर से व्यस्त हो गई हैं
वैसी की वैसी।

देख रहा हूं आते-जाते लोग
कि उनके चेहरों पर मैं खोज रहा हूं
एक समूची उथल-पुथल से भरी रात का
धुंधला-सा भी अक्स।
किन्तु वहां सब स्वच्छ-साफ़ है।

देख रहा हूं
उस भीषणतम कड़क-कौंध के बाद
सुबह का होना कितना सहज-सरल है।
कैसे उस सारे मलवे से निकल रहा है
एक स्वस्थ-तगड़ा-सा सूरज
धीरे-धीरे।

सानेट

मैं हूं, मेरे ऊपर सांसों का पहरा है।
लौट रहे हैं लोग, हुई संझवत की बेला।
और अधिक सूनेपन को करता गहरा है
मुझ-सा ही दूरी पर का वह ताड़ अकेला।

पहला दिया दिखा, पेड़ों के पार अंधेरा
उतर रहा धीरे-धीरे सरपत के वन पर।
निकल मकानों से चुपचाप धुएं का घेरा
जमता-सा जा रहा नदी की हर सिहरन पर।
एक वृद्ध पीपल की अंधियारी शाखों में
बिला गई सब धरती की रेखायें भूरी।
डूबा पीपल, डूब गया पथ, पर आंखों में
फैली ही रह गई स्याह कोसों की दूरी।

देखो, कैसा रंग ला रही फाक़ामस्ती।
अंधियारे में झिलमिल-झिलमिल करती बस्ती।

प्यार मेरा मिट्टी है पानी है हवा है

प्यार मेरा मिट्टी है
पानी है
हवा है।

खुशबू है
काई है
घास है।
प्यार मेरा सारा दूर-दूर
और सारा आसपास है।

रंग है
स्वाद है
पसीना है।
प्यार मेरा दुखता हुआ कंधा
और जलता हुआ सीना है।

अंधड़ है
बालू है
रेत है।
प्यार मेरा पानी से भरा हुआ
जड़हन का खेत है।

सूर्यास्त

पीला उदास चेहरा उठा ये पर्वत-सा
लम्बी सफेद दाढ़ी वाला
आया भविष्यवक्ता
आकर चुप गुज़र गया।

ना—कहीं किसी ने
प्रश्न नहीं पूछा उससे।
ना—कहीं किसी ने
हाथ न उसको दिखलाया।
वह एक व्यग्र दृढ़जटाकाय, आजानुबाहु
धीरे-धीरे अपनी बेचैन अंगुलियों पर
नक्षत्रों को गिनता-गिनता
हर ऊंची-नीची पगडंडी से
उतर गया अंधियारे में।

आम आदमी मेरे लिए कोई अमूर्त अवधारणा नहीं है

कवि केदारनाथ सिंह से देवेन्द्र कुमार चौबे को बातचीत

आप एक लम्बे अरसे से लेखन के क्षेत्र में हैं । मैं सबसे पहले आपके आरंभिक जीवन के विषय में कुछ जानना चाहूंगा । खासकर उन मूल स्रोतों के बारे में जिनसे आपने प्रेरणा ग्रहण की है ।

मेरा आरम्भिक जीवन ठेठ गांव में बीता । मेरा परिवार कृषि व्यवसाय से जुड़ा था, इसलिए घर में जो माहौल था, वह बिल्कुल वैसा ही था जैसा कि एक किसान परिवार में होता है, साहित्यिक माहौल गांव में कोई नहीं था पर लोक-जीवन की जो अपनी स्वतःस्फूर्त रचनाशीलता होती है, वह मेरे गांव में थी । और यदि मैं कहूं कि वहीं से मैंने पहले-पहल अपनी काव्य-दीक्षा आरम्भ की थी, तो यह अनुचित न होगा, विशेष रूप से 'कतकी नहान' के समय अल सुबह गंगातट की ओर जाने वाली स्त्रियां जो गीत गाती थीं, उनकी अनुगूंज अब तक मेरे मन में है, फिर मेरे पिताजी एक किसान होने के साथ-साथ राष्ट्रीय आन्दोलन के एक सक्रिय कार्यकर्त्ता थे और संगीत में भी उनकी गहरी रुचि थीं, इस चीज का भी मेरे मन पर गहरा प्रभाव पड़ा...

अपनी आरंभिक शिक्षा की कुछ स्मृतियां, जो आपके मन में रह गयी हैं, उसके विषय में बतायेंगे ?

प्राथमिक शिक्षा तक में गांव में था । उसके बाद बनारस के उदय प्रताप कॉलेज में आ गया, जहां एक अच्छी-खासी साहित्यिक परम्परा मौजूद थी, कॉलेज में कविता प्रतियोगिताएं होती थीं और समय-समय पर साहित्यकारों के व्याख्यान आदि । इसी कॉलेज में डॉ० नामवर सिंह भी पढ़ते थे, जो मुझसे पांच या छः वर्ष सीनियर थे । मुझे जो अध्यापक मिले उनमें एक थे स्व. मार्कण्डेय सिंह, जिनकी हिन्दी

साहित्य में गहरी पैंठ थी, हिन्दी की साहित्यिक विरासत की सही समझ मुझे वहां से मिली। मेरे अंग्रेजी के अध्यापक उस समय चन्द्रबली सिंह थे, जो अब जनवादी लेखक संघ के अध्यक्ष हैं। कुल मिलाकर कॉलेज का वातावरण एक विलक्षण रचनाशीलता से भरा हुआ था। मैंने अपनी पहली कविता वहीं लिखी और फिर वहां की पत्रिका में पहली बार, मेरी आरम्भिक तुकबन्दियां प्रकाशित भी हुईं।

जिस समय देश आजाद हुआ उस समय आपकी उम्र यही करीब 13-14 वर्ष की होगी। उन दिनों, आजादी के कुछ वर्ष पहले एक समय ऐसा आया था कि अलिया पर, अंग्रेजों का शासन लगभग समाप्त-सा हो गया था। आपके तरुण मानस पर इस आन्दोलन का कैसा असर पड़ा ?

मेरे पिताजी के कारण एक खास तरह की राजनीतिक गहमा-गहमी बराबर बनी रहती थी। प्रायः मेरे बैठके पर स्थानीय कांग्रेस जनों की बैठकें हुआ करती थीं, जिनमें शामिल होने वालों में मुझे अच्छी तरह याद है कि चित्तु पाण्डे भी हुआ करते थे। वे भोजपुरी के विलक्षण वक्ता थे उनकी गरजती हुई वाणी मुझे अब तक याद है, पर जो घटना सबसे अधिक गहराई के साथ मेरे मन में अंकित है, वह है सन् 1942 का गोलीकांड, सन् 42 के आन्दोलन में मेरे जिला बलिया ने जो ऐतिहासिक भूमिका निभाई थी वह अब इतिहास का विषय बन चुका है। मैं उस समय प्राइमरी स्कूल का छात्र था और 9 अगस्त 1942 को बैरिया थाने पर जो पुलिस की गोलियों से भीषण नर संहार हुआ, उसे एक पेड़ की ओट में खड़े होकर अपनी बाल्य आंखों से मैंने भी देखा था। जो लोग थाने में घिर गये थे, उनमें मेरे पिताजी भी थे और जब वे बाहर निकले तब वे खून से रंगे हुए थे। दमन और अत्याचार का यह पहला भयावह दृश्य था, जो लम्बे समय तक मुझे मथता रहा।

जहां तक 1942 का प्रश्न है, तब मैं बनारस आ गया था और वहां की पुलिस लाइन में स्वतन्त्र भारत का जो पहला झण्डा फहराया गया था, उसमें बहुत से प्रत्यक्षदर्शियों में मैं भी शामिल था। स्वाधीनता की एक जो रोमांचकारी अनुभूति थी, उसकी स्मृति मुझे आज भी है। शायद उस अवसर पर मैंने तुकबन्दियां भी की थीं, जो कहीं प्रकाशित नहीं हुईं।

उस समय बनारस का साहित्यिक माहौल कैसा था ? साथ ही यह भी बतलायें कि आप उससे किस प्रकार जुड़े ?

जिस बनारस में मैंने पहले-पहल अध्ययन के लिए प्रवेश किया वह प्रेमचन्द, प्रसाद और रामचन्द्र शुक्ल के बाद का बनारस था, जिसमें रचनात्मक उत्साह तो था, पर कोई शिखर पुरुष मौजूद नहीं था, जो सम्पूर्ण रचनाशीलता के केन्द्र में हो। यदि सिर्फ कविता के बारे में बात करें तो दो मुख्य परम्पराएं वहां मौजूद थीं, जिनमें एक गीतों की परम्परा थी। इसके सबसे प्रमुख कवि शम्भूनाथ सिंह थे और सच्चे अर्थों में कविता की जो दूसरी परम्परा थी जिसे गति और ऊर्जा देने वाला

एक ही व्यक्ति था—त्रिलोचन शास्त्री। यह परम्परा एक बहुत क्षीण धारा की तरह बह रही थी, जिसके अस्तित्व के बारे में बनारस का एक बड़ा साहित्यिक समुदाय लगभग अनजान था। उन्हीं दिनों नामवर जी ने भी एक कवि के रूप में अपनी पहचान बनानी शुरू कर दी थी, जिनके यहां प्रकृति के साथ, बिल्कुल एक नये ढंग के मानवीय सम्बन्ध के विविध रंग दिखाई पड़ते थे। मैंने शुरू किया था गीतों की जमीन से पर जल्दी मुझे लगा कि आज कवि के लिए गीत का ढांचा नाकाफी है फिर शायद एक कारण यह भी था कि छायावाद के साथ गीत का जो ढांचा विकसित हुआ था, उसमें टेक अर्थात् पहली पंक्ति की स्थिति मुझे हमेशा अधिनायक की तरह लगती थी। और होता यह था कि शेष कविता इसी एक पंक्ति का अनुधावन करने के लिए अभिशप्त होती थी। यह स्थिति मुझे अस्वाभाविक लगी और काफी हद तक अग्रह्य भी। मेरे जो गीत 'तीसरा सप्तक'(1959 ई०)। में संग्रहित हैं। वे मेरे आरम्भिक गीत हैं, जिन्हें मैंने इंटरमीडिएट में पढ़ते हुए लिखा था, उसके बाद फिर शायद एक या दो गीत लिखे थे, फिर गीत जो छूटा तो छूट ही गया।

आप अभी त्रिलोचन जी की चर्चा कर रहे थे। उनके बारे में कुछ और बतायेंगे।

हां, यही मैं त्रिलोचन शास्त्री का उल्लेख करना चाहूंगा। मैंने जो पहली मुक्त छन्द की कबिता लिखी, उसके प्रथम श्रोता सौभाग्य से वही थे उन्होंने उसे सुनकर प्रशंसा के जो चार शब्द कहे, उन शब्दों ने मेरी रचनाशीलता की जैसे दिशा ही बदल दी। फिर उसके बाद से वे लगभग मेरे काव्य गुरू बन गये। खास तौर से भाषा को लेकर जो गहरी चेतना मेरे भीतर पैदा हुई, वह त्रिलोचन के सम्पर्क के बिना असम्भव थी। पर उसमें मैंने जो कुछ भी सीखा, उसे भाषा तक सीमित करना असम्भव होगा। उस किशोर वय में मेरे पूरे साहित्यक बोध को निर्धारित करने में त्रिलोचन जी ने प्रत्यक्ष या परोक्ष रूप से क्या भूमिका निभाई थी, इसकी चेतना उस समय तो न थी, उसके महत्व को अब जाकर ठीक ठीक समझ सका हूं!

बनारस में आचार्य हजारीप्रसाद द्विवेदी थे। आप भी उनके शिष्यों में से एक रहे हैं। पहली बार आप उनसे कब मिले? क्या उनका भी किसी रूप में आप पर प्रभाव पड़ा?

द्विवेदी जी से पहली बार मैं तब मिला जब हिन्दू वि० वि० में बी० ए० का छात्र था। उस समय वे वहीं हिन्दी के विभागाध्यक्ष थे। सौभाग्य से बी० ए० में भी वे हमारा एक क्लास लेते थे, और मुझे अच्छी तरह याद है वृंदावनलाल वर्मा का एक उपन्यास हमें पढ़ाते थे, पहला प्रभाव तो उनके अध्यापन शैली का ही पड़ा पर द्विवेदी जी का व्यक्तित्व बहुआयामी था और समग्र रूप में जो उनके सृजनात्मक व्यक्तित्व का प्रभाव मेरे मन पर और मेरे जैसे वहां के अनेक छात्रों के मन पर था उसे किसी एक बिन्दु पर लक्षित नहीं किया जा सकता। वह एक तरह का सर्वाश्लेषी

(चारों ओर से बांधने वाला) प्रभाव था, उस समय हिन्दू विश्वविद्यालय में जो एक नई रचनाशीलता का उन्मेष हो रहा था और वहां मेरे समकालीनों में जो अनेक लोग थे, उनमें आलोचक नामवरसिंह, कथाकार शिवप्रसाद सिंह, प्रो० रमेश कुन्तल मेघ, आचार्य राममूर्ति त्रिपाठी, डॉ० रवीन्द्रनाथ श्रीवास्तव, तथा डॉ० विश्वनाथ त्रिपाठी जैसे अनेक लोग थे। उन दिनों बनारस में दो संस्थायें ऐसी थीं जिनसे मैं तथा मेरे जैसे अनेक युवा रचनाकार जुड़े थे, एक प्रगतिशील लेखक संघ तथा दूसरा साहित्यिक संघ इन दोनों संस्थाओं में आने वाले लगभग एक ही लोग थे। साहित्यिक संघ की नियमित बैठक होती थी। रचनाएं पढ़ी जाती थीं विचार-विमर्श होता था और कई बार बड़े-बड़े साहित्यिक आयोजन भी होते थे। इसी सन्दर्भ में मैं ये बता दूं कि एक छोटी-सी घटना घटी, जिसका उल्लेख करना चाहूंगा। बिहार में 1954-55 के आस-पास आयोजित एक साहित्यिक गोष्ठी में मेरी भेंट अज्ञेय जी से हुई। मैंने एक कविता पढ़ी, जिसे उन्होंने बाद में 'प्रतीक' में छापने के लिए मांगा, कहना चाहिए कि मेरी कविताओं के प्रकाशन का सिलसिला ठीक-ठीक यहीं से शुरू हुआ—अज्ञेय द्वारा सम्पादित 'प्रतीक' उन दिनों एक प्रमुख साहित्यिक पत्र था और उसमें छपने से एक छोटी-मोटी साहित्यिक स्वीकृति अपने आप मिल जाती थी, जो एक नये रचनाकार के लिए बड़ी बात थी 'प्रतीक' में मेरी रचनाएं बराबर छपती रहीं।

'नयी कविता' का आन्दोलन शुरू हुआ था। आप उससे किस रूप में जुड़े ?

नयी कविता आन्दोलन से मेरा सम्बन्ध बहुत परोक्ष रूप में ही था इस आन्दोलन के केन्द्र में अज्ञेय थे और इसका मौलिक केन्द्र इलाहाबाद था। 'नयी कविता' के पहले अंक में मेरी कविता छपी थी। बाद के कुछ अंकों में भी कई कविताएं छपीं। परन्तु नयी कविता के दौर की मानसिकता से मेरे मन का मेल पूरी तरह बैठता नहीं था। मेरी उस काल की कविताएं जो 'अभी बिल्कुल अभी' में संग्रहीत हैं, को यदि ध्यान से देखा जाए तो उनकी भाषा ही इसकी सूचना देने के लिए पर्याप्त है कि मैं लगभग नयी कविता के हाशिए पर था। और अपने तरीके से अपना मुहावरा खोजने की कोशिश कर रहा था···

इसमें सन्देह नहीं कि बनारस से आप भावात्मक स्तर पर जुड़े हुए हैं, बनारस पर बस एक सवाल और—एक कवि के रूप में बनारस ने आपको क्या दिया और साथ ही वह क्या था जो नहीं दे सका ?

एक रचनाकार के रूप में मुझे बनारस ने उस महान साहित्यिक परम्परा की चेतना दी, जिसमें कबीर, तुलसी, भारतेंदु, प्रेमचन्द, प्रसाद और आचार्य रामचन्द्र शुक्ल जैसे कालजयी साहित्यकार हो चुके थे। आचार्य हजारीप्रसाद द्विवेदी उसी परम्परा की अन्तिम कड़ी थे। यहां पुराने साहित्य के पठन-पाठन के लिए एक अच्छा माहौल था, जिसके चलते मैंने मध्यकालीन कविता को निकट से देखा-जाना और आधुनिक कविता को भी जांचने परखने की एक दृष्टि पायी।

बनारस जो नहीं दे सका, उसकी.चर्चा व्यर्थ है, क्योंकि उससे मैंने इतना पाया है कि जो न पा सका, उसका कोई मलाल नहीं ! लेकिन इतना यहां और जोड़ दूं कि बनारस में 17-18 वर्ष रहने के बाद भी बनारस को शायद मैं उतना नहीं जान पाया था, जितना बनारस छोड़ देने के बाद ! शायद बनारस में रहते हुए, बनारस पर जो कविता मैंने लिखी है, वह नहीं लिख पाता···

बनारस में ही धूमिल जैसे युवा कवि का उदय हुआ था। क्या आपका उनसे कभी सम्पर्क रहा ?

जिन दिनों मैं बनारस में था, उन दिनों धूमिल अभी गीत लिख रहे थे और उस धूमिल का जन्म नहीं हुआ था जिसे आज हम जानते हैं। वहां से निकलने वाली पत्रिका 'बासन्ती' के कार्यालय में होने वाली एक गोष्ठी की मुझे याद है, जिसमें पहली बार धूमिल को मैंने सुना था। पर उस कविता में आगे आने वाले धूमिल की कहीं कोई आहट मिली हो, इसकी याद मुझे नहीं है।

असल में धूमिल का विधिवत लेखन 1961-62 से शुरू होता है और वहीं से वे एक नये काव्य मुहावरे की ओर तेजी से मुड़ते हैं। मैं मानता हूं कि धूमिल का उदय तत्कालीन नई पीढ़ी के भीतर से नयी कविता के विकल्प के रूप में हुआ था और खास बात यह थी कि धूमिल नयी कविता की जड़हीनता के विरुद्ध ठेठ ग्रामीण जड़ों के भीतर से उभरकर आये थे। इस अर्थ में भी वे नयी कविता के विकल्प थे उनके द्वारा लाया गया यह ऐतिहासिक परिवर्तन अपनी अन्तिम परिणति तक नहीं पहुंच सका—धूमिल के आकस्मिक निधन के कारण। यह समकालीन हिन्दी कविता की सबसे बड़ी ट्रेजडी (Trecedy) है।

आप एक लम्बे समय तक कस्बे में रहे फिर बनारस आये और अब दिल्ली जैसे महानगर में हैं। आपकी कविताओं में भी गांव से नगर, नगर से महानगर तक आने की यात्रा का अन्तंद्वन्द्व देखने को मिलता है। इस विषय में कुछ बतलायेंगे।

दरअसल मैं बनारस से सीधे दिल्ली नहीं आ गया। काफी दिनों तक बनारस छोड़ने के बाद गोरखपुर और उसके आस-पास के जनपदीय अंचल में रहा। कई सालों से गोरखपुर से कुछ दूरी पर स्थिति पडरौना नामक कस्बे में अध्यापन किया और कुछ समय तक उसका प्राचार्य भी रहा। इस पूरी अवधि में मैं लगभग शहर और गांव के बीच में ही रहा। अपनी काव्यात्मक तैयारी की दृष्टि से इस कालखण्ड को मैं अपने लिए बहुत महत्वपूर्ण मानता हूं। इस बीच अपने गांव से भी मेरा रिश्ता बराबर बना रहा, जिसे मैं आज भी उतना ही प्यार करता हूं। इस दौरान ज्यादातर मैं उन लोगों के बीच रहा जिसे आज की प्रचलित भाषा में 'आम आदमी' कहा जाता है। इसलिए आम आदमी मेरे लिए कोई अमूर्त्त अवधारणा नहीं, बल्कि जीवित सचाई है। पडरौना कॉलेज में पढ़ाते हुए मैंने एक बार आचार्य हजारीप्रसाद द्विवेदी को आमन्त्रित किया था और वे जब वहां आये तो उन्हें आस-पास के इलाकों में

घुमाने के लिए भी ले गया था। मुझे अब तक याद है कि एक पुरानी जीप से धूल-भरी सड़क पर चलते हुए द्विवेदी जी ने अचानक भावविह्वल होकर एक स्थान पर जीप रुकवा दी थी और कहा था—"केदार, यदि मैं इस अंचल में न आया होता तो हिन्दुस्तान कितना गरीब है, इसका ठीक-ठीक अंदाज न लग पाता।"

यह सच है कि पडरौना में रहते हुए मैंने भी हिन्दुस्तान के असली चेहरे को बहुत पास से देखा है, मुझे—ऐसा लगता है वहां अब भी गांव-देहात में मेरे कई ऐसे मित्र हैं, जिनसे मैं लगातार सम्पर्क बनाये रखता हूं ताकि उस चेहरे को न भूल सकूं।

अभी आपने 'आम आदमी' की चर्चा की। आपकी कविताओं में भी यह आम आदमी कहीं बढ़ई के रूप में आया है तो कहीं टमाटर बेचने वाली बुढ़िया के रूप में, और भी कई रूप हैं पर मेरे मन में एक जिज्ञासा बार-बार उठती है कि आम आदमी के बारे में लिखा हुआ यह साहित्य 'आम आदमी' तक पहुंच पाता है या नहीं?

नहीं पहुंच पाता! यह मैं अच्छी तरह जानता हूं। पर कभी नहीं पहुंच पायेगा, ऐसा मैं नहीं मानता। यह जरूर है कि पूरे समकालीन लेखन के साथ एक बात खासतौर से लगी हुई है कि वह मध्यवर्ग और वह भी शहरी मध्यवर्ग के रचनाकारों के द्वारा मध्यवर्ग और फिर, वह भी शहरी मध्यवर्ग के प्रति ही सम्बोधित लेखन है। जाहिर है इस मध्यवर्ग में भी कहीं-न-कहीं आम आदमी का चेहरा ढूंढ़ा जा सकता है, पर आम आदमी का वहुसंख्यक समुदाय, जिन इलाकों में रहता है, फिर वह चाहे शहर का हो या गांव का, वहां तक हमारा शब्द नहीं पहुंच पाता है। मेरा ऐसा मानना है कि ऐसा न हो सकने के कारण, सिर्फ साहित्य में ही नहीं, हमारी सामाजिक, आर्थिक, राजनीतिक स्थिति के भीतर है। इस स्थिति के बदलने में लम्बा समय लग सकता है। तब तक साहित्य सृजन और आम आदमी के बीच का यह दुर्भाग्यपूर्ण अन्तराल शायद बना रहेगा।

हिन्दी कविता को आन्दोलनों ने व्यापक रूप से प्रभावित किया है। आप इन आन्दोलनों से कहां तक जुड़े रहे हैं? समकालीन हिन्दी कविता के परिदृश्य को ध्यान में रखते हुए आप इन आन्दोलनों को किस रूप में लेते हैं?

मुझे तो लगता है आज साहित्य में कोई आन्दोलन ही नहीं है। इस तरह देखें तो साहित्यिक संगठन हैं, पर सच्चे अर्थों में कोई रचनात्मक आन्दोलन सक्रिय है, मुझे ऐसा नहीं लगता।

हमें संगठन और स्वतःस्फूर्त आन्दोलन में फर्क करना चाहिए। मैं मानता हूं कि ऐसे आन्दोलन साहित्य के स्वास्थ्य के लिए जरूरी है। जहां तक संगठनों का सवाल है, मैं मानता हूं कि अपनी सोच और विचारधारा के अनुसार कोई लेखक किसी संगठन का सदस्य हो सकता है परन्तु संगठन रचनाशीलता को निर्दिष्ट और निर्धारित करने वाली कोई शक्ति है; ऐसा मैं नहीं मानता। आज के अनेक ऐसे

संगठनों में एक अजब-सी दलगत संकीर्णता या फिर क्षेत्रीय-संकुचन दिखलाई पड़ता है, जिसके चलते उन्हें एक गुट या दल से बाहर अच्छा साहित्य दिखलाई नहीं पड़ता। यह प्रवृति कमोवेश आज के सभी संगठनों या साहित्यिक घरानों में दिखलाई पड़ती है, जो दुर्भाग्यपूर्ण है।

तो पूर्व के आन्दोलनों जैसे अकविता, विचार कविता आदि के विषय में आप क्या कहना चाहेंगे?

नहीं, मैं इन्हें आन्दोलन मानता ही नहीं।

सामान्यतः आपको मार्क्सवादी विचारधारा से सम्बद्ध माना जाता है। परन्तु आपकी कविता में राजनीति उस तरह से हावी नहीं होती है। इसके क्या कारण हो सकते हैं?

मार्क्सवाद में मेरी आस्था है, हालांकि मैं किसी वामपंथी दल का सदस्य कभी नहीं रहा। जहां तक कविता में राजनीतिक संदर्भ के होने या न होने की बात है, मैं मानता हूं कि राजनीति से निरपेक्ष होकर आज कुछ भी नहीं लिखा जा सकता। परन्तु राजनीतिक कविता केवल राजनीतिक घटनाओं पर लिखी हुई रचना होती है, ऐसा मैं नहीं मानता। अपनी कविताओं के पक्ष में कुछ भी कहना हमेशा अप्रीतिकर लगता है। पर इतना कह दूं कि मेरी बहुत-सी कविताओं के तल में राजनीतिक आदतें और अनुगूंजें सुनी जा सकती हैं।

हर रचनाकार अपने सम्पूर्ण लेखन में कोई बात बार-बार कहना चाहता है, और फिर भी 'वह' जैसे हर रचना में अनकही रह जाती है। अपनी रचना के सन्दर्भ में उस अनकहीं बात के संबंध में कुछ कहना चाहेंगे?

यही कि उसे अन्तिम सांस तक कहने की कोशिश करता रहूंगा, पर कह पाऊंगा, इसका दावा नहीं कर सकता!

अपनी रचना-प्रक्रिया के विषय में कुछ बतलायेंगे।

मुझे लगता है रचना प्रक्रिया पर बात करना आधुनिक आलोचना का एक 'फैशन' बन गया है और हर फैशन की तरह मुझे यह भी कई बार परेशान करता है। पश्चिम के एक बड़े साहित्यकार ने कहा था कि अपनी रचना-प्रक्रिया पर बात करना, एक अंधे कुएं में झांकने जैसा है, अगर कुछ कहना अवश्यक ही हो तो मैं सिर्फ इतना ही कह सकता हूं कि मैं लिखने के भ्रम में एक रचना से दूसरी रचना तक और कई बार एक शब्द से दूसरे शब्द तक जाने में एक कठिन प्रतीक्षा और धैर्य से काम लेता हूं। मेरे यहां जल्दी में कुछ नहीं होता। कई बार एक अनुभव या विचार को मैं चेतना के किसी कोने में चुपचाप यों ही छोड़ देता, ताकि धीरे-धीरे वह खुद अपना आकार पा ले। यह पद्धति लम्बी है और यातनाप्रद भी। पर इससे अलग रचना की अन्धेरी जड़ों में प्रवेश करने का कोई और रास्ता मैं खोज नहीं पाया हूं।

एक कवि के रूप में भाषा की विविधता का निर्वाह आप किस रूप में करते हैं?

भाषा का सवाल एक बड़ा सवाल है। और यदि मैं कहूं तो एक कवि के लिए वह जीवन-मरण का सवाल है। मैं भाषा को लोगों की जबान पर से लाने की कोशिश करता हूं और साथ ही यह भी कोशिश करता हूं कि हिन्दी का जो अपना खास मिजाज है, उससे छेड़छाड़ न की जाए। एक चीज की ओर मेरा ध्यान बराबर रहा है कि शब्दों को उनकी जड़ों से ही लाया जाए। जड़ों से मेरा मतलब जीवन के उन स्रोतों से है, जहां से शब्द नया अर्थ ग्रहण करते हैं। यहां यह कहना जरूरी समझता हूं कि मेरे निकट शब्द अपने आप में महत्वपूर्ण नहीं होते, बल्कि वह अपने पूरे विन्यास में रच-खपकर ही अर्थवान होते हैं। समकालीन हिन्दी कविता की भाषा से जो कई बार एक अनुवादपन की गंध आती है, मैं उसे अस्वास्थ्यकर मानता हूं। यह देखकर मुझे अच्छा लगता है कि नये उभरते हुए और खासतौर से ऐसे रचनाकार जो हिन्दी के अलग-थलग क्षेत्रों से सामने आ रहे हैं, उनमें भाषा के इस खतरे के प्रति एक चुपचाप सजगता और सक्रियता दिखलाई पड़ती है।

एक अन्तिम सवाल आज के यांत्रिक, तकनीकी और राजनीतिक दबाव के युग में साहित्य खासकर कविता का भविष्य आपको कैसा दिखलाई पड़ता है?

कविता या साहित्य मात्र के प्रति मैं बिल्कुल निराश नहीं हूं। अभिव्यक्ति के सारे माध्यम जहां निरस्त या समाप्त हो जाते हैं, शब्द वहां भी जीवित रहता है। मुझे मानवीय शब्द की गरिमा में विश्वास है। आज भारतीय लेखक के सामने सबसे बड़ी चुनौती यह है कि वह शब्दों की दुनिया में अपने ठेठ भारतीय शब्द की विलक्षण पहचान को कैसे बनाए रखे। मैं अपने विनम्र रचनात्मक प्रयासों के द्वारा उसी दिशा में निरन्तर सक्रिय हूं।

युवा कविता के केन्द्र में

स्वप्निल श्रीवास्तव

यह संयोग नहीं कि केदारनाथ सिंह युवा कवियों के बीच लोक प्रिय हैं और उनके बनाये हुए काव्य मुहावरों का प्रयोग, समकालीन हिन्दी कविता में किया जा रहा है। आज के युवा कवियों में उनकी कविताओं की प्रतिछायायें आसानी से मिल जायेंगी, स्वयं केदारनाथ सिंह की कविता युवा कविता का बेहतर उदाहरण है। युवा कविता और केदारनाथ सिंह के बीच एक गहरा सम्बन्ध है। इस सम्बन्ध पर चर्चा होनी चाहिए और यह जानना चाहिए कि कौन से ऐसे कारण हैं जिसके नाते अचानक एक कवि युवा कवियों के बीच प्रासंगिक हो उठता है। निश्चय ही उस समय में लिखी जा रही कविताओं और समय के बीच मूलभूत कारण मौजूद होंगे। उससे भी महत्त्वपूर्ण देश काल है जिसमें एक साथ वरिष्ठ एवं युवा कवि मौजूद हैं, दोनों में पीढ़ी-अन्तर नहीं है, दोनों एक साथ सामाजिक सवालों से टकराते हैं, इस टकराहट में बड़बोलापन अथवा बहादुरी नहीं है, वरन् एक समझदारी का भाव है। आजकल लिखी जा रही कविताओं से, चाहे वह प्रकृति पर या प्रेम पर लिखी जा रही हो, प्रकारांतर से व्यवस्था के प्रति विरोध भाव दिखाई देगा। कविता के केन्द्र में संघर्ष रत मनुष्य और बेहतर भविष्य का स्वप्न जरूर दिखाई देगा। केदारनाथ सिंह की कविताएं इसी चिन्ता के करीब हैं। वे आसपास के छोटे-छोटे सवालों से टकराते हैं। और दृश्यों के विवरण में जाते हुए अपनी मूल चिन्ता को नजरअन्दाज नहीं कर पाते। वे कविता की शक्ति और सीमाओं से परिचित हैं, इसलिए उनकी कवितायें काव्यात्मक संयम का उदाहरण प्रस्तुत करती हैं।

'तार सप्तक' एवं 'अभी बिल्कुल अभी' के प्रकाशन के साथ केदारनाथ सिंह हिन्दी कविता के क्षितिज पर उदित हुए, अपने समकालीनों के बीच उनका मिजाज अलग तरह का था, उनकी कविताओं में लोक-संस्कृति की रची-वसी गन्ध के साथ, सामाजिक चिन्तायें भी थीं। केदारनाथ सिंह उस समय तक गीतकार के रूप में चर्चा में थे, इसलिए यह संयोग नहीं है कि उनकी कविताओं में गीतात्मकता हो,

उनके गीतों में प्रकृति की प्रमुखता है। आम के बौर, हल्दी-चंदन, रंग-वर्षी बादलों के चित्र दिखाई देंगे। उनकी काव्य विविधता के कुछ उदाहरण प्रस्तुत हैं—

'धान उगेंगे/प्रान उगेंगे/आना तुम बादल जरूर'

'खोल दूं यह आज का का दिन/जिसे/मेरी देहरी के पास कोई रख गया है/
एक हल्दी रंगे / ताजे / दूर देशी पत्र सा'

'इस अनागत का करें क्या / जो कि अक्सर
बिना सोचे/बिना जाने/सड़क पर चलते अचानक दीख जाता है' ('अनागत')

'भेड़िये से फिर कहा गया है / अपने जबड़े को खुला रखे
यह सारा देश / जिसमें फांक कर देखना चाहता है
अपना चेहरा / अपनी आंखें / अपना ललाट'
('चुनाव की पूर्व संध्या पर')

केदारनाथ सिंह की चितायें सिर्फ भावुक चिन्तायें नहीं थीं, बल्कि उस समय के राजनीतिक सामाजिक सरोकारों की चिंतायें थीं। उन्होंने हिन्दी कविता में अपना अलग ढंग विकसित किया। कविता और नयी कविता के दौर में भी वे प्रगतिशील समय को बनाये हुए थे, या एकदम चुप थे 'अभी बिल्कुल अभी' के प्रकाशन के बीस वर्ष के बाद उनके संग्रह 'जमीन पक रही है' का प्रकाशन हुआ। पहला संग्रह 1960 में तथा दूसरा 1980 में प्रकाशित हुआ। सन् 60 एवं 80 के बीच के बीस वर्ष राजनैतिक रूप से महत्वपूर्ण समय है। सन् 1962 में चीन का आक्रमण, संविद सरकारों का गठन, आपातकाल, उसके पश्चात् जनता सरकार का सत्तारूढ़ होना, यह सब ऐसी घटनाएं हैं जिसने राजनीति के साथ हमारे सांस्कृतिक संस्कारों को भी प्रभावित किया है। केदारनाथ सिंह की इस बीच लिखी गईं कविताओं को पढ़ते हुए हम उस समय की धड़कनों को सुन सकते हैं। बीस वर्ष के बाद 'जमीन पक रही है' का प्रकाशन होना इस बात का द्योतक है कि कवि हड़बड़ी में या कविता लिखने के लिये कविता लिखने का कायल नहीं है। कविता लिखने से पहले मानसिक तैयारी आवश्यक है। केदारनाथ सिंह इस बीच अगर कवि कर्म में संलग्न नहीं थे, तो चुप भी नहीं थे। यदा कदा उनकी कविताएं अपना ध्यान आकृष्ट करती रहती थीं। 1980 में 'जमीन पक रही है', के प्रकाशन के पश्चात वे चर्चा में आये और उनकी चर्चा नागार्जुन, केदार, त्रिलोचन व शमशेर के बाद के कवियों में प्रमुख रूप से की जाती रही है। प्रकाशित दो काव्य संग्रहों में सिर्फ समय का अन्तर नहीं है, वरन कवि के संस्कारों में परिवर्तन भी हुआ। 'जमीन पक रही है' संग्रह में कवि यथार्थ के ठोस धरातल पर काव्य सृजन करता है। अस्पष्टता और अकविता के बोझिल मुहावरों की जगह सहज और पास-पड़ोस की कविता ने ले ली है।

केदारनाथसिंह ने अपनी कविता को एक वृहत्तर आयाम दिया है। और कविता को कठोर यथार्थ के बरक्स खड़ा किया है, उनकी कविताओं में सामाजिक सवालों से जूझने की ताकत आयी है। 'रोटी' कविता का उदाहरण इस तथ्य की पुष्टि करता है—

'वह आगे बढ़ रही है/धीरे-धीरे / झपट्टा मारने को तैयार
वह आगे बढ़ रही है / उसकी गर्माहट पहुंच रही है आदमी
की नींद / और विचारों तक
मुझे विश्वास है / आप उसका सामन्त कर रहे हैं'

इसी क्रम में उनकी कविताएं 'सूर्य' 'जमीन' 'आवाज' देखी जा सकती हैं। कवि ने अपनी कविता को प्रांसगिकता से जोड़ कर उसे अनिवार्य बनाने की कोशिश की है। और अपनी राजनैतिक चेतना का भी परिचय दिया है।

केदारनाथ कविता लिखते नहीं बुनते हैं, वे सघन बुनाबट के कवि हैं। शब्दों के करघे पर कविता का ढांचा इतनी तल्लीनता से तैयार करते हैं कि कई स्वनाम धन्य आलोचक उन्हें रूपवादी कहने में संकोच नहीं करते, ऐसा आरोप लगाते समय यह सोचना चाहिए कि केदार बिम्बधर्मी कवि है, उनके यहां बिम्बों की अनगिनत छटा मिलेगी। ये बिम्ब सामान्य जीवन से उठाये गये हैं। इनमें जटिलता नहीं है—

'वह रोटी में नमक की तरह प्रवेश करता है/ताखे पर रखी रात की रोटी / नहीं है।'
'उसके आने की खुशी में जरा सी उछलती है। और भूखे आदमी की नींद में गिर पड़ती है!' ('सूर्य')

इस कविता की बुनावट पर ध्यान दें तो लगेगा कि केदार ने बिम्बों का कितना प्रमाणिक इस्तेमाल किया है। यह सब कविता के ढांचे को मजबूत करने के क्रम में संप्रेषणीयता को बढ़ाने की दिशा में किया गया प्रयास है। 'जमीन पक रही है' संग्रह से केदार की महत्वपूर्ण कविताएं 'जमीन', 'रोटी', 'बहस', 'टमाटर बेचने वाली बुढ़िया', 'बैल', 'जाड़े के शुरू में आलू', 'मैदान में बच्चे', 'मांझी का पुल' संग्रहीत हैं। ये सभी कवितायें केदारनाथ सिंह की कवि प्रतिभा से परिचित कराती हैं। इन कविताओं में कवि की राजनीतिक एवं सामाजिक चेतना स्पष्ट रूप से व्यक्त हुई है। 'टमाटर बेचने वाली बुढ़िया' के कवितांश देखें—

'मुझे लगता है बुढ़िया अपनी टोकरी से / अपनी जगह बदल रही है
मैं कांपने लगता हूं यह देखकर / कि टमाटर इस कार्य में
बुढ़िया की मदद कर रहे हैं'

इस कविता को पढ़कर गोर्की की मां याद आती है। यह कविता केदारनाथ सिंह की राजनीतिक चेतना के कारण अविस्मरणीय बन जाती है। इसी प्रकार 'धूप में घोड़े पर बहस' कविता को सामने रखकर आज की विसंगति को समझा जा सकता है। केदारनाथसिंह की काव्य यात्रा से गुजरते हुए उनके निरन्तर विकास को देखा जा सकता है। 'जमीन पक रही' है के पश्चात 'यहां से देखो' कविता संग्रह का प्रकाशन हुआ, इन दोनों संग्रहों से गुजरते हुए इसी तथ्य को लक्ष्य किया जा सकता है कि केदारनाथ सिंह कविता के भिन्न धरातल पर आये हैं। पूर्व के 'जमीन पक रही है' संग्रह में 'बिना नाम की नदी' एवं 'माझी का पुल' जैसी कवितायें उनके इस परिवर्तन का संकेत दे रही थीं। जहां वे अपनी जड़ों की ओर लौट रहे थे। लोक जीवन के समीप उनकी कविता की वापसी एक सुखद काव्य परिणति है। जिसे 'एक ठेठ देहाती कार्यकर्ता के प्रति', 'टूटा हुआ ट्रक', 'पानी में घिरे हुए लोग' में देखा जा सकता है।

'बनारस' शीत लहरी में बूढ़े आदमी की प्रार्थना, 'सुई और 'धागे के बीच' 'दन्तकथा' जैसी कविताओं को पढ़ते हुए अनुभव किया जा सकता है। उनकी कविता का दायरा व्यापक है जिनमें रोजमर्रा के जीवनानुभव व्यक्त हुए हैं। एक छोटे दृश्य को केदारनाथ सिंह अपनी कविता के भीतर जीवंत कर देते है। उनकी कविताओं में मनुष्य की जिजीविषा और बेहतर जीवन का स्वप्न सुरक्षित है। निम्नलिखित कविता उक्त तथ्य का प्रमाण दे सकती है—

'पानी में घिरे हुए लोग / प्रार्थना नहीं करते / वे पूरे विश्वास से
देखते हैं पानी को / और एक दिन / बिना सूचना के / खच्चर बैल
या भैंस की पीठ पर / घर असबाब लाद कर चल देते हैं कहीं और
यह कितनी अद्भुत है / कि बाढ़ चाहे जितनी भयानक हो / उन्हें पानी
में / थोड़ी सी जगह जरूर मिल जाती है / थोड़ी धूप / थोड़ा आसमान'
('पानी में घिरे हुए लोग')

उपर्युक्त कविता में बाढ़ से घिरे हुए लोगों के बारे में है इतनी बड़ी विपत्ति में पड़ने के बाद भी मनुष्य अपनी जीने की इच्छा को किस ढंग से सुरक्षित रखता है। इसे सहज देखा जा सकता है। केदारनाथ सिंह की अनेकों कवितायें मनुष्य के दृढ़ विश्वास को व्यक्त करती हैं। केदारनाथ सिंह की कविताएं लिजलिजे यथार्थ के विरुद्ध एक ठोस वास्तविकता की संरचना करती हैं। वे 'स्त्री' या 'आलू' पर कवितायें लिखते हुए भी अपनी सधी हुई चौकन्नी काव्य-दृष्टि रखते हैं। उनकी प्रगतिधर्मी चेतना उनकी कविताओं में सुरक्षित है। केदारनाथ सिंह की कविताओं में कस्बाई एवं शहराती जीवन के अनेकानेक अनुभव व्यक्त हुए हैं। जिसके छाता लगाये हुए बंगाली बाबू दिखेंगे, थाना दिखेगा और शहर में वसंत किस तरह से

आता है इसकी भी प्रतीति होगी, कच्चे में धूल का उड़ना उनके लिए एक लधु अनुभव नहीं है वरन एक सच्चाई भी है—

'सच्चाई यह है कि इस सारे माहौल में / सिर्फ यह धूल है
सिर्फ हम धूल का लगातार उड़ना / जो मेरे यकीन को अब भी
बचाये हुए है / नमक में / और पानी में / और पृथ्वी के भविष्य में
और दंतकथाओं में' ('कस्बे की धूल')

'धूल' केदार जी का प्रिय विषय है। 'बनारस' पर कविता लिखते हेए 'धूल' का प्रयोग अलग ढ़ंग से करते हैं—

'इस शहर में वसंत/अचानक आता है / जब आता है तो मैंने देखा है।
लहर तारा या मडुआडीह की तरफ से / उठता है धूल का एक बबंडर
और इस महान पुराने शहर की जीभ / किर किराने लगती है।'

'बनारस' पर लिखी गई यह कविता केदारनाथ सिह की महत्वपूर्ण कविता है, जिसमें कवि ने बनारस के जीवन की मुख्य लय पकड़ी है। केदारनाथ सिंह दृश्यों एवं बिम्बों के कवि हैं, उनके काव्य जगत में दृश्य प्रमाणिक ढंग से आते है। उनकी चित्रात्मकता देखने योग्य होती है। उनकी कविता 'जानवर' देखें—

'अपनी अब/और आजादी से बेखबर/चला जा रहा है जानवर
और भरी दोपहरी में/समूची गरिमा/झड़ते हुए पत्तों के
नीचे तहस-नहस हो रही।'

देखा जा सकता है कि जानवर उतना सुन्दर और गरिमामय नहीं है उतना केदारनाथ सिह की कविता में हो जाता है। कविता पढ़ते हुए समूचा दृश्यलोक जीवित हो उठता है, यहां यह सवाल उठ सकता है कि केदारनाथ सिंह चीजों को उनके यथार्थ से परे एक जादुई यथार्थ में ले जाकर विषय के साथ अन्यत्र व्यवहार करते हैं। ताज्जुब नहीं है लगाने वाले यह आरोप उनके ऊपर मढ़ें, लेकिन जो लोग यह समझते हैं कि वे बिम्ब धर्मी और बुनावट के कवि हैं, उन्हें यह आरोप निराधार लगेगा। दरअसल केदारनाथ सिंह कविता को गहरे अन्तरमन से रचते हैं।

अपने विचार एवं कविता को सम्पेषणीय बनाने के लिए केदारनाथ सिंह प्रकति का आलम्बन लेते हैं। प्रकृति उनकी कविता में शक्ति केन्द्र के रूप में उपस्थित है यह प्रकृति उनके काव्यजगत में लोकजीवन एवं संस्कृति के निकट

है, उनके यहां 'जमीन' 'रोटी' 'बैल' 'वारिश, 'जानवर,' 'गधा' 'घोड़ा' बनस्पतियां काव्यविषय बनकर आते हैं। इन विषयों पर केदार ने सफल कवितायें लिखी हैं, चूंकि कवि की जड़ें ग्रामीण जीवनानुभव में हैं, इसलिये इस प्रकार की कवितायें सम्भव करने के लिये उन्होंने प्रयास नहीं किया है। फलस्वरूप ये कवितायें अपनी सहजता और स्वाभाविकता में श्रेष्ठ कवितायें हैं।

'बाघ' केदारनाथ सिंह की अविस्मरणीय कविता है जिससे उनकी पूर्ण काव्य प्रतिभा का परिचय मिलता है। बाघ के बहाने कवि ने राजनीतिक सामाजिक जीवन के यथार्थ का चित्रण किया है, इस कविता का समय 1984 है, जिसे पढ़ते हुए वर्ष 1984 की राजनीतिक विसंगतियों को ध्यान में रखा जाय तो इस कविता की व्यापकता समझी जा सकती है। सोलह लघु खण्डों में बंटी हुई कविता के हर खण्ड में बाघ भिन्न-भिन्न तरह से आता है। इस कविता पर पंचतन्त्र वाली शैली का प्रभाव है लेकिन इसे कवि ने अपने अन्दाज में लिखा है। इसी तरह उनकी एक कविता 'दन्त कथा' है जो लो लोक शैलो के करीब है। इस कविता में कवि स्सागों के रूप में प्रस्तुत हुआ। इस कविता में सबसे महत्वपूर्ण है कवि का विचार, विचार कविता से अलग नहीं होता बल्कि कविता को श्रेष्ठ बनाने में मदद करता है। कविता का अन्त महत्वपूर्ण है। 'इस बस्ती में पूछो। तो कोई कुछ नहीं करता। हर आदमी उस तरफ इशारा करता है और चुप हो जाता है। लोगों का ख्याल है। तलवार में रहती है। लोहार की आत्मा' ('दन्त कथा')

अपने काव्य विकास के साथ केदारनाथ सिंह की कविता में एक राजनीतिक चेतना आयी है, 'यहां से देखो' संग्रह में इसे स्पष्ट देखा जा सकता है।

केदारनाथ सिंह के साथ कबिता यात्रा करते हुए यह अनुभव होगा कि कवि ने लगातार लोक धरातल की ओर संक्रमण किया है। फलस्वरूप उनकी कविता में नई शक्ति आयी है। 'यहां से देखो' तथा प्रतिनिधि कविता संकलन में अनेक कवितायें लोक-जीवन और संस्कृति के करीब हैं, उन कविताओं में लोक कविता की ध्वनि सुनी जा सकती है। कवि की लोक चेतना मुखर हुई है, जिसके उदाहरण 'बोझे,' 'दाने', 'रास्ता', 'नीम', 'गड़रिये का चेहरा' जैसी कविताओं में देखे जा सकते हैं। 'बोझे' तथा 'रास्ता' कविता के कुछ अंश देखें—

'बोझे बांधे जा रहे हैं / ऊपर आसमान में तप रहा है सूरज
और यह कितना अद्भुत है / कि जब तप रहा है सूरज
वे तावड़तोड़ बांध रहे हैं अपने बोझें / जैसे बोझे / चुराये गये हों
सूरज की ताल से ('बोझे')

'अब दृश्य बिल्कुल साफ था / अब हमारे सामने
गाय थी / किसान था / रास्ता था / सिर्फ हमीं भूल गये थे
जाता किधर है, ('रास्ता')

उपरोक्त कविताओं को पढ़ते हुए यह स्पष्ट है कि केदारनाथ सिंह ने आश्चर्यजनक तरीके से अपनी कविताओं को लोक जमीन से जोड़ा है। उनकी पूर्व लिखी कविताओं को ध्यान में रखते हुए कवि के विकास को देखा जा सकता है। केदारनाथ सिंह की कविताओं में युवा कविताओं का उत्कर्ष देखा जा सकता है। उनके कविता की सरलता सहजता उनके ही बनाये हुए मुहावरे का अतिक्रमण करती है, कविता और नई कविता के दौर की तथा सन् 80 या उसके बाद की कविताओं को ध्यान में रख कर इस अन्तर को समझा जा सकता है।

केदारनाथ सिंह उम्मीद के कवि हैं, उनको यह उम्मीद दुनिया की हर वस्तु में दिखाई देती है। उनके पास निराशा का भाव नहीं, उन्हें यकीन है कि पृथ्वी रहेगी और कठिन-से-कठिन समय में कविता आदमी का साथ देगी। युवा कवि जिस प्रकार के काव्य विषय चुनते हैं, या जो विषय प्रचलन में हैं, वे सब काव्य शीर्षक केदारनाथ सिंह के यहां मौजूद हैं, जमीन, रोटी, बढ़ई लोहार, पेड़, चिड़िया जैसे विषय पर उन्होंने कवितायें लिखी हैं। इन कविताओं में एक परिपक्व कवि की उपस्थिति महसूस होती है। आज के कवियों की लिखी गई कविताओं का अन्तर उनकी कविता को समक्ष रख कर समझा जा सकता है। राजेश जोशी की कविता 'मुनीर मियां' और केदार की कविता सन 47 को याद करते हुए के नूर मियां या उदय प्रकाश की कविता 'हालचाल' के जीवनदास तथा केदार की कविता 'जगरनाथ' में युवा और वरिष्ठ कवि की संवेदना और प्रतिज्ञा को स्पष्ट देखा जा सकता है। केदारनाथ सिंह की कविता युवा कविता के अत्याधिक निकट की कविता है। इस तरह युवा कविता समकालीन कविता का एक सफल मुहावरा निर्मित करती है। यह आकस्मिक भी नहीं है कि अनेक युवा कवियों के यहां केदारनाथ सिंह की कविताओं की गूंज सुनाई पड़े। ऐसा तब सम्भव होता है जब कोई कवि कवियों के बीच प्रासंगिक हो उठता है, और देश काल के काव्यात्मक दृश्य को समझने के लिये उसकी कविता का उदाहरण दिया जाने लगे।

एक समय था जब धूमिल अपने समकालीन कवियों के बीच लोकप्रिय हो उठे थे, और उस समय की कविता को रेखांकित करने के लिए उनकी कविता का उदाहरण दिया जाने लगा था। लीलाधर जगूड़ी से लेकर मानबहादुर सिंह तक की कविताओं में धूमिल की काव्य परम्परा की अनुकृति दिखाई देने लगी थी। धूमिल ने अपने मुहावरे को अलगाया, यही कारण है कि उस दौर के वे महत्वपूर्ण कवि बने। आज की युवा कविता के केन्द्र में कोई कवि स्थापित नहीं है बल्कि नागार्जुन केदार, त्रिलोचन, शमशेर के साथ केदारनाथ सिंह व अन्य युवा कवि युवा कविता का वृत पूरा करते हैं। इस वृत्त में युवा कवियों के सबके समीप दिखने वाले कवि केदारनाथ सिंह हैं जिससे युवा कवि ऊर्जा ग्रहण करते हैं।

उनकी कविता के अनेक स्तर हैं, वे एक साथ कई विषयों पर कविता लिखते हैं, उन्होंने सामाजिक चेतना को केन्द्र में रख कर कवितायें लिखने के साथ प्रेम

कवितायें भी लिखी हैं, वामपन्थी चेतना के रचनाकारों के यहां प्रेम एक अछूत विषय है। प्रेम पर कविता लिखने का मतलब प्रगतिशीलता से वंचित हो जाना है, ऐसा क्रांतिकारी कवि सोचते हैं और उनकी रचनायें एकांगी बनकर रह जाती हैं, उनके यहां जीवन की धड़कन नहीं सुनाई देती। जाहिर है ऐसे कवि के पास समग्र दृष्टि नहीं रह जाती। केदार जी ने प्रेम जैसे विषय पर सफलतापूर्वक कवितायें लिखी हैं, 'एक प्रेम कविता को पढ़ कर' 'जो एक स्त्री को जानता है' या 'उस शहर में एक मौलसिरी का पेड़ है' से एक उदाहरण देखें—

'मैं इस दुनिया को /एक पुरुष की सारी वासना के साथ / इसलिए प्यार करता हूं / कि मैं प्यार करता हूं एक स्त्री को।'

उनकी प्रेम कविता पढ़ते हुए कविता के संगठन और सम्प्रेषण को देखा जा सकता है। कविता लिखते समय वे तल्लीन हो जाते हैं, और कविता को शब्दों के ताने-बाने से बुनते हैं। उनकी प्रेम कवितायें भी कम प्रभावशाली नहीं हैं, क्योंकि उसके केन्द्र में मनुष्य और उसकी जिजीविषा है, यह केदारनाथ सिंह ही कह सकते हैं कि 'उसका हाथ / अपने हाथ में लेते हुए मैंने सोचा दुनिया को / हाथ की तरह गर्म और सुन्दर होना चाहिए।' ('हाथ')

प्रेम पर कविता लिखते हुए भी वे विपथ नहीं होते वरन उस क्षण भी वे मानवीय चिन्ता में संलग्न रहते हैं।

इधर केदारनाथ सिंह ने ठेठ ग्रामीण अनुभव की कवितायें लिखी हैं, इन कविताओं में उनके गांव का इलाका है, लोक है, संस्कृति है। ये कवितायें उन्होंने अपनी पूर्व की बनाई हुई काव्य-रूढ़ि को तोड़कर लिखी हैं। शहर में भी वे पक्षी की वापसी को देख कर किलक उठते हैं, और 'पक्षी की वापसी' जैसी कविता लिखते हैं। भरी दुपहरी में कौवे की आवाज सुनते हैं तथा नदी पर कवितायें लिखते हैं। केदारनाथ सिंह का मूल्यांकन करते समय इन बिन्दुओं से गुजरना आवश्यक है। यहां से हम समकालीन कविता को भी केदारनाथसिंह के साथ समझ सकते हैं। उनके लोकानुभव की दुनिया से भी गुजरना उनके काव्य मर्म को समझने के लिये अनिवार्य है।

कविता पाठकों तक संप्रेषित हो इसके लिए वे प्रश्नवाचक वाक्य भी लिखते हैं। यह किसी अन्दाजेबयां के तहत नहीं होता वरन वे कविता और पाठक के बीच संवाद की स्थिति कायम करना चाहते हैं। केदारनाथसिंह, नागार्जुन एवं युवा कवियों के बीच एक महत्वपूर्ण कवि के रूप में उपस्थित ही नहीं हैं, वरन एक सेतु का भी काम करते हैं।

'केदारनाथ सिंह : 'जमीन पक रही है' से 'अकाल में सारस' तक

भगवान सिंह

एक कवि होने के साथ-साथ केदारनाथ सिंह एक बहुत अच्छे कलापारखी भी हैं और हैं स्वयं अपनी रचनाओं के भी अत्यन्त सजग और निर्मम आलोचक। इन दोनों विशेषताओं से पैदा होता है वह आत्मविश्वास जो उनकी रचनाओं में सर्वत्र झलकता है और जिसका सम्मान करते हुए उनके पाठक और आलोचक को उनकी कविताओं पर कोई टिप्पणी करने से पहले कुछ देर रुककर सोचना पड़ता है। केदार की कविताओं के बारे में उसके पास शायद ही कोई ऐसी बात हो जिसे कवि स्वयं न जानता हो और इसलिए उसे लगता है कि यदि इसके बावजूद भी कवि वैसी ही कविताएं लिखता है जैसी वह लिखता है तो इसका भी कोई सशक्त कारण होगा। कारण अनेक हो सकते हैं। उदाहरण के लिए प्रत्येक रचनाकार जिन विशिष्टताओं को लेकर सामने आता है और जिनसे उसकी पहचान बनती है उन्हीं को विकसित और परिमार्जित करते हुए वह अपना स्थान भी बनाता है। कहें, प्रत्येक रचनाकार का अपना एक कलात्मक हस्ताक्षर होता है जो ही उसकी सीमा और शक्ति दोनों का निर्धारण करता है। अत: कोई रचनाकार जहां अपने रचना-काल में कहीं सायास मोड़ या बदलाव लाने का प्रयत्न करता है वहां यह मोड़ और बदलाव भी एक सुपरिभाषित दायरे के भीतर ही होता है; और वहां भी उसकी रचनाओं को अलग पहचान लेना कठिन नहीं होता। इस तरह कोई भी जेन्युइन रचनाकार चाहकर भी सब कुछ नहीं बन सकता और जो किन्हीं तकाजों से सब कुछ बनते दीखे उनको सन्देह की दृष्टि से देखा जाना चाहिए। यह तथ्य इस बात की मांग करता है कि हम किसी कवि से अपेक्षाएं करते हुए उसकी रचनात्मक सीमाओं का ध्यान अवश्य रखें।

एक अन्य कारण यह हो सकता है कि जिसे आप सही और जरूरी समझते हों उसे रचनाकार सही या जरूरी न मानता हो, या यदि सही और जरूरी मानता हो

तो भी अपने लिए उसे अवश्य मानता हो या इसे जिस कीमत पर हासिल किया जा सकता है उसे अपने लिए बहुत ऊंचा मानता हो या उसका जुड़ाव जिस वर्ग या जिन वर्गों से हो उनके लिए ऐसा मोड़ और बदलाव खतरनाक हो और इसके लिए रचनाकार में साहस का अभाव हो और इसलिए वह भ्रामक औचित्य ढूंढ़कर अपनी ज़मीन से चिपका रहना चाहता हो। ये विविध तथ्य यह समझने में हमारी मदद कर सकते हैं कि बदलाव की आकांक्षा और संकल्प के बावजूद कोई रचनाकार किसी खास रेखा से आगे क्यों नहीं जाना चाहता और इससे भी महत्वपूर्ण यह कि आगे बढ़कर फिर अपने पांव पीछे क्यों खींच लेता है, क्यों? क्या उसे अपने पाठकों से उचित सराहना इस परिवर्तन के बाद नहीं मिली? क्या वह रचनाभक्ति में ह्रास अनुभव करने लगा है? क्या इसके कारण उसे किन्हीं असुविधाओं या खतरों का सामना करना पड़ा है?

केदार की रचनायात्रा में हम एक मोड़ उनके प्रत्येक रचना संग्रह के साथ पाते हैं। 'अभी बिल्कुल अभी' के केदार उस ताजगी और रंगत को विविध रूपों में उभारते हैं जिसे लेकर उन्होंने हिन्दी काव्य-जगत में प्रवेश किया था। इसके विषय में यहां चर्चा जरूरी नहीं, 'ज़मीन पक रही है' में वह अपने उसी वैशिष्ट्य को उसकी तार्किक परिणति पर पहुंचाकर उसकी 'समूची गरिमा को तहस-नहस' कर डालते है। यहां वह एक कवि के रूप में कम एक असाधारण दक्षता वाले शिल्पी के रूप में अधिक दिखाई देते हैं। हम उनके कौशल पर मुग्ध होते हैं और इसकी व्यर्थता पर खीझते हैं। केदार भाषा के जादूगर तो आरम्भ से ही रहे हैं पर यहां आकर यह जादू सर पर चढ़कर बोलता है।

केदार को जब हम भाषा का जादूगर कहते हैं तो मात्र अतिरंजना के लिए नहीं। इन कविताओं को पढ़ते समय सचमुच एक विशाल मंच पर सुनहली पगड़ी और चमचमाता कोट पहने गिलि-गिलि करता कभी हवा से, कभी अपनी पगड़ी से कभी हथेलियों की रगड़ से, कभी उंगली के पोर, कभी नाखून के छोर, कभी आपकी जेब या किसी तीसरे के हेट से मनमानी चीजें निकालता, दिखाता, गायब करता, बदलता, जोड़ता, तोड़ता, घटाता और पूरी शान और आत्मविश्वास से—इस शान और आत्मविश्वास से जिसमें लगे कि आदमी तो सिर्फ वह है, बाकी लोग आंखें मलकाते हुए मुर्गी के चूजे—एक छोर से दूसरे छोर तक टहलता और मुस्कराता गोगिया पाशा याद आने लगता है। अद्भुत है शब्दों की रंगत, मिजाज और ताप की उनकी पहचान; असाधारण और अविश्वसनीयता की हद तक असाधारण है, उनकी दक्षता। त्रिलोचन का दावा है कि उन्होंने भाषाओं के अगम समुद्रों का अवगाहन किया है। केदार ऐसा कोई दावा नहीं करते। वह दाने में घुन की तरह सीधे शब्दों के भीतर उतर जाते हैं और भीतर से ही कुछ ऐसा करते हैं कि एक नीरव विस्फोट के साथ उस शब्द का ही रंग और अर्थ नहीं बदल जाता अपितु उसके आस-पास के शब्दों का रूप, क्रम और अर्थ भी बदल जाता है। इस कमाल

स वह केवल हमें ही नहीं चौंकाते, स्वयं भी चकित और विस्मित रह जाते हैं और फिर लगता है उनकी भाषा के शब्द भी चकित विस्मित एक दूसरे की ओर, और फिर अपने कवि की ओर, निहार रहे हों और उन्हीं की एक कविता के पांच पिल्लों की तरह 'कूं-कूं करते/चकित-हैरान/मानो पूछ रहे हों कि लो/हम आ तो गये/अब क्या करें' तुम्हारी इस कविता का जो चमत्कार के मोह में अपना सार और सार्थकता ही खो बैठी है। जब केदार कहते हैं कि वह भाषा में उसी तरह लौटते हैं जैसे चींटी बिलों में, कठफोड़वा काठ के पास, लाल आसमान में डैने पसारे हुए वायुयान हवाई अड्डे की ओर जो न तो इस कथन में अतिशयोक्ति नजर आती है, न कहीं कुछ अविश्वसनीय लगता है; सिर्फ एक प्रश्न गूंजता रह जाता है कि नितान्त स्वाभाविक लगने वाली इस अतिशय सचेत वापसी की जरूरत?

यह कहने से काम नहीं चलेगा कि केदार अपनी अतियथार्थवादी रचनाओं में स्वप्न प्रक्रिया के विविध घटकों का भरपूर उपयोग करते हैं। वह एक और काम भी करते हैं—भाषा पर अपने असाधारण अधिकार के बल पर वह स्वप्न और सम्मोहन गढ़कर सीधे हमारे दिमाग में उतार देते हैं और इससे भी बड़ी बात यह है कि हमें इस बात का कायल कर देते हैं कि हमें इस स्वप्न और सम्मोहन की उतनी ही जरूरत थी जितनी पीड़ा के क्षणों में निर्वेदकों की, थकान के बाद नींद की, भूख के बाद रोटी की। ऐसा क्या है कि जो काम दूसरा करे तो लगेगा वह हमारे साथ धोखा कर रहा है वही काम जब केदार करते हैं तो लगता है वह हमारी एक अहम जरूरत को पूरा कर रहे हैं? हमें क्यों लगता है कि यह कवि हमारे साथ विश्वासघात नहीं करेगा और हम अपने को दुरावहीन होकर उसके सम्मोहन और निर्देशन के हवाले करके वह अद्भुत दृश्यावली देखते रहते हैं जिसमें ताखे पर रखी हुई रोटी सूरज के आने की खुशी में जरा-सा उछलती है और एक भूखे आदमी की नींद में गिर जाती है; पेड़ परेशान दीखते हैं मेज और कुर्सियां बनने के लिए; जड़ें बकरियों के थनों की गरमाहट का इन्तजार करती मिलती हैं, कवि जमीन की महक को लेकर दर्जी के सामने खड़ा इसे सिलने का आदेश देता मिलता है; जमीन का सिर्फ जमीन की तरह लगना भी हैरानी पैदा करता है और फिर वह बस्ती में पकते गोश्त की तरह पकती दिखाई देती है; शब्द पेड़ों की जड़ों में सोये मिलते हैं और उनकी खुशबू आपकी नाक तक पहुंचती रहती है; कवि, जी में आते ही, चक्की की आवाज के पत्थर के नीचे उतर जाता है; आदमी की परछाई एक छोटे से चम्मच में रखी मिलती है; अपने समय का सबसे मजबूत आदमी अंधेरे से कूदकर एक माचिस के अन्दर जाता दीखता है; रोटी पकती ही नहीं अपितु इस क्रम में समूची आग को गन्ध में बदलती हुई दुनिया की सबसे आश्चर्यजनक चीज की तरह पकती है और भूख के बारे में दीवारों पर लिखा जाने वाला आग का ऐसा बयान बन जाती हैं जिसमें दीवारें धीरे-धीरे स्वाद में बदलते लगती हैं; गहरे सुर्ख टमाटरों को धूप चाकू की तरह काटती

है और उसके भीतर से निकल आती हैं बहुत सी नदियां और अनेक शहर, जिन्हें टमाटर बेचने वाली बुढ़िया के अलावा कोई नहीं जानता; जहां आप अपने गुस्से को निकाल कर हथेली पर रख सकते हैं और उसमें मिले तेजाब और बाजार की धूल को अलग कर सकते हैं और कमाल यह कि आप हंस सकते हैं या हंसने से इन्कार कर सकते हैं बैल दिन भर भूसे के बारे में और रात भर ईश्वर के बारे में सोचता मिलता है। यह एक ऐसा मायालोक है जिसमें कवि और उसके पाठक सभी एलिस की मानसिकता में पहुंच जाते हैं और आलू के बाजार में पहुंचने की क्षमता पर दहशत से भर जाते हैं, जिसमें पत्थर को छूने पर पानी का संगीत सुनाई देता है, एक पत्ता उठाने पर आप पाते हैं कि उसकी नसों में आप खून की तरह बह रहे हैं, जिसमें आप दीवार को देखते समय उसे खाते हुए लगते हैं। यह कविताओं का एक ऐसा संसार है जिसमें कवि पूरी ताकत से शब्दों को फेंकना चाहता है आदमी की तरफ यह जानते हुए कि आदमी का कुछ नहीं होगा, वह भरी सड़क पर सुनना चाहता है वह धमाका जो शब्द और आदमी की टक्कर से पैदा होता है और यह जानते हुए कि लिखने से कुछ नहीं होगा वह लिखना चाहता है और हम यह जानते हुए कि इन कविताओं में सिर्फ धमाका है, इनको पढ़ने से कुछ नहीं होगा, इन्हें पढ़ना चाहते हैं।

केदार मुख्यतः एक रूपवादी कवि हैं और 'ज़मीन पक रही है' में उनकी रूप-वादिता अपनी तीखी कौंध के कारण कविता के समझने में बाधक बनती है। जाइरोस्कोप की तरह विविध आश्चर्यजनक पैटर्न उभरते हैं और हम इन्हें अपने मस्तिष्क पर अंकित करें इससे पहले ही बदल जाते हैं और बहुत तेजी से घटित होने वाला यह बदलाव इन खंडित प्रभावों को भी मिटाता हुआ एक शोरभरी निश्शब्दता की सृष्टि करता है। इसके बावजूद हम केदार की कविताओं के साथ ऐसा लगाव क्यों अनुभव करते हैं जो अन्य रूपवादियों के साथ नहीं अनुभव करते?

इसका मुख्य कारण यह लगता है कि अन्तर्वस्तु की दृष्टि से अपनी कमजोर से कमजोर कविताओं में भी केदार प्रतिक्रियावादी नहीं हैं। वह उस दुनिया में विचरते हैं जिससे अभिजातीय रुचि वाले अन्य रूपवादी दूर भागते हैं। यह एक ऐसी दुनिया है जिसमें आदमी कुल्हाड़ी को कन्धे पर रखकर जंगल की ओर जाता दीखता है; जिसमें पत्थरों की रगड़ और आटे की गन्ध से धीरे-धीरे छनकर मां की आवाज आती सुनाई देती है; नदी के किनारे बंसी लगाए झुम्मन मियां बैठे मिलते हैं; पकी हुई रोटियों की गन्ध, सुर्खी, गोलाई और स्वाद अपनी आदिम गरिमा के साथ उपस्थित रहते हैं। यहां बुधवार को उत्तर और इतवार को पश्चिम जाने से मना करने वाले, रोटी तोड़ने से पहले गेहूं के पौधे को सिर झुकाकर याद करने वाले, हरी पत्ती तोड़ने से बरजने वाले, बिजली की तरह गिरने से रोकने वाले और दूब की तरह उठकर खड़े होने की सलाह देने वाले पिता मिलते हैं और मिलते हैं घोर अकाल में

भी कहीं दीख जाने वाली हरी दूब पर विश्वास करते हुए मानवता के भविष्य में आस्था रखने वाले पिता। यह खाली कटोरे, दूध की धार, दिये की लौ, ओस, ताप शीत की मार और बरसात और बाढ़ के थपेड़े झेलते लोगों, किसानी करते, चरवाही करते, मछली मारते, कपड़े बुनते ओर सिलते, गमछे से शरीर पोंछते, अपनी टोकरी और झोले लेकर आटा, चावल, दाल, नमक, पुदीना जुटाते, रात का पहरा बजाते, धूल और गर्द के बीच चमकते लोगों की, गायों, बछड़ों, छोनों, पिल्लों, कुत्तों, फिकरते हुए सियारों, डंक उठाकर चलने वाले बिच्छुओं, क्रेंकार करते सारसों मुकुट की तरह उड़ते बगुलों, गिलहरियों, भुनगों और कीड़ों की दुनिया है। केदार जिस परिचित और आत्मीय दुनिया को अपनी कविताओं में उतारते हैं उससे ही पैदा होता है यह विश्वास कि यह हमारा अपना कवि है और इसलिए थकान मिटाने या जी बहलाने के लिए थोड़ी देर विरमा और भरमा तो सकता है, हमें धोखा नहीं दे सकता।

'यहां से देखो' में केदार पहली बार एक ऐसे समर्थ कवि के रूप में सामने आते हैं जिसको स्रष्टा और द्रष्टा दोनों कहा जा सकता है। यहां भाषा का अधिक सीधा और सार्थक उपयोग दिखाई देता है। कविताएं अधिक पैनी, सुगठित, मर्मभेदी और इनका प्रभाव अधिक गहन और स्थायी होने लगता है। लगता है कवि कविता के रूप ही नहीं इसके प्रयोजन के प्रति भी सचेत हो रहा है। उसमें एक ऐसा साहस आ जाता है जिसका उसमें अभाव था और इसलिए वह अपने असन्तोष को एक ऐसी वक्रता दे देता था कि उसका पैनापन खत्म हो जाता था और इसलिए जो एक खिलवाड़ बनकर रह जाता था। यूं तो केदार के लिए कविता का फलक इतना व्यापक है कि जीवन और जगत में ऐसी कोई वस्तु या क्रिया है ही नहीं जो इसमें न सिमट आए और मखौल भी इसका एक अहम हिस्सा है। सच कहें तो वह एकरसता, मनहूसियत, आरोपित गंभीरता, शास्त्रकारों वाली शिलीभूत तर्कसंगति और तारतम्य व अनुपात को कविता के लिए हास्यास्पदता की सीमा तक अग्राह्य और चुहल को इसका एक अनिवार्य गुण मानते हैं। यह उनके लिए हाथ की तरफ उठा हुआ हाथ, देह की तरफ झुकी आत्मा, मृत्यु की तरफ घूरती आंखें, कोई हमला, हमले के बाद पैरों को खोजते लहूलुहान जूते, नायक की चुप्पी, विदूषक की चीख, बालों के गिरने पर नाई की चिन्ता, एक पत्ती के टूटने पर राष्ट्र का शोक, कुछ भी या सब कुछ हो सकती है और इसके बावजूद अपरिभाषेय रह सकती है रामचन्द्र शुक्ल के लोकप्रिय चित्र में हँसती हुई मूछों की तरह जिन्हें देखकर लगता है मूछों में दबी बारीक हँसी के पीछे कविता का राज दिया है और ये मूछें सच कहें तो इस राज पर ही हंस रही हैं। परन्तु इस स्वीकारोक्ति के बावजूद और अपने शिल्प के प्रति अपने समूचे आत्मसम्मोहन के बावजूद 'यहां से देखो' के केदार गंभीर चिंताओं को उभारकर उन्हें एक विदूषकीय मोड़ देते हुए बोझिलता को तोड़ने के प्रयास में एक विस्मय भरी चुहल में खत्म करने के विपरीत नितान्त हल्के-फुल्के

और किंचित हास्यास्पद प्रतीत होने वाले विवरणों से कविता का आरम्भ करके उसे एक गम्भीर मोड़ देते हैं जिसमें काव्य चमत्कार प्रदर्शित करने से अधिक चिंता जीवन के ज्वलन्त सरोकारों से जुड़ने की देखी जाती है । अब पहली बार उन्हें यह फिक्र होती है कि मैं जो सारा जीवन व्यवस्था से चिपका, उसके गलत-सलत नियमों को मानता, लीक पर चलता, 'हां-हां' करता चला आया उसे अन्याय का विरोध भी करना चाहिए, 'हाँ' से जरूरी है, 'ना' करना चाहिए। पर स्वच्छन्दतावादी कवि की व्यक्तिवादिता पर वह या तो पूरा नियन्त्रण नहीं कर पाते या यह समझ ही नहीं पाते कि 'हां' तो आत्मा की गिरावट और चेतना के क्षय की दशा में हर चीज पर किया जा सकता है अपने स्वार्थों के लिए और सबसे बड़ी बात यह कि यह चुप-चुप अकेले-अकेले भी किया जा सकता है पर 'ना' कहने के लिए जिस शक्ति की जरूरत है वह दूसरों के साथ एक जुड़ाव की भी मांग करती है और इसके लिए एक विवेक की भी आवश्यकता होती है । इसे अविचारित रूप में हर चीज के विरुद्ध नहीं उछाला जा सकता । उनकी छाती में तो 'एक दृढ़, छोटी सी ना' सारी चीजों के विरुद्ध सुरक्षित है । जो भी हो, वह पहली बार जानना चाहते हैं कि 'मेरी भूख में मेरी पीठ का दुखना शामिल है या नहीं' पहली बार वह 'बैलगाड़ी और बाजार का धूल भरा रिश्ता' समझना चाहते हैं, पहली बार उन्हें धूल में जनता दिखाई देती है, पहली बार पैदा होता है यह अहसास कि 'यह धूल/इस कस्बे की/और मेरे पूरे देश की/सबसे जिन्दा और खूबसूरत चीज है/सबसे बेचैन/सबसे सक्रिय/पृथ्वी की सबसे ताजा/और प्राचीनतम धूल/जो यहां दिन भर आदमी के साथ-साथ/बुनती है रुई/बनाती है गारा/गरमाती है पानी/गूंथती है आटा/चराती है बकरियां' और पहली बार वह यह स्वीकार करते हैं कि 'इस सारे माहौल में/सिर्फ यह धूल है/सिर्फ इस धूल का लगातार उड़ना/जो मेरे यकीन को बचाए हुए है/नमक में/और पानी में/और पृथ्वी के भविष्य में और दन्तकथाओं में ।'

यह मात्र संयोग नहीं है कि इस संग्रह में बार-बार ऐसे संकेत मिलते हैं जो उसके सोच में एक गुणात्मक परिवर्तन की सूचना देते हैं :

इन्तजार मत करो
जो कहना हो कह डालो
क्योंकि हो सकता है फिर कहने का
कोई अर्थ न रह जाये
सोचो
जहां खड़े हो वहीं से सोचो
चाहे राख से ही शुरू करो
......
पूछो

जितनी बार पूछना पड़े
चाहे पूछने में जितनी तकलीफ हो
मगर पूछो
पूछो कि गाड़ी कितनी लेट है
अंधेरा बज रहा है
अपनी कविता की किताब अलग रख दो
और सुनो—सुनो
अंधेरे में चल रहे हैं
लाखों-करोड़ों पैर'

इसलिए जब वह टूटे हुए ट्रक की बात करते हैं तो इस विषय में दुविधा नहीं रह जाती कि वह ट्रक की नहीं अपने पूरे समाज और देश की बात कर रहे हैं जो लम्बे समय से उस ट्रक की ही तरह रुका और बिगड़ा पड़ा है और सड़ रहा है और जिसके बारे में यह सुहावने विचार आने पर कि सम्भव है किसी करिश्मे से यह एका-एक चालू हो जाए, प्रसन्नता तो होती है पर यह मात्र एक दिवास्वप्न बनकर ही रह जाता है :

'शाम हो रही है
टूटा हुआ एक ट्रक उसी तरह खड़ा है
और मुझे घूर रहा है
मैं सोचता हूं
अगर इस समय वो वहां न होता
तो मेरे लिए कितना मुश्किल था पहचानना
कि यह मेरा शहर है
और ये मेरे लोग
और वो वो
मेरा घर'

जुझारूपन और बलिदान—'क्या है कविता/कोई हमला/हमले के बाद पैरों को खोजते/लहूलुहान जूते'—भी कविता की परिधि में आते हैं, कवि का यह स्वीकार मात्र वचन-विदग्धता के लिए नहीं है। 'यहां से देखो' में केदार में व्यवस्था से टकराने के साहस और जुझारूपन के आभास मिलते भी हैं। उनकी उम्मीद कुछ देर तक चील की तरह हवा में मंडराती रहने के बाद झपट्टा मारकर ठीक उसी जगह बैठ जाती है जहां से चला गया है वह ठेठ देहाती कार्यकर्ता जिसके व्यवहार, वेष, भाषा और आचरण की अपरिष्कृति कवि को बेचैन करती है पर जो उस व्यवस्था से सीधी टक्कर लेता रहता है जिसके विरुद्ध बुद्धिजीवी शाब्दिक आक्रोश व्यक्त करके और ऐसी व्यवस्थाओं की शाब्दिक चर्चा करके जिसमें राज्य और

उसकी पुलिस का दमन चक्र नहीं रहेगा, संतुष्ट हो लेते हैं, जबकि यह कार्यकर्ता ऐसे सपनों में न खोकर उससे सीधी टक्कर लेता है :

'मुझे थाने से चिढ़ है
मैं थाने की धज्जियां उड़ाता हूं
मैं उस तरफ इशारा करता हूं
जिधर थाना नहीं है
जिधर पुलिस कभी नहीं जाती
मैं उस तरह इशारा करता हूं

वह धीरे से हंसता है
और मेरी मेज पर हिलने लगती है
मेरी सेज पर रखी किताबें
हिलने लगती हैं

मेरे सारे शब्द और अक्षर
हिलने लगते हैं
......

वह उठता है
और दरवाजों को ठेलकर
चला जाता है बाहर'

इस क्रम में अपनी पुरानी शैली से अलग केदार एक ऐसी आडम्बरहीन शैली का, 'सादगी ओ पुरकारी, बेखुदी ओ हुशियारी' का विकास करते हैं जिसे हम भवानीप्रसाद मिश्र की श्रेष्ठतम रचनाओं में पाते हैं, परन्तु यहां प्रभाव सम्भवत: उससे गहन पड़ता है। डूबते हुए दिन पर, घिरती हुई रात पर, जो है उस पर, जो नहीं है उस पर, जो हो सकता था उस पर, हर योजना पर, हर विकास पर, इस महान शताब्दी पर, महान शताब्दी के महान इरादों पर, महान शब्दों और महान वादों पर और इस महान विशेषण पर दो मिनट के मौन के लिए आमन्त्रित करता हुआ कवि किस सादगी से और किस ताकत से, किस दौर पर और किस नेतृत्व पर प्रहार करता है, इसकी व्याख्या आवश्यक नहीं।

इसी तरह बुनने का समय में उसका उद्बोधन गीत—

'उठो कि ताना कहीं फंस रहा है
उठो कि भरनी में पड़ गई है गांठ

उठो कि नावों के पाल में.
कुछ सूत कम पड़ रहे हैं

उठो
झाड़न में
मोजों में
टाट में
दरिया में दबे हुए धागो उठो
उठो कि कहीं कुछ ग़लत हो गया है
उठो कि दुनिया का सारा···कपड़ा
फिर से बुनना होगा
उठो मेरे टूटे हुए धागो
और मेरे उलझे हुए धागो

उठो
कि बुनने का समय हो गया है।'

विश्व क्रान्ति का उद्घोष बन जाता है। हमें आश्चर्य होता है। अपनी समझ पर अविश्वास होता है कि क्या हम सचमुच केदारनाथ सिंह को पढ़ रहे हैं और क्या हम जो अर्थ ले रहे हैं वही कवि का भी अभीष्ट है। भवानीप्रसाद मिश्र की सादगी से केदार की सादगी का एक फर्क है।

मिश्र जी में 'पुरकारी' का अभाव मिलेगा जो केदारनाथ सिंह की सादगी की प्रमुख विशेषता है जबकि केदार में 'बेखुदी' नहीं मिलेगी जो भवानीप्रसाद मिश्र में देखने में आती है। मिश्र जी कविताएं एक तरह के उच्छल उद्गार की कविताएं हैं, स्वतः स्फूर्त हों या सचेष्ट पर एक बार रचनात्मक मनोभूमि तैयार हो जाने के बाद ये सशक्त भावात्मक उद्रेक का रूप ले लेती हैं। हम उनकी कविताओं से भावाविष्ट तो होते ही हैं, स्वयं कवि भी अपने को इनसे मुक्त नहीं कर पाता। यही कारण है कि भवानीप्रसाद मिश्र अपनी कविताएं पढ़ते समय प्रायः विगलित हो जाते थे और आंखों से आंसू निकल पड़ना भी उनके मामले में एक आम बात थी। केदार में एक कलात्मक नियन्त्रण, एक लगाव-अलगाव का युगपत् व्यापार पाया जाता है। वह आवेग के स्थान पर विट या प्रत्युत्पन्नता से काम लेते हैं और इसलिए उनकी सादगी विचलित और विगलित नहीं करती अपितु यह भी हमें चमत्कृत ही करती है मार्मिक संकेतों और गूढ़ व्यंजनाओं के द्वारा। उदाहरण के लिए जब वह दलित उत्पीड़ित, विघटित और धर्म और विश्वास के जाने किन-किन चक्करों में पड़े हुए जनसमाज के 'झाड़न में/मोजों में/टाट में/दरिया में दबे हुए···/टूटे हुए? और

उलझे हुए' धागों के रूप में याद करते हैं तो अर्थ की पारदर्शिता के साथ ही साथ इन प्रतीकों की अपनी सार्थकता और इनके आशयों की व्याप्ति कवि की असाधारण शक्ति को उद्घाटित करती है। केदार के मामले में मैं कभी सही होने का दावा नहीं करता और इसलिए इस कथन में भी कुछ अतिरंजना हो सकती है, पर बहुत कम कवि हैं जिनकी रचना में पहली बार और बिना किसी रूपकीय विवृति या विस्तार के कोई प्रयोग आये और वह अपनी स्पष्टता, सांकेतिकता, साहचर्य और सघनता के कारण प्रतीक बन जाए।''' केदारनाथ सिंह अपनी उत्कृष्ट रचनाओं में—और यह बात किसी भी महान कवि पर लागू होती है—एक ऐसे शिखर का निर्माण करते हैं जिससे ऊपर कोई चीज नहीं दिखाई देती, सिवाय धुंध और आसमान के। 'यहां से देखो' में केदार न केवल एक ऐसा स्तर हासिल करते हैं जो उनके लिए भी—खासतौर से उनके लिए ही—एक चुनौती है और इसे उन्होंने अपनी सोच में घटित परिवर्तन से हासिल किया है जिसने स्वत: एक कलात्मक परिष्कार को जन्म दिया है जो आरोपित दुरूहता के विपरीत नियंत्रित सादगी का रस लेती है। इस संग्रह का सर्वश्रेष्ठ—क्या हर मामले में श्रेष्ठ-कनिष्ठ का निर्णय सम्भव है? रचना 'बनारस' है। कितनी ताकत से और कितने कौशल से कवि इस रचना में बनारस की 'संस्कृति' और इसके पिछड़ेपन को, नये विकासों से तिलमिला उठने वाले इसके दकियानूसीपन को उभारता है और कुछ थोड़े से बिम्बों से ही इसका एक जीवन्त चित्र पेश कर देता है इसे इस रचना को पढ़ कर और विश्व के अन्य ज्ञात-विख्यात कवियों द्वारा ऐसे ही विषयों पर लिखी गई महत्वपूर्ण रचनाओं —मिसाल के लिए ह्विटमैन की 'ब्रूकलिन फेरी'—से मिलाकर ही समझा जा सकता है। कविता इस नगर की पुरानपंथिता के उद्घाटन के साथ आरम्भ होती है। नये विचारों और मान्यताओं के लिए कवि ने वसन्त को प्रतीक के रूप में चुना है, इसके आगमन की आकस्मिकता के माध्यम से और इसके फूल-पत्तियों के विकास के रूप में नहीं अपितु बंवडर के रूप में धूल उठाते हुए आने के संकेत से वह नये विचारों को उत्साह से ग्रहण करने वाली एक नयी पीढ़ी की उपस्थित को तो रेखांकित करती ही है इससे 'इस महान पुराने शहर की जीभ के किरकिराने' का उल्लेख इसकी दयनीय रूढ़िवादिता को मूर्त्त कर देता है।

बसन्त का आना कहीं बेकार नहीं जाता। बनारस में भी नहीं। जो शिलीभूत है उसमें भी आर्द्रता आती है, पुरानपंथिता के उपासकों और उपजीवियों की दशा किंचित् दयनीय होती है और उपेक्षितों और फटेहालों में आशा का एक नया संचार :

'जो है वह सुगबुगाता है / जो नहीं है वह फेंकने लगता है पचखियां / आदमी दशाश्वमेध पर जाता है / और पाता है घाट का आखिरी पत्थर / कुछ और मुलायम हो गया है / सीढ़ियों पर बैठे बन्दरों की आंखों में / एक अजीब-सी नमी

है / और एक अजीब-सी चमक से भर उठा है / भिखारियों के कटोरों का खालीपन'।

पर सब कुछ के बावजूद रूढ़िवाद का जोर इतना प्रबल है कि :

'इस शहर में धूल
धीरे-धीरे उड़ती है
धीरे-धीरे चलते हैं लोग
धीरे-धीरे बजते हैं घण्टे
शाम धीरे-धीरे होती है

यह धीरे-धीरे होना
धीरे-धीरे होने की एक सामूहिक लय
दृढ़ता से बांधे है समूचे शहर को
इस तरह कि कुछ भी गिरता नहीं है
कि हिलता नहीं है कुछ भी
कि जो चीज जहां थी
वहीं पर रखी है
कि पानी वहीं है
कि वहीं पर बंधी है नाव
कि वहीं पर रखी है तुलसीदास की खड़ाऊ
सैकड़ों बरस से।'

मुमूर्षा और जिजीविषा का एक अद्‌भुत मिश्रण है यह शहर :

'अद्‌भुत है इसकी बनावट
यह आधा जल में है
आधा मन्त्र में
आधा फूल में है
आधा शव में
आधा नींद में है
आधा शंख में
अगर ध्यान से देखो
तो यह आधा है
और आधा नहीं है।'

और कविता के अन्त में प्रयुक्त एक रूपक :

'किसी अलक्षित सूर्य को
देता हुआ अर्घ्य
शताब्दियों से इसी तरह
गंगा के जल में
अपनी एक टांग पर खड़ा है यह शहर
अपनी दूसरी टांग से बेखबर'

इस कविता में प्रयुक्त शब्दों और प्रतीकों पर ध्यान दें तो भाषा के प्रति केदार की इस नई जागरूकता पर मुग्ध हो उठेंगे। पर यह कोई नई चीज नहीं है। केदार में यह शक्ति आरम्भ से रही है। यहां इसमें एक निखार आ गया है और यह निखार भाषा के स्तर पर उनकी अतिरिक्त सजगता से नहीं आया है अपितु चीजों को देखने के उनके एक नये और गैररोमानी नजरिये के कारण आया है। विचार पक्ष कविता के सौन्दर्य पक्ष से कितना गहरा सम्बन्ध रखता है इसकी यह एक मिसाल है।

इस संग्रह की एक अन्य अविस्मरणीय कविता है : 'जानवर' परन्तु वह केदार के पुराने रंग में है।

'अकाल में सारस' केदार की सबसे नई कृति है। 88 में प्रकाशित इस संग्रह में उनकी 83 से 87 तक की कविताएं संकलित हैं। इस संग्रह के साथ केदारनाथ सिंह के रचनात्मक आरेख में एक झुकाव आता है और इसके साथ यह सवाल पैदा होता है कि क्या 'यहां से देखो' में कवि में सचमुच किसी भी प्रकार की प्रतिबद्धता उभर रही थी या वहां वह मात्र एक-दूसरे स्तर पर प्रयोग कर रहा था? साथ ही यह शंका भी होती है कि क्या केदार अपनी अवस्था के कारण चुक चले हैं? इस बात से इन्कार नहीं किया जा सकता कि 'यहां से देखो' में भी कवि का जनवादीकरण संदिग्ध है, पर उसकी दृष्टि में एक गुणात्मक परिवर्तन आ रहा था इस विषय में सन्देह का कोई कारण नहीं दीखता। छोटी-बड़ी अन्य कविताएं, जिनका उल्लेख नहीं किया गया है, भी इस बात की पुष्टि करती हैं। उदाहरण के लिए 'नक्शा' में कवि का इस बात पर खुश होना कि वहां इतनी सारी जगह थी कि वह अपने पूरे कुनबे के साथ सदियों तक रह सकता था इस बात पर आश्चर्य कि 'मैं इतने दिनों तक / बिना किसी नक्शे के जीता रहा / पृथ्वी पर' उसकी विराटता में उसके अपने घर का घुल-मिल जाना या न मिलना और अन्त में यह समाहार कि 'नक्शे में कोई राजा नहीं था / पर कानून था / नक्शे में' यह स्पष्ट करने के लिए काफी है कि वह कागज पर छपे किसी नक्शे की नहीं एक भिन्न और अधिक न्यायपरक व्यवस्था की बात कर रहा है जिसमें हम अधिक निश्चिन्तता के साथ

और अधिक बड़े समाज का अंग बन कर जीवित रह सकते हैं। 'सीटी' में इस बात पर बल कि जो सुख, शान्ति और निश्चिन्तता हमें सुलभ है उसके पीछे बहुत से दूसरे लोगों के श्रम का योगदान है, 'ऐसा क्यों है / कि जब सारा शहर सो रहा है/ तो एक अकेला आदमी / सबकी नींद की हिफाज़त में / सैंकड़ों पर / गलियों में / सीटी बजाता है / उसके जागते रहने / और हमारे सो जाने के बीच / यह कौन सा नाता है ?' 'कीड़े की मृत्यु' इसी तरह मात्र कीड़े की मौत नहीं लगती। यह कीड़ों जैसी जिन्दगी जीने को मजबूर कर दिए गए इन्सानों की मौत है जिसकी ओर सम्पन्न और मानवीय सुख-सुविधाओं का उपभोग करने वाला तबका घोर उदासीनता और निष्ठुरता का रुख अपनाए रहता है। यह एक ऐसा कीड़ा है जिसके मरने पर कवि को पीड़ा होती है और वह उन पर एक चुप-चुप व्यंग्य करता है जिनकी नजर में 'कीड़े तो मरते रहते हैं / हर पल / हर क्षण / दुनिया को कुछ और साफ-सुन्दर करने को / मर जाते हैं कीड़े / सुन्दरता के हित में' पर कवि चाहता है उसमें जीवन का संचार हो 'क्यों मैं चाह रहा हूं / वह कुछ हिले / रेंगना शुरू करे वह' मध्यवर्गीय साखी का व्यंग्य, 'सुबह हुई / और उसने सोचा / दुनिया बदलने से पहले / मुझे बदल डालनी चाहिए अपनी चादर / जो कि मैली हो गई है' बहुत साफ है। 'उस आदमी को देखो' में उसे वह आदमी अच्छा लगता है जो' सड़क के इस पार खड़ा है / और उस तरफ जाना चाहता है क्योंकि इस तरह / एक उम्मीद-सी होती है / कि दुनिया जो इस तरफ है / शायद उससे कुछ बेहतर हो सड़क के उस तरफ'। 'दन्तकथा' जो भी इस संग्रह की अच्छी रचनाओं में है, एक गौरवपूर्ण अध्याय की स्मृति है और इसे प्रस्तुत भी उसी गरिमा के साथ किया गया है। 'जाते हुए आदमी के बयान' में 'कवि के माथे का जो पसीना है / उसमें उसकी मेहनत के अलावा / कुछ और भी जरूर है' और वह क्या है इसका निर्णय वह पाठकों पर छोड़ता हैं। 'क्योंकि पसीना / मेरा निजी मामला नहीं है'। परन्तु 'अकाल में सारस' में पहुंच कर हम एक भी कविता में श्रम के लिए भी इस तरह के संकेत नहीं पाते। इतना ही नहीं इसके साथ मिलती है एक पश्चवर्तिता। लगता है कवि पुनः अपने भीतर लौट गया हो। वह अपने समय की पहचान खोने लगा हो जैसे।

इस सन्दर्भ में 1987 की ही एक गोष्ठी की याद आती है जिसमें बोलते हुए केदारनाथ सिंह ने कहा था, 'कविता अपने समय की भाषा और अपने समय के छन्द में ही लिखी जा सकती है।' जिस पुस्तक के विषय में यह गोष्ठी थी उसके सन्दर्भ में यह एक उचित सलाह थी पर थी अधूरी सलाह और जो आधा अनकहा रह गया था वह कहे हुए अंश से अधिक महत्वपूर्ण था। कविता की यह एक जरूरी शर्त है कि वह अपने समय की भाषा और अपने समय के छन्द में लिखी जाए, पर इससे भी जरूरी है कि यह अपने समय की चेतना और अपने युग के सरोकारों के साथ लिखी जाए। यदि चेतना के स्तर पर कवि पिछड़ा रहता है तो वह नई

शब्दावली और नई शिल्प योजना के बावजूद एक नये रीतिवाद का उन्नायक ही हो सकता है। इस पक्ष पर केदार का मौन रह जाना अकारण नहीं था। वह उन कवियों में है जो रचनाकार की 'स्वतन्त्रता' और साहित्य की 'स्वायत्तता' को अप्रतिबद्धता का पर्याय मानते रहे हैं और इसलिए इस पहलू पर कुछ रुककर विचार कर लेना आवश्यक है।

हमारे सामने अप्रतिबद्ध और महान कवियों की एक गौरवशाली परम्परा है जिसमें कालिदास से लेकर मीर और गालिब तक आते हैं। प्रतिबद्ध माने जाने वाले कवियों में मुख्यत: धार्मिक विश्वासों और दार्शनिक मतों को जनमानस में उतारने के लिए कृत-संकल्प कवि आते हैं उनकी भी कम गौरवशाली परम्परा नहीं है जो अश्वघोष से लेकर तुलसी तक आती है और जिसमें ही सूफी सन्त और ज्ञानमार्गी सन्त आते हैं। यह स्वीकार करना होगा कि दार्शनिक और धार्मिक प्रतिबद्धता वाले रचनाकारों की रचनाएं एक सीमा से आगे बढ़ते ही जिस एक-रसता का शिकार होती है वह प्राय असह्य हो जाती हैऔर इसीलिए इस धारणा को बल मिलता है कि रचनाकार की 'स्वतन्त्रता' और अप्रतिबद्धता रचना के हित में है और प्रतिबद्ध लेखन को रचना की एक जरूरी शर्त मानने वाले साहित्य का अहित करते हैं। वे उस विराट फलक से जिसमें जीवन और जगत की सभी वस्तुएं और क्रियाएं आती हैं, रचनाकार को उतार कर एक छोटी सी परिधि में कैद कर देते हैं जहां उसे मान्यता विशेष की सेवा में अपने को समर्पित करके अपने और अपनी विधा के गौरव का ह्रास करने को विवश होना पड़ता है।

यदि हम उक्त सरलीकृत निष्कर्ष को कुछ समय के लिए विराम देकर समस्या की गहराई में जाएं तो हम पायेंगे कि लेखकीय 'स्वतन्त्रता' और प्रतिबद्धता दोनों एक ही सिक्के के दो पहलू हैं और जिन्हें हम अप्रतिबद्ध रचनाकार कहते हैं वे व्यक्तिवादी तो रहे हैं पर स्वतन्त्र नहीं। यहां आकर हम 'यहां से देखो' में प्रकाशित अन्तिम कविता 'घोषणा' की उलटबांसी वाले तर्ज पर कह सकते हैं कि जो स्वतन्त्र लेखन का दम भरते रहे हैं वे दरवारों और मठों के टहलुए रहे हैं। सच बात यह है कि प्रेस के विकास और प्रकाशन सुविधाओं के विस्तार से पहले रचनाकार स्वतन्त्र हो ही नहीं सकता था। 'या तो वह अपने योग-क्षेम के लिए किसी दरवार पर आश्रित रहता था या मठ और मन्दिर पर। ऐसी दशा में वह अपने आश्रयदाता के प्रशासन से उत्पीड़ित और उसके द्वारा समर्थित-पोषित दमन चक्र के नीचे पिसते हुए जनों के साथ न तो सहानुभूति प्रकट कर सकता था न इस अन्यायमूलक व्यवस्था का विरोध कर सकता था। वैसी दशा में उसे अपने वजीफे से हाथ तो धोना ही पड़ता दरवारी कवि होने के कारण प्राप्त प्रतिष्ठा और इसी बल पर दूर-दूर तक फैलने वाली ख्याति से वंचित होना पड़ता। सम्भावना इस बात की अधिक थी कि वह अज्ञात ही रह जाता और उसकी रचनाओं की प्रति-लिपियां करने वाले तक नहीं मिलते। सियासत के दमन का शिकार उसे अलग से

होना पड़ता। इसी तरह मठों और मन्दिरों में पलने वाले तथाकथित 'प्रतिबद्ध' रचनाकार मन्दिर और मठ की विकृतियों और अपने धर्म और दर्शन की खामियों को उजागर करके तिरस्कार, उपेक्षा और आश्रयहीनता के शिकार हो सकते थे।

ऐसी स्थिति में आजाद खयाल समझे जाने वाले दरबारी कवि को दुख के नाम पर विरह का दुख, स्वजनों से वियोग का दुख, आत्मीयों की मृत्यु का दुख, दिनों के हेर-फेर से पैदा अमीरों की तंगदस्ती का दुख, किसी के तंज की चुभन, अपनी रुसवाई की ग्लानि, प्रेमिका की निष्ठुरता या बेवफाई का दुख आदि ही दिखाई देता था। साहित्य का एक महान कार्य है, मनुष्य की पीड़ा और यातना का उद्‌घाटन और इनके स्रोतों के विरुद्ध संघर्ष, इसे इस बात से समझा जा सकता है कि दुख की इस सीमित और मोहक पूंजी के लिए भी गुंजायश विप्रलम्भ शृंगार और करुण रस में ही थी अतः इन्हें रसों में श्रेष्ठ माना जाता रहा है और हमारे गौरवशाली साहित्य का मर्मस्पर्शी अंश इन्हीं से सम्बन्ध रखता है।

समाज में मानव यातना और पीड़ा के प्रमुख और सबसे व्यापक कारण सामाजिक और आर्थिक विषमता और इसको कायम रखने के लिए ढाये जाने वाले जुल्म और बनाये जाने वाले नियम, भूख और कुपोषण की यन्त्रणा और अपमान और विविध प्रकार की व्याधियां दुखों की उस फेहरिश्त में नहीं आती थीं जिनको लेकर उस समय का कवि रचना करता था। वह अपने आश्रयजीवी चरित्र के कारण इतना निष्ठुर हो जाता था कि असह्य उत्पीड़न या अपमान के विरुद्ध इसके शिकार निम्न वर्णों और निम्न आर्थिक स्थितियों के लोगों ने यदि कहीं प्रतिरोध किया तो वह या तो उनका मखौल उड़ाता था या इसे ही घोर अनीति मान कर उनके दमन की हिमायत करता था। यदि उसके बावजूद कहीं अन्याय उसकी नजर में भी असह्य लगता था तो वह 'सांप भी मर जाय और लाठी भी न टूटे' वाली सामन्ती समझदारी का परिचय देता हुआ इतनी सरस चोट करता था कि सांप के मुंह से भी 'वाह-वाह' निकलने लगती थी—लाठी बचे या टूटे पर सांप का कुछ बिगड़ता नहीं था। कवि मनीषी की जिस आदर्श भूमिका की हम बात करते हैं जिसकी सम्भावना उन कालों में नहीं थी जिनमें दुख के स्रोतों की पहचान और उनके उन्मूलन और संकल्प का तो प्रश्न ही न था, रचनाकार इन्हें देखने से ही इन्कार कर देता था। अपनी सही भूमिका से अपरिचित वह अपना कैमरा लेकर घूमने वाले ऐसे फ्रीलान्स छायाकार जैसा था जो किसी भी 'मार्मिक' दृश्य को देख कर बटन क्लिक कर देता है। उसमें उस छायाकार जैसा संकल्प भी नहीं था जो अन्याय और उत्पीड़न के चक्र या इनके शिकार लोगों के चित्रों का माध्यम से अपना विरोध प्रकट करता और जनता को अन्याय के विरुद्ध खड़ा होने को ललकारता है। अन्याय और अनीति की गोद में पलने के कारण वह पूरे जीवन और जगत से दुख के निरापद और अविस्फोटक कणों की तलाश करके अपनी दरिद्रता दूर करता था और कदम-कदम पर दिखाई देने वाले दुःखों की सयत्न उपेक्षा

करने के बावजूद इस वहम का शिकार रहता था कि उसकी कविता की पहुंच जीवन और जगत के कोने-कोने में है।

दरबारी और मठाश्रयी कवियों की अपनी विवशता थी कि वे आजादखयाल हो ही नहीं सकते थे। वे जिस माहौल में रहने को बाध्य थे उसमें उनका भी सामन्तीकरण और पुरोहितीकरण हो जाता था और इस तरह उनके अनेक विचार ही नहीं आवेग और उद्वेग भी सांचे में ढल जाते थे। यदि इनमें 'आजाद खयाली' की कोई झलक मिलती थी तो उस दशा में जब उन्हें व्यक्तिगत रूप से किसी उपेक्षा या तौहीन का शिकार होना पड़ता था और आजादखयाली के नाम पर वे अपनी भड़ास निकालते थे। ऐसी स्थितियों में भी गालिब की तरह वे महसूस करते थे :

> और मैं वह हूं कि गर खुद पर कभी गौर करूं
> गैर क्या खुद मुझे नफ़रत मेरी औकात से है।

आजाद खयाली, लेखकीय प्रतिबद्धता और मनस्विता किसी की सम्भावना इन कवियों में पैदा नहीं हो सकती थी। प्रतिबद्धता गुलामों और टहलुओं की स्वामिभक्ति नहीं है, स्वतन्त्रचेता कवियों की सुविचारित वरण है और इसलिए प्रेस और प्रकाशन के विस्तार से पहले इसकी सम्भावना बहुत क्षीण थी। यह कबीर और रैदास जैसे कवियों के ही बूते की बात थी जो अपनी जीविका के लिए स्वयं श्रम करते थे या थी उन सिद्धों-सन्तों के वश की बात जो सीधे जनता से जुड़े थे—जनता के भी दुखी, पीड़ित और उपेक्षित वर्ग के साथ। सैद्धांतिक रूप में इसका साहस लोक कवि भी कर सकते थे पर वे अलग-थलग पड़े रहने, किसी वैचारिक आन्दोलन से अलग पड़ जाने के कारण अपना विकास अपेक्षित स्तर तक नहीं कर पाते थे और रंजनकारी बन कर रह जाते थे।

यदि कोई रचनाकार इस तथ्य को नहीं समझता और यह मानकर चलता है कि महान रचनाकार, सौन्दर्यवादी रहे हैं, उनकी प्रमुख चिन्ता अन्दाजेबयां को लेकर रही है और इसलिए एक सच्चे कवि को भाषा और शिल्प का ही विशेष ध्यान रखना चाहिए और विषय के रूप में जीवन-जगत का कोई विषय—विशेषत: प्रेम, वियोग आदि—-पर्याप्त है वह अपनी 'स्वतन्त्रता' का दावा करने के बावजूद मध्यकालीन कवियों की लाचारी को अपना आभूषण बनाता है, उनकी हथकड़ी को अपना कंगन ऐसा कविआधुनिक चेतना से लैस तो नहीं ही है साहित्य की अपनी भूमिका के प्रति भी पूरी तरह सचेत नहीं है और केदार से हमारी यही शिकायत है—विशेषत: 'अकाल में सारस' के केदार से जो 'यहां से देखो' में उस संस्कृति रेखा को पार करते दीखते हैं जो एक कलावादी शिल्पों को मनीषी कवि से अलग करती है।

अपने समम की चेतना का अभाव का एक प्रमाण 'बालू का स्पर्श' है जिसमें बरसों बाद गंगा में नहाने वाला, उसमें खूब डूबने उतराने वाला और घूंट-घूंट

उसका जल पीने वाला कवि इस बात का कहीं आभास तक नहीं होने देता कि बरसों पहले की गंगा की तुलना में यह गंगा नामदान की तरह मलिन और दूषित हो चुकी थी। उसे सब कुछ पवित्र ही पवित्र लगता है, मानो वह काव्यग्रन्थों से पढ़कर प्रकृति-वर्णन कर रहा हो। जब हम कहते हैं कि 'अकाल में सारस' में केदार एक नोस्टेल्जिया के शिकार हुए हैं तो हमारा तात्पर्य उस मानसिकता से है जिसमें बरसों पहले या बचपन के अनुभवों से जुड़े हुए लोग, स्थान, दृश्य अपनी अनगढ़ताओं या इस दौर में अर्जित विरूपताओं से अछूते होकर सामने आते हैं और याद भी बेहतर आते हैं; वेसाख्ता और पूरे रोमान के साथ :

'कल गांव से / एक चिट्ठी आई / बहुत दिनों बाद /

शायद नदी ने भेजी थी

न दिन / न तारीख / न सरनामा / बस ऊपर के कोने में / एक बूंद की तरह / टंका था / छोटा-सा प्यारा-सा / गांव का नाम / चकिया

शहर के / उस सबसे व्यस्त चौराहे पर / सबसे छिपा कर / पढ़ता रहा / उस खाली-खाली चिट्ठी को / और सारी चिट्ठी में / गुजारता रहा। चीखता रहा / बस एक ही शब्द / चकिया ! चकिया !'

'चकिया ! चकिया !! 'किसी भीड़ में मां से बिछड़ कर 'मां' 'मां' चीखता हुआ एक बच्चा। यही हैं अकाल में सारस के केदार। अतीत का यह मोह उनकी अनेक कविताओं में है। वह पश्चात्ताप करते हैं :

'यहां तक आते-आते
मैं बहुत कुछ भूल चुका हूं
बहुत कुछ
जिसे याद रखना बहुत जरूरी था
पर मेरे लिए यह बता पाना
बहुत मुश्किल है
कि इतने दिनों बाद भी
मुझे क्यों याद है
एक बूढ़े गड़रिये का चेहरा
जिसे मैंने एक दिन नदी में
पड़ा हुआ देखा था
जहां उसकी भेड़ें पानी पी रही थीं।'

('चेहरा')

उन्हें आते हैं याद वे शकुन और अपशकुन जो बचपन में एक अकाट्य सच के रूप में जहान में उतारे गये थे :

'मेरे बेटे
कुएं में कभी मत झांकना
जाना
पर उस ओर कभी मत जाना
जिधर उड़े जा रहे हों
काले-काले कौए
....
मेरे बेटे
बुध को उत्तर कभी मत जाना
न इतवार को पच्छिम ।'

कुछ सूत्र जो एक किसान बाप ने बेटे को दिये : अतीत का मोह-छोह वर्तमान में असुरक्षित, अव्यवस्थित या अपसमायोजित अनुभव करने का परिणाम है और इसकी अचानक वापसी उस दुर्बलता की देन है जिसे बढ़ती या ढलती हुई उम्र के अनुभवों ने पैदा किया है । अपने निजी योग क्षेम तक, अपनी निजी सफलता और विषाद तक सीमित रहने वाला व्यक्ति जिस अकेलेपन को कभी एक रत्न जटित मुकुट और कभी भारी पत्थर की तरह ढोने को बाध्य होता है उसमें किसी आत्मीय की मृत्यु या लम्बी बीमारी के बाद या कोई अन्य आघात लगने पर प्रयोजन से जुड़ाव, सामाजिक प्रतिबद्धता, यहीं पर मनुष्य को टूटने से बचाती है या, कम से कम, सहारा दिए रहती है ।

मृत्यु की चेतना, जिन्दगी के तिल-तिल को सम्भाल-जुगा कर जीने की उत्कट लालसा, उनकी अनेक कविताओं में देखने को मिलती है :

'मेरा जीवन / एक दोना है / सींक से बुना हुआ पत्तों का दोना···
दोना ही तो है / कोई एक दिन उठा कर / फेंक देगा बाहर···'

('जन्म दिन की धूप में')

'एक दिन भक् से / मूंगा मोती/हल्दी प्याज / कबीर निराला / स्वर्ग नरक /
झींगुर कुहासा / सभी के आशय स्पष्ट हो जायेंगे /
जैसे धूप / खपरैलों पर / जाते-जाते यकायक / स्पष्ट हो जाती है ।'

('एक दिन भक से')

'एक कालजयी कृति-सी' में यही चिन्ता एक भिन्न रूप में आती है, जिसमें कवि एक बुढ़िया को जिसे चलने में भी कष्ट होता है, एक खम्भे के सहारे बैठी देख कर बेचैन हो जाता है :

हाय क्या, मैं करूं क्या करूं
कि वह नन्हीं-सी बुढ़िया
एक कालजयी कृति.सी
वहीं
उसी खम्भे से पीठ टिकाये हुए
अनन्त काल तक
उसी तरह बैठी रहे।'

और 'टहलते हुए बूढ़े' में यह जितने मार्मिक संकेत से व्यक्त होती है उसकी शक्ति केदार में ही है। ये बूढ़े 'चुप और गम्भीर चले जा रहे हैं / अलग-अलग / साथ-साथ / साथ-साथ / अलग-अलग' और फिर :

'अचानक चलते-चलते
उनमें से कोई एक
जरा-सा ठिठका
उसने दूर किसी पेड़ की फुनगी पर
कुछ लाल-लाल-सा
उड़ता हुआ देखा
उसने यह महत्वपूर्ण बात
दूसरों से कही
फिर सारे बूढ़े रुक गये
और फिर सब एकटक देखने लगे
उसी हिलती हुई / फुनगी की ओर
कुछ देर वे उसी तरह खड़े रहे
उसी तरफ मुंह किये
चकित
अवाक
फिर अचानक जैसे करंट मार जाय
वे चलने लगे
तेज-तेज
जल्दी-जल्दी
जल्दी-जल्दी
तेज-तेज।'

कवि सारा शहर छान डालने के बाद इस नतीजे पर पहुंचता है :

'कि इस इतने बड़े शहर में
मेरी सबसे बड़ी पूंजी है
मेरी चलती हुई सांस
मेरी छाती में बन्द मेरी छोटी-सी पूंजी।'

'अड़ियल सांस' में मरणासन्न व्यक्ति की उत्कट जिजीविषा, उसके सांस की घरघराहट और जिन्दगी की आखिरी धड़कन का बहुत सशक्त चित्रण हैं :

'उसकी हर सांस
हथौड़े की तरह गिर रही थी
सारे सन्नाटे पर
ठक्-ठक् बज रहा था सन्नाटा
जिससे हिल उठता था दिया
जो रखा था सिराहने
....
इस तरह अड़ियल सांस को
मैंने पहली बार देखा
मृत्यु से खेलते हुए
और पंजा लड़ाते हुए
तुच्छ
असह्य
गरिमामय सांस को
मैंने पहली बार देखा
इतने पास से'

'न होने की गन्ध' में अंत्येष्ठि के बाद लौटने का गहन अवसाद और 'सिर्फ कच्ची दीवारों और भांगीख परैलों से किसी के न होने की गन्ध का आना' पाठक की नाक को भी महसूस होता रहता है।

इसी प्रिय जन की रुग्णता के दौर में संभवतः 'ओ मेरी उदास पृथ्वी' लिखी गयी थी और संभवतः उसी की याद 'नदी' में उभर कर आती है जो जब सारा शहर सो जाता हैं तो क़िवाड़ों पर कान लगाकर धीरे-धीरे सुनने पर कहीं आस पास 'एक मादा घड़ियाल की कराह की तरह' सुनाई देता है। इसी संग्रह में हैं 'दुख' पर दो कविताएं और 'एक कविता—निराला की याद में' भी कविता :

'उठता हाहाकार जिधर है
उसी तरफ अपना भी घर है।'

से शुरू होकर निराला की पंक्ति 'दुखता रहता है यह जीवन' से समाप्त होती है।

इस तरह 'अकाल में सारस' में थकान और उदासी को लेकर लिखी गई बहुत सी कविताएं पहली बार सामने आती हैं और अन्य कविताओं में इसकी क्षतिपूर्ति स्वरूप जिंदगी से जुड़ने की ललक 'सूर्यास्त के बाद एक अंधेरी बस्ती से गुजरते हुए' 'अकाल में दूब' 'फिर बजी घंटी' 'वह' 'एक दिन हंसी-हंसी में' 'आना' आदि कविताओं में देखी जा सकती है।

अत: यह कहना गलत नहीं लगता कि ढलती उम्र के अनुभव और सरोकारों ने कवि को विचलित किया है और सामाजिक सरोकारों के प्रति जो 'यहां से देखो' में भी प्रयोगों के ही रूप में सामने आया था, कवि को उदासीन बनाया है। कलावादी रचनाकार की वार्य परिणति है। झटका लगते चारा डाल देता है। जिस संग्रह में 'सड़क पर दिख गये कवि त्रिलोचन' 'अड़ियल सांस' 'न होने की गन्ध', 'नदी' 'टहलते हुए बूढ़े' 'रात में सिलाई' 'बनता हुआ घर' जैसी सशक्त कविताएं हों उसके विषय में यह कहना गलत होगा कि कवि की रचना शक्ति का ह्रास हुआ है। यदि शिथिलता का कोई कारण ढूंढ़ा जा सकता है तो वह वैचारिक स्तर पर ही। और हम आशा करते हैं कि यह पत्नी के स्वर्गवास के बाद अवसाद का एक अस्थायी दौर था। इससे मुक्त होकर वह पुन: नये विश्वास के साथ कविताएं लिखेंगे। भाषा में यहां चंद अपवादों को छोड़ कर वही शक्ति और वही सादगी देखने को मिलती है जो 'यहां से देखो' की कविताओं में। दूसरे शब्दों में कहें तो यह एक शुभ बात है कि वह 'जमीन पक रही है' वाली तिलस्मी दुनिया में नहीं लौटते और अपने अवसाद को भी तोड़कर बाहर आने के लिए प्रयत्नशील दिखाई देते हैं।

यह बात कुछ अजीब लगेगी कि जिसे हम केदार का सबसे बड़ा दोष मानते हैं उसी के कारण आज वह सबसे अधिक प्रासंगिक लगने लगे हैं—यह है भाषा और शिल्प के प्रति उनकी अतिरिक्त सजगता इसका श्रेय केदार को उतना नहीं देता जितना दोष समकालीन कवियों में अधिकांश की भाषा और शिल्प के प्रति असावधानी को देना चाहता हूं। ऐसा लगता है कि साहित्य में दो तरह के संकट बार-बार आते रहेंगे भारतीय मौसम चक्र के सूखे और अतिवृष्टि और बाढ़ के दुहरे संकटों की तरह। कभी वैचारिक शून्यता और शिल्प और भाषा की एकांत साधना से उत्पन्न संकट और कभी वैचारिक अतिरेक और कलाहीनता का संकट। इनके उतार-चढ़ाव के बीच उस नाजुक संतुलन का निर्वाह सदा बहुत कम रचनाकारों के बूते का काम रहा है जहां कृति केदार की ही बनारस कविता के अंतिम अंश में चित्रित अर्घ्य देने वाले व्यक्ति की तरह दूसरे पांव से बेखबर होकर एक पांव पर खड़ी नहीं रहती अपितु शिल्पगत परिष्कार और वैचारिक प्रौढ़ता के दोनों पावों पर मजबूती से खड़ी होती है।

सहजता और जटिलता का समाहार

खगेन्द्र ठाकुर

केदारनाथ सिंह न तो कविता को शब्दों से बंधी हुई मानते हैं और न शब्दों के व्याकरण से सीमित। वे अपनी एक कविता में सवाल उठाते हैं—"वे क्यों चुप हैं जिनको आती है भाषा।" (यहां से देखो पृ० 36) यह सीधा सा सवाल बड़े तीखे ढंग से बताता है कि केदारजी भाषा को मनुष्य की ऐसी जवाबदेही मानते हैं, जिसका पालन मनुष्य के अस्तित्व को सार्थक बनाने के लिए जरूरी है, इसलिए उसमें कभी कोई चूक नहीं होनी चाहिए। 'शब्द' शीर्षक एक दूसरी कविता में वे कहते हैं—

'ठण्ड से नहीं मरते शब्द
वे मर जाते हैं साहस की कमी से।'

('प्रतिनिधि कविताएँ' पृ० 15)

जाहिर है कि 'शब्द' यहां मनुष्य का पर्याय है, लेकिन चेतन मनुष्य का, जीवंत मनुष्य का, जीने की मुश्किलों और प्रकृति तथा जीवन के असंतुलित रिश्ते से उत्पन्न अन्तर्विरोधों से जूझने का साहस और शौर्य रखने वाले मनुष्य का। एक अन्य कविता में कहते हैं—

'चुप रहने से कोई फायदा नहीं
मैंने दोस्तों से कहा और दौड़ा
सीधे खेतों की ओर
कि शब्द कहीं पक न गये हों।'

('जमीन पक रही है' पृ० 14)

भाषा की सार्थकता बोलने में है और बोलना मनुष्य की ऐसी क्रिया है, जिससे

उसके व्यक्तित्व का पता मिलता है। इसलिए कवि शब्दों की हालत देखने सीधे खेतों में जाता है, जहां शब्द पकते हैं। यहां भी शब्द मनुष्य का पर्याय है, जो मनुष्य को पकाता है, पकाकर ठोस और अदम्य तथा अनम्य बनाता है, जानदार बनाता है। इसी कविता में वे कहते हैं—

'पके हुए दाने के भीतर
शब्द के होने की पूरी सम्भावना थी।'

दाने का पकना जीवन की एक पूरी प्रक्रिया है, जिसमें जीवन के विस्तार की सम्भावना छिपी हुई है। शब्द भी मनुष्य के व्यक्तित्व की अभिव्यक्ति देकर विस्तार देते हैं। लेकिन सभी शब्द नहीं, केवल वे जो जीवन के ताप में, श्रम की ऊष्मा में, मिट्टी की ऊर्जा में पके हैं। कवि ऐसे शब्दों का रहस्य पाने के लिए दाने के अन्दर घुसकर चक्की के पत्थर के नीचे जाने को तत्पर है, ताकि वहां मां के गाने की आवाज सुन सके।

केदार जी ने कविता, उसकी भाषा, जीवन, मनुष्य, मानवीय पुरुषार्थ, जनतांत्रिक दायित्व और साहस इन सबको एक साथ मिला कर जिस तरह कबूल किया है, वह प्रगतिशील कवि से ही सम्भव है, क्योंकि यह प्रगतिशील कवि ही है, जो इन सबको समाज की ऐतिहासिक प्रक्रिया में देखता है। केदार जी देश के आधुनिक इतिहास के ऐसे दौर में कविता के साथ हुए, जब देश को आजाद हुए अभी कुछ ही साल हुए थे। लंम्बे स्वाधीनता संघर्ष के फलस्वरूप स्वतंत्र हुए देश का मनुष्य औपनिवेशिक अतीत के दाग को धोकर अपनी पूरी रचनात्मकता को उन्मुक्त कर अपनी कल्पना के भविष्य का निर्माण करने के लिए व्यग्र था; क्योंकि उस मनुष्य के प्रतिनिधि इस कवि ने बाजार में जो नक्शा खरीदा, उसमें सुबह से शाम तक भटकने के बाद भी किसान के बेटे को अपना घर नहीं मिला—

'दुनिया के उस महान नक्शे में
मुझे नहीं मिला
नहीं मिला अपना घर।'

('यहां से देखो' पृ॰ 26)

और जो घर है 'उसके आंगन में, मां ने लगाये हैं, तुलसी के बिरवे दो और पिता ने उगाया है। बरगद छतनार' इस हालत में वह वन-वन, पर्वत-पर्वत दौड़ रहा है, 'मुट्ठी में प्रश्न लिये' कि 'मैं अपना नन्हा गुलाब कहां रोप दूं। यह पारिवारिक प्रश्न वास्तव में स्वाधीन भारत की असंगतियों से अतीत और भविष्य के टकराव से पैदा होता है, इसलिए पूरा सामाजिक प्रश्न है। कवि की विशेषता है

कि वह असंगतियों और अन्तर्विरोधों का शिकार नहीं होता, उन दिनों 'नयी कविता' पर छायी व्यक्तिवादी चेतना के माहौल में भी कुण्ठित नहीं होता। वह चाहता है कि—

'हम बढ़ायें हाथ
तो खुल जाय
बाहर रास्ते की ओर
कोई द्वार सहसा।'

('प्रतिनिधि कविताएं' पृ० 84)

इतिहास की प्रक्रिया में जीवन के विकास की जो धारा है, उससे जुड़े केदार जी कविता की शक्ति को न केवल कायम रखते हैं, बल्कि विकसित भी करते हैं।

केदार जी हिन्दी कविता को विकसित करते हैं, इसलिए कि ठोस किन्तु द्वन्द्वात्मक और गतिशील यथार्थ जीवन से गहरे प्रेम के कारण उन्होंने कविता को स्वीकार किया है। उनके लिए कविता 'हाथ की तरफ / उठा हुआ हाथ / देह की तरफ / झुकी हुई आत्मा' तो है ही, 'मृत्यु की तरफ / घूरती हुई आंखें' भी है। जिस कवि में मानवीय प्रेम के लिए ऐसी ललक है, प्रेम के ठोस आधार में भरोसा है, तथा इसके लिए मृत्यु से भी आंखें मिलाने का साहस है, वह कविता जो नयी ऊंचाई दे सकता है।

आचार्य रामचन्द्र शुक्ल ने रस-मीमांसा में प्रसंगवश कहा है कि रूप-परिचय के बिना प्रेम कैसा ? केदारजी ने इसे सार्थक करते हुए मनुष्य-जीवन को, उसकी मामूली से मामूली क्रिया को बड़ी आत्मीयता से देखा है, अपनी तमाम ज्ञानेन्द्रियों की समग्र क्षमता से देखा है और ग्रहण किया है। लेकिन बड़ी बात यह है कि मामूली जीवन को या जीवन की मामूली घटना को भी ऊंची कविता का दर्जा दे दिया है। 'एक ठेठ देहाती कार्यकर्त्ता के प्रति' शीर्षक कविता पर गौर कीजिए। वह बहुत मामूली है, साइकिल पर आता है, तम्बाकू खाता ही नहीं, शब्दों से भी धूल झड़ती है। शब्दों से धूल झड़ने का मतलब यह है कि जीवन-संघर्ष के अनुभव उसमें भरे हुए हैं। लेकिन उसकी भाषा से भी ज्यादा बेधक है उसकी चुप्पी। कवि कहता है—

'कई बार
उसकी भूकम्प सी चुप्पी
मुझे अस्त व्यस्त कर देती है।'

('यहां से देखो' पृ० 99)

यहाँ चुप्पी को भूकम्प-सी कहकर कवि ने उस देहाती कार्यकर्त्ता की चेतना में

उबल रही सामाजिक व्यथा में निहित क्रान्तिकारी सम्भावना को पूरी तरह मूर्त कर दिया है, लेकिन कितने कम शब्दों में। समाज के लिए जीने-मरने वाले के व्यक्तित्व से कवि की ऐतिहासिक आशा इस कदर मिल जाती है कि उसके जाने पर कवि कहता है—

'मेरी उम्मीद
उसका पीछा नहीं करती
सिर्फ कुछ देर तक
चील की तरह हवा में मंडराती है
और झपट्टा मारकर
ठीक उसी जगह बैठ जाती है
जहां से वह चला गया था।'

('यहां से देखो', पृ० 12)

कवि की उम्मीद का देहाती कार्यकर्त्ता की जगह पर जा बैठना उस कार्यकर्त्ता को और कविता को भी ऊंचाई प्रदान करता है।

जीवन का कविता से गहरा लगाव है, यह अब बहस का विषय नहीं है, लेकिन इसको मान लेने से अनायास जीवन में कविता नहीं मिल जाती और न यों ही जीवन कविता में ढल जाता है। जीवन के प्रसंगों में से बल्कि जीवन के प्रवाह से कविता के उपयुक्त प्रसंगों को चुनना पड़ता है और उन्हें कविता का रूप देना पड़ता है। अवश्य ही ऐसा करने में कवि की क्षमता और अक्षमता की पहचान होती है। केदार जी, बड़ी कुशलता एवं सहजता से जीवन-प्रसंगों को कविता में रूपान्तरित कर देते हैं। लेकिन केदार जी की कविताओं की विशेषता यह है कि पूरी की पूरी कविता पढ़ने पर वांछित अर्थ की निष्पत्ति होती है। कविता का हर वाक्य एक दूसरे से जुड़ा और गुंथा हुआ होता है बीच कविता से कोई अंश निकालकर केदारजी के कवित्व का दृष्टान्तपेश करना मुश्किल है। इस प्रकार उनकी फुटकल कविताओं में भी एक प्रकार की प्रबन्धात्मकता है। यह प्रबन्धात्मकता घटनाओं के प्रवाह से नहीं, बल्कि एक जीवन-प्रसंग को समग्रता प्रदान करने से बनती है। 'बिना नाम की नदी', 'रोटी, बहस', बढ़ई और 'चिड़िया', फर्क नहीं 'पड़ता', 'बारिश', 'टूटा हुआ ट्रक', 'पानी में घिरे हुए लोग', 'बनारस', 'कीड़े की मृत्यु', 'उस आदमी को देखो' आदि कविताएं इस बात को प्रकट करती हैं। 'बिना नाम की नदी' में नदी के प्रवाह के माध्यम से कवि ने ग्रामीण जीवन की गतिविधियों को और उनके बीच छिपी संवेदनाओं के अन्तर-सम्बन्ध को बड़ी खूबी से प्रस्तुत कर दिया है। गांव की सामूहिकता और गतिशीलता इतनी पुरानी है, इतनी शान्त और इतनी सहज है कि उसे और किसी संज्ञा की जरूरत नहीं। गांव

की नदी जीने के उपक्रम से लेकर मौत तक का गवाह बनती है। इसी तरह 'फर्क नहीं पड़ता' शीर्षक कविता जीवन के समकालीन माहौल को अत्यन्त सहज भाषा में तीखे ढंग से व्यंजित करती है। सहजता और तीखापन एक साथ देखिए—

'ईश्वर
यह कैसा चमत्कार है
मैं कहीं भी जाऊं
फिर लौट आता हूं।'

('जमीन पक रही', पृ० 4)

एक शब्द 'चमत्कार' के जरिये कवि ने यहां उस भयानकता को व्यक्त किया है जो वर्तमान जीवन से लेकर ईश्वर तक को परेशान कर रहा है। इन दोनों के बीच परेशान आदमी के जीवन का ममत्व 'फिर लौट आता हूं' के जरिये बखूबी व्यक्त किया गया है। बारिश एक प्राकृतिक परिघटना है, लेकिन इसका स्वरूप और चरित्र भी कवि की नजर में मनुष्य तथा अन्य जीव-जन्तुओं के सन्दर्भ में ही स्पष्ट होता है। बारिश का चरित्र सापेक्ष है, बकरियों के लिए कुछ, गधे के लिए कुछ और साधनहीन मनुष्य के लिए कुछ और बारिश के पानी की इस भूमिका को भाषा की नयी भंगिमा के माध्यम से व्यक्त किया गया है। गधा जो खड़ा भीग रहा था 'पानी उसकी पीठ और गर्दन की/तलाशी ले रहा था' यह गहरे तक भीगने की क्रिया का मूर्त्त रूप है। लेकिन गधा भी पानी का मुकाबला कर रहा है, उसे भीतर नहीं आने दे रहा है, उसके पास 'सिर्फ जबड़े थे जो पूरी ताकत के साथ/बारिश और सारी दुनिया के खिलाफ/बन्द कर लिए गए थे।' संकट का मुकाबला करने के गधे की मोर्चेबन्दी कवि को अच्छी लगती है, यह ध्यान देने योग्य है। एक पिटे हुए आदमी के 'जूते सड़क पर पड़े थे / और बारिश पूरी मुस्तैदी के साथ/ उसकी निगरानी कर रही थी।' बारिश का यह मानवीकरण ऐसा है, कि उससे सामाजिक वातावरण में निहित संवेदनात्मक व्यथा प्रेषित हो रही है। 'टूटा हुआ ट्रक' कविता इस बात का जीवन्त प्रमाण है कि लहलहाते हुए जीवन को वे विपरीत सन्दर्भ में भी उसी स्वाभाविकता से देख लेते हैं, जिस प्राकृतिक ढंग से हरी-हरी घास और लत्तर मुर्दा ट्रक को भी आच्छादित कर रही है। प्रकृति की यह जीवंतता केदार जी की संवेदनशीलता और भाषा सामर्थ्य के साथ मिलकर जानदार कविता बन जाती है। 'एक छोटी-सी लत्तर / स्टीयरिंग की ओर बढ़ी जा रही है। एक जरा-सी पत्ती / भोंपू के पास झुकी है / जैसे उसे बचाना चाहती हो/···और घास परेशान है / पहिये बदलने के लिए' जैसे वाक्यों पर गौर करें। प्रकृति का यह मानवीकरण छायावादी या प्रयोगवादी प्रकृति से कितना भिन्न है। जड़ पदार्थ को भी गति देने वाली प्रकृति है यह। ऐसी जीवन्त प्रकृति, स्थिति को बदलने की

पुरुषार्थी मनुष्य और सर्जनात्मक कल्पना-प्रवण कवि की उदात्त भावना के साथ है। स्थिति से बढ़कर है गति, मृत्यु-दशा से बढ़कर है जीवन की ललक। केदार जी की कविता यह महसूस कराती है और यह बात उनकी कविता को मानवीय गरिमा से भी ऊपर जगह देती है।

कहीं-कहीं केदार जी की कविताओं में संवेदनाओं की श्रृंखला इस तरह मिलती है, जो जीवन-प्रक्रिया की जटिलता का बोध कराती है। 'जमीन' या 'मांझी का पुल' जैसी कविताएं इसी तरह की हैं। वह यानी एक व्यक्ति जो एक जागरूक पर्यवेक्षक की तरह है, जब देखता है कि पत्ते गिर रहे हैं तो परिवर्तन की प्रक्रिया को देख लेता है और फिर बात बढ़ई की रूखानी से चल कर ताजा बुरादे की उठी खुशबू तक पहुंचकर एक बिम्बमाला खड़ी कर देती है, फिर आगे बढ़कर बुखार के मौसम, पेड़ की जड़ों का बकरियों के थनों की गरमाहट का इन्तजार करने, जमीन के कपड़े बदलने और जमीन के पकने तक पहुँचती है। 'जमीन पक रही है' ये पकना इतना व्यंजक है कि उससे विविध स्थितियों में पड़े जीवन के पकने का पता चलता है। इस अंश को देखिए—

'वह उस औरत के पास जायेगा
और कहेगा—सब्जी अगर नहीं पकती
तो कोई बात नहीं
जमीन पक रही है।'

('जमीन पक रही है', पृ० 13)

जमीन पक रही है की सूचना पाकर सब्जी के नहीं पकने का दुःख भुलाने की कोशिश करना एक सामाजिक अवस्था के पकने के आधार पर नयी अवस्था के आने की उम्मीद करता है। 'जमीन का पकना था/जैसे बस्ती में गोश्त पक रहा हो' यहां भी कवि ने जमीन के पकने को मानव-समूह के उल्लास की सम्भावना से जोड़ दिया है। 'मांझी का पुल' में समय की धारा में संवेदनात्मक विविधता दिखायी पड़ती है। पुल का लगाव न केवल नदी से बल्कि स्कूल से लौटते छात्र, गांव के बूढ़े चौकीदार, हल जोतते खेत मजदूर, चरती हुई भेड़ों, नींद में सोये गांव के लोगों, नदी में तैरती मछलियों, घड़ियालों, कछुओं आदि सबसे और यह इतना पुराना तथा ऐसा आत्मीयतापूर्ण लगाव है कि मांझी का पुल अपनी स्थिरता और गति-हीनता के बावजूद मनुष्य की संवेदना में ऊब-डूब भरता है। कवि कहता है—

'मैं खुद से पूछता हूं
कौन बड़ा है
वह जो नदी पर खड़ा है मांझी का पुल
था वह जो टंगा है लोगों के अन्दर?'

('जमीन पक रही है', पृ० 93)

कवि का यह सवाल पुल को लोगों की चेतना का अंग बनाकर सजीव बना देता है। यह आकस्मिक नहीं है, जब गाड़ी 'मांझी के पुल की पटरियों पर चढ़ती है/तो अपनी गहरी नींद में भी/मेरी बस्ती का हर आदमी हिलने लगता है।' यह भौगोलिक क्रिया संवेदनात्मक क्रिया भी है। जिसके असर से गहरी नींद में भी हिलने लगता है, वह कितना सजीव हो सकता है, समझना मुश्किल नहीं है।

केदार जी की एक उल्लेखनीय विशेषता यह भी है कि वे कविताओं को ऐतिहासिकता से सम्पन्न बनाते है। ऐतिहासिकता अनुभव और संवेदना दोनों की प्रमाणिकता एवं गतिशीलता बताती हैं। सामाजिक यथार्थ के आधार पर ही ऐसा सम्भव है। यथार्थ एक गतिशील सचाई है और उसकी गतिशीलता अतीत से चलकर वर्तमान होते हुए भविष्य की ओर जाती है। यह समय सापेक्षता ही कवि की अनुभूतियों को ऐतिहासिकता प्रदान करती है। ध्यान रखने की बात यह भी है कि ऐतिहासिकता अनुभूतियों को संवेदनाओं को न केवल प्रमाणिकता बल्कि व्यापकता भी देती है। इस अवस्था को पाकर वे दीर्घायु भी होती हैं। इन विशेषताओं से सम्पन्न कृति क्लासिक का भी दर्जा पाती है। केदारजी की उपर्युक्त कविताएं उनकी इस उपलब्धि को प्रभावित करने के लिए काफी हैं। इस प्रसंग में 'धूप में घोड़े' पर बहस शीर्षक कविता भी उल्लेखनीय है। घोड़े पर ऐसे लोग बहस कर रहे हैं, जिन्होंने बरसों से घोड़ा नहीं देखा और उन्हें दुःख है कि घोड़े कम होते जा रहे हैं। घोड़े आंकड़ों को रौंद देते हैं और एक दिन आंकड़े उठेंगे और घोड़े को रौंद देंगे। ये सारे वाक्य समय के बदलाव की प्रक्रिया को व्यक्त करते हैं। स्वयं कवि को घोड़ों के कम होने का दुःख नहीं है, क्योंकि वैज्ञानिक युग है। 'सन् 47 को याद करते हुए' कविता भी काव्यात्मक ऐतिहासिकता का अत्यन्त मार्मिक उदाहरण है। देश की स्वतन्त्रता के साथ टूटती हुई इंसानियत की टीस पैदा करती यह कविता। केदार जी की काव्यात्मक ऐतिहासिकता की शक्ति है मनुष्य का अपने अतीत और यथास्थिति का निषेध करते हुए आगे बढ़ना और अपनी शक्ति पर भरोसा करना। वे कहते हैं—

'पानी में घिरे हुए लोग
प्रार्थना नहीं करते
वे पूरे विश्वास से देखते हैं पानी को
और एक दिन
बिना किसी सूचना के
खच्चर बैल या भैंस की पीठ पर
घर असबाब लादकर।'

'चल देते हैं कहीं और
या
वे हर कीमत पर अपनी चिलम की छेद में
कहीं न कहीं बचा रखते हैं
थोड़ी-सी आग।'

('यहां से देखो', पृ० 17-18)

इन पंक्तियों में अपने जीवन की राह बनाने की मनुष्य की अदम्य जिजीविषा, ही नहीं जीवनी शक्ति और हर हालत में थोड़ी-सी आग बचाकर रखने की क्षमता व्यक्त की है, जो जीवन में कवि की आस्था से घुल-मिल गयी है। जीवन से लगाव और उसमें आस्था के कारण ही शायद केदारजी के कवि को पानी से बहुत प्रेम है। नदी और बारिश से सम्बन्धित तो कई कविताएं उनकी हैं हीं; 'पानी में घिरे हुए लोग 'पानी एक रोशनी है' 'सम्पादक के नाम पत्र' आदि कविताओं में पानी के माध्यम से जीवन और भाषा की नयी रवानी अभिव्यक्त होती है।

भाषा की नयी अदा केदार जी की कविताओं में नयी ऊर्जा और नया तेवर देती है। यह नयापन केदार जी ने जीवन के साथ जिन्दा लगाव और अनुभवों की ताजगी से प्राप्त किया है। इतना ही नहीं, विभिन्न प्रकार के अनुभवों को अपनी रचना प्रक्रिया में वे समन्वित करते हैं, जिससे अलग-अलग सदियों की भाषा एक साथ होकर कथ्य को अधिक असरदार बना देती है। सूर्य के आने का वर्णन वे करते हैं, तो उसकी इस स्वाभाविक क्रिया को मूर्त्त करने के लिए कहते हैं— 'वह रोटी में नमक की तरह प्रवेश करता है।' कविता सूर्योदय पर लिखी गई है, लेकिन खूबी यह है कि कहीं भी न सूर्य का स्वरूप चित्रित है और न किरणों के प्रकाश का चित्रित सूर्योदय होने पर मनुष्य की विविध क्रियाएँ। असल में कवि सूर्योदय का प्रभाव चित्रित करता है और प्रभाव भी जीवन की गति के रूप में। जीवन की गतिमयता से कविता की भाषा में भी गतिशीलता आती है। यही कारण है कि प्रगतिशीलता कविता की भाषा में क्रिया का मुख्य स्थान रहता है। क्रिया-प्रधान भाषा स्वाभाविक भाषा होती है। भाषा की ये विशेषतायें केदार जी की भाषा में बखूबी मौजूद हैं। सूर्य का परिचय इस भाषा में दुर्लभ है—

'वह आदमी के सर उठाने की
यातना है
आदमी का बुखार
आदमी की कुल्हाड़ी
जिसे वह कंधे पर
रखता है
और जंगल की ओर चल देता है।'

('जमीन पक रही है', पृ० 10)

सूर्य अंधेरे से निकलता है, जिसे कवि ने 'किसी जानवर की मांद से' निकलना कहा है, इसलिए उसकी यह क्रिया 'आदमी के सर उठाने की यातना' जैसी है। इस मिलान के जरिए कवि ने आज के जीवन के भयानक वातावरण को भी मूर्त्त कर दिया है। 'आदमी की कुल्हाड़ी' कहकर कवि ने सूर्य और मनुष्य के श्रम के प्रस्थान बिन्दुओं को एक कर दिया है, जो स्वाभाविक है। एक-दूसरे प्रसंग में भाषा की सादगी और कथ्य का तीखापन देखें—

'कुछ चीजें हैं—जैसे साबुन का यह डिब्बा
जिसके बारे में तुम्हारी चुप्पी
सिर्फ उन ताकतों को लाभ पहुंचाती है
जो तुम्हें तुम्हारे तौलिए के विरुद्ध
इस्तेमाल करना चाहती है।'

('जमीन पक रही है', पृ० 19)

'साबुन का डिब्बा' और 'तौलिया' प्रतीक बन जाता है, उन वस्तुओं का, जिनकी सच्चाई को व्यक्त करना मनुष्य के अस्तित्व के लिए, उसके व्यक्तित्व के लिए अनिवार्य हो जाता है। यह अज्ञेय की तरह कविता के आरम्भ और अन्त को शब्दों की ही खोज मानना नहीं बल्कि सत्य की खोज करना और उसे व्यक्त करने की हिम्मत का अर्जन है, शब्द तो चारों तरफ हैं, अपने पास है, साबुन और तौलिये की तरह।

'हाथ' शीर्षक एक छोटी-सी कविता है, मामूली भाषा में अत्यन्त सहजता से बात कह देने का नमूना है—

'उसका हाथ
अपने हाथ में लेते हुए मैंने सोचा
दुनिया को
हाथ की तरह गर्म और सुंदर होना चाहिए।'

दो हाथ यानी दो आदमी जब आपस में मिलते हैं और मानवीय सौहार्द एवं आत्मीयता का परिचय देते हैं, तो स्वभावतः गर्मी महसूस होती है और इससे दुनिया की यानी मानवीय सन्दर्भ की सुन्दरता बढ़ जाती है। दुनिया का सौन्दर्य अकेलेपन में नहीं, आदमी और आदमी के मिलन में है। इससे आदमी की, उसके हाथ की रचनात्मकता का विकास होता है। रचना करने वाले हाथों मे जो गर्मी होती है, वह दूसरों में कहां। कवि ने ये सारी बातें हल्के से कह दी हैं।

एक टमाटर बेचने वाली बुढ़िया टमाटर बेचती हुई कितना चक्कर लगाती है,

उसके जीवन में कितने चक्कर हैं, कितने उतार-चढ़ाव हैं, कितना कुछ उसने झेला है यह सब केदार जी इस तरह कह डालते हैं—

'टमाटरों के अन्दर बहुत-सी नदियां हैं
और अनेक शहर जिन्हें बुढ़िया के अलावा
कोई नहीं जानता।'

बुढ़िया ने जीवन के चक्कर में जितनी नदियां पार की हैं, जितने शहरों के फेरे लगाए हैं, उन सबको टमाटर के अन्दर डालकर कवि ने एक विस्तृत जीवन-प्रक्रिया को संश्लिष्ट शैली में कह दिया है, लेकिन भाषा हिन्दी की सहज प्रकृति बनाये रखती है, कर्त्ता, कर्म, क्रिया सब यथास्थान हैं।

क्रान्ति जैसी गहन और जटिल प्रक्रिया की गुरुत्तर ऐतिहासिक जवाबदेही को केदार कितनी आसानी से व्यक्त कर देते हैं—

'सुबह हुई
और उसने सोचा
दुनिया बदलने से पहले
मुझे बदल डालनी चाहिए अपनी चादर
जो कि मैली हो गयी।'

(यहां से देखो, पृ० 20)

यह आसानी इस कविता में इसलिए है कि कवि सहज भाव से क्रान्ति की व्यक्तिगत जवावदेही को पहले कबूल करता है। पहले आदमी मैली चादर बदलना अपने आपको और अपनी स्थिति बदलने का प्रतीक बन गया है। क्रान्ति का गम्भीर आह्वान गहराई और व्यापकता के साथ कैसे किया जाता है यह आत्मतुष्ट क्रान्ति-कारियों को केदार जी से सीखना चाहिए, जैसे यहां है—

'उठो कि इस दुनिया का सारा कपड़ा
फिर से बुनना होगा
उठो मेरे टूटे हुए धागो
और मेरे उलझे हुए धागो उठो
उठो
कि बुनने का समय हो रहा है।'

आमूल परिवर्तन की जरूरत और उसके ऐतिहासिक समय को कवि ने

प्रतीकात्मक भाषा में व्यक्त किया है, लेकिन कोई जटिलता और दुरूहता नहीं है। खूबी यह है कि बात पाठकों की गहराई में उतर जाती है।

जीवन का ऊंचा से ऊंचा चिन्तन और लगाव जीवन की ठोस जरूरत से अलग नहीं होते। इस बात को केदार जी इस भाषा में व्यक्त करते हैं—

'सर्दियों की रात में।
बुद्ध के बारे में सोचते हुए
मुझे लगा यह करुणा नहीं
अपने कम्बल के बारे में सोचना है।'

('यहां से देखो', पृ० 25)

सर्दियों में कम्बल जीवन की ठोस वास्तविकता बन जाता है। इसलिए बुद्ध या जो भी महान व्यक्ति हमारी चेतना में है, उसके उपदेश हमारी जरूरत से मिल कर ही सार्थक हो सकते हैं। 'सन् 47 को याद करते हुए' कविता में रोज सुर्मा बेचकर लौटने वाले नूर मियां के अचानक गायब हो जाने पर कवि एक अत्यन्त सीधा सवाल पूछता है—

'एक दिन अचानक तुम्हारी बस्ती को छोड़कर
क्यों चले गए थे नूर मियां ?'

('यहां से देखो', पृ० 78)

यह एकदम सीधा सवाल है, इसलिए अत्यन्त बेधक है। सवाल यह नहीं है कि नूर मियां कहां गये, बल्कि यह है कि क्यों गये ? यह बेधक इसलिए है कि नूर मियां के अचानक कहीं चले जाने की जवाबदेही हम पर भी है, क्योंकि उसे अपने साथ रखने की जवाबदेही हम पर थी। यह इन्सानी जवाबदेही थी। नूर मियां का जाना उस पर प्रश्नचिह्न लग गया है।

केदार जी ने हिन्दी कविता में अपनी विशिष्ट पहचान बनाकर कविता को समृद्ध किया है। उनमें नागार्जुन की सहजता और मुक्तिबोध की जटिलता (दुरूहता नहीं) का समाहार दिखायी पड़ता है। स्वातंत्र्योत्तर भारत के गहराते जटिल होते और पकते हुए सामाजिक यथार्थ की प्रक्रिया की सूक्ष्म पकड़ ने शोर-शराबे से मुक्त कवि की भाषा को यह विशेषता दी है। केदार जी की काव्य-भाषा हिन्दी कविता की भाषा के पकने का एक समर्थ सबूत है।

केदारनाथ सिंह की कविता

विश्वनाथ प्रसाद तिवारी

नये कवियों में केदारनाथ सिंह (1932) ऐसे ऐसे कवि है जिन्होंने अन्य कवियों की अपेक्षा कम लिखा 'तीसरा सप्तक' में उनके परिचय में कहा गया है कि उन्होंने व्यवस्थित लेखन आरम्भ किया सन् 1950 से। तब से अब तक एक लम्बा जमाना गुजर गया, पर उनकी बहुत कम कविताएं पाठकों के सामने आयी हैं। 'अभी बिल्कुल अभी' (1960 ई०) उनका पहला काव्य-संग्रह है तथा 'जमीन पक रही है' (1980 ई०) दूसरा। इन दोनों संग्रहों में समय का ही लम्बा अन्तराल नहीं है बल्कि दोनों की काव्यानुभूति और काव्य-भाषा में भी गहरा फर्क है। केदार के नये संग्रह की भाव-भूमि इतनी भिन्न है कि उसपर अलग से ही विचार उपयुक्त होगा। लेकिन पहले उनकी आरम्भिक कविताओं से बात शुरू की जाय। 'एक पारिवारिक प्रश्न' शीर्षक कविता में केदार जी कहते हैं :

'छोटे से आंगन में / मां ने लगाये हैं /तुलसी के बिरवे दो / पिता ने आया है / बरगद छतनार / में अपना नन्हा गुलाब / कहां रोप दूं !'

उपर्युक्त कविता में अपना नन्हा गुलाब रोप देने की आकांक्षा के पीछे कवि की वह चेतना है जिसे उसके 'मैं' की चेतना कहा जा सकता है। यह चेतना कवि की अनेक कविताओं में देखी जा सकती है। यह विशेष रूप से उल्लेखनीय है कि केदारनाथ सिंह की कविताओं में 'मैं' शब्द का इस्तेमाल बहुत हुआ है। 'अभी बिल्कुल अभी' संग्रह की 'प्रक्रिया', 'हस्ताक्षर कर देता हूं', 'अपनी छोटी बच्ची के लिए एक नाम', 'एक पारिवारिक प्रश्न', 'पिता से', 'खोल दूं यह आज का दिन', 'कमरे का दानव', 'मैं नहीं हूं मंत्रद्रष्टा', 'दरपन से एक निजी बातचीत', 'चांदनी में मैं' आदि अनेक कविताएं इस दृष्टि से पढ़ी जा सकती हैं। यह 'मैं' की चेतना कवि की कविताओं को आत्मपरक बनाती है। वह मनुष्य की नियति को, उनकी पीड़ा को, समय के दबाव को अपने स्तर पर निजी बनाकर व्यक्त करता है। आशा, आकांक्षा, प्यास, अतृप्ति, बेचैनी, अकेलेपन की उदासी इस कवि में कहीं

बहुत गहरी है। कवि द्वारा अंकित आकुल गति-चित्र उसकी भीतरी प्यास और बेचैनी को व्यक्त करते हैं :

'मुट्ठी में प्रश्न लिये / दौड़ रहा हूं वन-वन/पर्वत-पर्वत/लाचार'

'प्रक्रिया' शीर्षक कविता में वह लिखता है :

'मैं जब हवा की तरह/दृश्यों के बीच से गुजरता हुआ/अकेला होता हूं···'

'नीला पत्थर' शीर्षक कविता में वह फिर कहता है :

'जाने कहां/कौन पर्वत है/जिससे रोज लुढ़क कर/मेरे पास चला आया है/नीला पत्थर/जब मैं कभी अकेला/बहुत अकेला होता हूं।

'पपीहा-दिन' और 'दुपहरिया' शीर्षक कविताएं तो प्यास, उदासी और अकेलापन को मूर्तिमान करने वाली कविताएं हैं। 'हम जो सोचते हैं' शीर्षक कविता में कवि लिखता है :

'हर जेब के भीतर/कुछ दबे-दबे फूल हैं /और हर फूल के नीचे/एक मरी हुई भाषा/जिसे सूरज समझता है/···/समुद्र वहां नहीं है/जहां दिन के सतरंगे घोड़े/उतरते हैं/वह हमारे आसपास/हमारी छाती में/हमारे बन्द पन्नों के भीतर है/जहां रात के सन्नाटे में/हम सोचते-से रहते हैं।'

उपर्युक्त पंक्तियों में वह 'मैं' की चेतना देखी जा सकती है जो कवि की कविताओं को एकआत्मपरक निजता प्रदान करती है। कहना न होगा कि केदारनाथ सिंह का उदय एक गीतकार के रूप में हुआ था और 'अभी बिल्कुल अभी' संग्रह में उनका गीतकार रूप कम नहीं उभरा है। 'तीसरा सप्तक' में भी अधिक संख्या केदार के गीतों की ही है। पर इन गीतों में अनुभव की एक नई ताजगी और भाषा की एक विशिष्ट चमक है जो उन्हें समकालीन अन्य गीतकारों से अलग करती है। इन गीतों की जमीन तो वही है, अर्थात् प्यार और प्रकृति की, पर कबि ने इस जमीन को एक नयी और निजी आभा प्रदान की है। वह प्यार और प्रकृति के उन अछूते रूपों का स्पर्श करता है जिन पर अन्य कवियों की दृष्टि नहीं गई थी। सौंदर्य के ताजे सूक्ष्म चित्र केदार की कविताओं में बहुत मिलेंगे। 'दुपहरिया', 'फागुन का गीत', 'वसंत गीत', 'पात नये आ गये', 'धानो का गीत', 'रात', 'विदागीत' आदि प्रसिद्ध गीतों तथा अन्य कविताओं में कवि की भाषा लय और बिम्ब-योजना की विशिष्टता लक्षित की जा सकती है। उसकी भाषा में लोक-जीवन की भीनी गंध है। यह गंध भी एक खास अंचल की है जिसे भोजपुरी अंचल कह सकते हैं। लेकिन इस गंध में लोकजीवन का संघर्ष नहीं है। उसका कोमल पक्ष है। लय में उसने तरह-तरह के प्रयोग किये हैं। बिम्ब-योजना पर तो वह घोषित रूप से सबसे अधिक ध्यान देनेवाला कवि रहा है। 'तीसरा सप्तक' के अपने वक्तव्य में वह कहता है, 'मानव-संस्कृति के विकास में कवि का योग दो प्रकार से होता है—नवीन परिस्थितियों के तल में अन्त:सलिला की तरह बहती हुई अनुभूत लय के आविष्कार के रूप में तथा अछूते बिम्बों की कलात्मक योजना के रूप में।'

'तीसरा सप्तक' के अपने वक्तव्य में केदारनाथ सिंह ने स्वीकार किया है कि

प्रकृति बहुत शुरू से उनके भावों का आलंबन रही है। अपने गीतों तथा अपनी कविताओं द्वारा उन्होंने इस स्वीकृति के प्रमाण प्रस्तुत किये हैं। केदार जी की कविताओं में प्रकृति और मुख्यत: ग्राम्य प्रकृति अपने विविध रूपों में चित्रित हुई है। नदी, नाले, फूल, जंगल, तट, धूप, सरसों के खेत, धानों के बच्चे, वन, सांध्य-तारा, बसंत, फागुनी हवा, पकड़ी के पात, कोयल की कूक, पुरवा, पछुवा हवा, शरद प्रात, हेमंती रात, चिड़िया, घास, फुगनी, आदि—बहुरूपी प्रकृति-संसार केदार की कविता में रूपायित मिलेगा :

'ओस भरे / कांपते गुलाब की टहनी पर / तितली के पंखोंसी सटी हुई / धूप ! / × × × यह कैसा वातास—/ कि मन को नयन-नयन कर दिया / गीत को चुप्पी से भर दिया / भर दिया—यह कैसा वातास / घर थर-थर/वन थर-थर/सारा जीवन थर-थर/यह कैसा उल्लास / × × ×/ शरद तुम्हारे खेतों में सोना बरसाये / छज्जों पर लौकियां चढ़ाये / टहनी-टहनी फूल लगाये / पत्ती-पत्ती ओस चुआये / मेड़ों-मेड़ों दूब उगाये / शरद तुम्हारे बालों में गुलाब उलझाये।'

ऋतुओं में केदार को सबसे अधिक प्रिय है वसंत, और फूलों में गुलाब। वैसे उनका प्रकृति-संसार व्यापक है और उसमें उन्होंने अपनी उदासी और अपना उल्लास दोनों पाया है। इस सन्दर्भ में 'तीसरा सप्तक' का उनका यह वक्तव्य—'मैं मन को बराबर खुला रखने की कोशिश करता हूं, ताकि वह आस-पास के जीवन की हल्की से हल्की आवाज को भी प्रतिध्वनित कर सके'—सही जान पड़ता है।

केदारनाथ सिंह की कविता में जिस प्रकार 'मैं' की चेतना तीव्र है उसी प्रकार काल की चेतना भी। इस सन्दर्भ में सबसे पहले उनकी कुछ कविताओं के शीर्षक गौर करने लायक हैं : 'आज का दिन', 'नये वर्ष के प्रति', 'नये दिन के साथ', 'रचना की आधी रात', 'दुपहरिया', 'सूर्यास्त', 'शाम', 'रात', 'सुबह', आदि। ये सारे शीर्षक एक समयबोध को व्यक्त करते हैं। केदार की कविताओं में यह बोध बहुत तीव्र है। 'खोल दूं यह आज का दिन' शीर्षक कविता में कवि सोचता है :

'खोल दूं यह आज का दिन / जिसे / मेरी देहरी के पास कोई रख गया है / एक हल्दी-रंगे / ताजे / दूरदेशीपत्र सा !'

पर उसे सन्देह होता है :

'पर एक नन्हा-सा / किलकता प्रश्न आकर / हाथ मेरा थाम लेता है / कौन जाने क्या लिखा हो' (कौन जाने अंधेरे में / दूसरे का पत्र मेरे द्वार कोई रख गया हो)

कविता की अन्तिम पंक्तियों में वह कहता है :

'हाथ / जिसने द्वार खोला / क्षितिज खोले / दिशाएं खोलीं / न जाने क्यों इस महकते / मूक, हल्दी-रंगे, ताजे / किरण-मुद्रित सन्देशे को / खोलने में कांपता है !'

उपर्युक्त पंक्तियों में 'कौन जाने' तथा 'न जाने क्यों' जैसे प्रयोगों पर ध्यान दें।

इस कविता का विश्लेषण दिलचस्प होगा। इस कविता में वर्तमान के प्रति कवि की मनःस्थिति सन्देह और शंका की मनःस्थिति है। ठीक इसी प्रकार की एक दूसरी कविता है 'नये वर्ष के प्रति'। इस कविता में भी शुरू से अन्त तक कवि की मनःस्थिति संदेह और आशंका की है :

'ओ अपरिचित / लाओगे ! क्या लाओगे ! / ··· /अनछुए तट / या कि रस्तों के नये भटकाव / धूप गंधी पंख चिड़ियों के / कि टूटे आंधियों के पांव/ लाओगे / क्या लाओगे / नया कोई शब्द / शाखों के लिए / या फिर वही की वही कूक / अनाम /नये समझौते / कि बंधती और खुलती मुट्ठियां/निष्काम/लाओगे ! क्या लाओगे।'

उपर्युक्त पंक्तियों में 'या कि', 'या फिर' जैसे प्रयोग देखें। कवि की यह मनःस्थिति वर्तमान और भविष्य दोनों के प्रति है। 'निराकार की पुकार' शीर्षक कविता में वह लिखता है :

'कल उगूंगा मैं / आज तो कुछ भी नहीं हूं / पेड़, पत्ती, फूल, चिड़ियां, घास, फुनगी / आह, कुछ भी तो नहीं हूं / कल उगूंगा मैं !'

फिर ठीक इसके बाद की पंक्तियां इस प्रकार हैं :

'भोर से पहले / तुम्हारे द्वार पर / या रास्ते में / खंडहरों के पास / या फिर किसी अनदेखे उपेक्षित कूल पर / कल उगूंगा मैं !'

कवि की यह शंकाग्रस्त मनः स्थिति उसकी किसी एक कविता में नहीं बल्कि अनेक कविताओं में अनेक बार व्यक्त हुई है। 'अनागत' कविता की चर्चा तो बार-बार हुई है। उसी कविता का एक अंश इस प्रकार है :

'आजकल ठहरा नहीं जाता कहीं भी / हर घड़ी, हर वक्त खटका लगा रहता है / कौन जाने कब, कहां वह दीख जाये / हर नवागंतुक उसी की तरह लगता है।'

यह ध्यान देने की बात है कि कवि की एक कविता का शीर्षक ही है 'शंका-पुत्र'। इस कविता में वह लिखता है :

'कहीं भीतर एक भय है / आह / शंका-पुत्र / तुम न जानोगे / नम सुबह की यह पिघलती भाप / मैं ही हूं !'

संशय और भय की यह मनःस्थिति कवि की निम्नलिखित पंक्तियों में भी द्रष्टव्य है :

'घरों में जाता हूं / इधर उधर बिखरी/बेशक्ल पड़ी चीजों को / हल्के उठाता हूं / किसी नये क्रम में / फिर सबको / सजाता हूं / और कहीं / कोने में / दुबके संशय पर / हस्ताक्षर / कर देता हूं ! / (हस्ताक्षर कर देता हूं) / × × × कौन जाने / किस शिखर पर / एक टूट नाव-सा / मुझको उठकर फेंक देगा / यह पिघलते सितारों का /अन्तहीन बहाव !' ('चांदनी में मैं')

केदारनाथ सिंह की कविताओं में ऐसा कुछ अक्सर मिलता है जो अदृश्य है, जो अस्पष्ट है, जो गुजर रहा है या जिसकी झिलमिलाहट महसूस हो रही है। उनकी 'दीपदान' शीर्षक कविता एक बड़ा आत्मीय घरेलू चित्र प्रस्तुत करने वाली

कविता है। इस कविता में कवि घर के अत्यन्त परिचित स्थानों पर दीप जलाने की बात करता है। पर इस अत्यन्त निजी वातावरण में भी वह यह कहना नहीं भूलता :

'एक दिया / उस पगडंडी पर / जो अनजान कुहरों के पार / डूब जाती है !'

यहां 'अनजान कुहरों के पार' जैसी शब्दावली पर ध्यान दिया जाना चाहिए। 'जलहंसी' शीर्षक कविता में कवि कहता है :

'हंसी वह फैल गयी / दूर-दूर लहरों में / लहरों की भीतरी गुफाओं-कंदराओं में / गूंजती चली गयी ! / ······/ समय के आरपार गूंजती अनामा / यह हंसी पकड़ रक्खूंगा !'

उपर्युक्त पंक्तियों में 'भीतरी गुफाओं-कंदराओं' तथा 'समय के आर-पार गूंजती अनामा' जैसी शब्दावली ध्यान देने योग्य है। 'बादल आ' शीर्षक कविता में कवि को 'न जाने किन जनमों की' याद आती है और वह बादल को 'परियों के देश में' जोहता है :

'हमें याद आयी है जाने किन जनमों की / आज हो गया है जी उन्मन ! /···/ फिर नयन तुम्हें जोहेंगे / जूही के जादू वन में / परियों के देश / सांझ के सूने टीलों पर।'

अब केदारनाथ सिंह की कविताओं में प्रयुक्त कुछ खास शब्दों पर विशेष रूप से गौर करने की जरूरत है। ये कुछ खास शब्द हैं : कहीं, कोई, आगे कौन, जाने किसकी, न जाने कैसे, अपरिचित, अनाम, अनबूझ, अनबीती, अनबुने, अनबोले, अनदेखी, अयाचित, अनबीनी, अनपढ़ा, अनगाये, अनसुना, अनजान, अजनबी फरिश्ते, अकल्पित अछूता आकार, अजानी घाटियां, अनाघ्रात अर्थ, अनछुए तट, अनजाने द्वीप, अनजाने कुहरे, अजनमे स्वर, फूल अजनबी, अजन्मे पुल, अनगिनत जन्मों पार, अनजान वन पथ, अज्ञात नवयुग, झिलमिलाता क्षितिज, तलहटी, घाटियां, गुफाएं, कंदराएं आदि। इस शब्दावली की मनोभूमि क्या है ? यह शब्दा-वली हमें वर्तमान के पार ले जाती है—कभी अतीत की ओर, कभी भविष्य की ओर। इस शब्दावली में कई भाव मिले जुले हैं : कहीं शंका, कहीं भय, कहीं अतृप्ति, कहीं उदासी। और कुल मिलाकर यह शब्दावली एक कालचेतना से जुड़ी हुई है। इसीलिए 'नये वर्ष के प्रति' कविता में कवि ने नये वर्ष को 'अपरिचित' कहा है तथा 'पूर्वाभास' कविता में उसने सुबह को 'अजनबी फरिश्ता' कहा है। 'जीने के लिए कुछ शर्तें' शीर्षक कविता में कवि लिखता हैं :

'जरूरी है / हम जहां हों / वहां से दिखता रहे वह झिलझिलाता / क्षितिज / ······ / कभी कोई कबूतर निकल जाये / कभी कनखी से अचानक / दूर मंदिर-कलश की / कुछ लहरियां दिख जांय / ······ / कहीं हो परछाइयां / हवा में / खयालों के कोंण बनते रहें /' उपर्युक्त पंक्तियों में 'झिलमिलाता क्षितिज' 'मन्दिर-कलश', 'परछाइयां' और 'संभावना' जैसे शब्दों में एक आशावादिता भी है और एक भविष्य-चेतना भी। इस विश्लेषण को पुष्ट करते हुए

'तीसरा सप्तक' के अपने परिचय में कवि कहता है —'हर लम्बे दिन के बाद जब लौट कर आता हूं तो कुछ देर तक कमरे के दानव से लड़ना पड़ता है। पराजित कोई नहीं होता। पर समझौता भी कोई नहीं करता। शायद हम दोनों को यह विश्वास है कि हमारे बीच एक तीसरा भी है जो अजन्मा है। कौन जाने यह संघर्ष उसी के लिए हो।'

जैसा कि पहले ही कहा जा चुका है, 'जमीन पक रही है' संग्रह की कविताएं कवि की आरम्भिक कविताओं से अलग बिल्कुल भिन्न जमीन की कविताएं हैं। 'मुक्ति' शीर्षक कविता में वह लिखता है :

'आदमी आदमी—मैं लिखना चाहता हूं / एक बच्चे का हाथ / एक स्त्री का चेहरा / मैं पूरी ताकत के साथ / शब्दों को फेंकना चाहता हूं आदमी की तरफ / यह जानते हुए कि आदमी का कुछ नहीं होगा / मैं भरी सड़क पर सुनना चाहता हूं वह धमाका / जो शब्द और आदमी की टक्कर से पैदा होता है।'

ऊपर की पंक्तियों में 'आदमी', 'एक बच्चे का हाथ', 'एक स्त्री का चेहरा', 'सड़क', 'धमाका', 'शब्द और आदमी की टक्कर' जैसे प्रयोगों पर गौर करना आवश्यक है। इन प्रयोगों में केदार की कविताओं का अर्थ खुलता है। उनकी कविता 'आदमी', 'बच्चा' और 'स्त्री' अर्थात् संपूर्ण मनुष्य की कविता है। बच्चे का 'हाथ' जितना सम्भावनापूर्ण और समर्थ होता है, स्त्री का 'चेहरा' उतना ही अभेद्य और करुणापूर्ण। इसी के साथ यदि आदमी की 'नंगी पीठ' (जिसे कवि ने 'उसके चेहरे से ज्यादा दिलचस्प और तर्कसम्मत' कहा है) को मिला दें तो स्त्री, बच्चे और आदमी का एक मुकम्मल अस्तित्व साकार हो उठता है। केदार की कविता में 'एक बच्चे का हाथ', 'एक स्त्री का चेहरा' और 'एक आदमी की नंगी पीठ' कितना अर्थ देने लगती है। पुरुष, स्त्री और बच्चे के लिए और भी चित्र उनकी कविता में जगह-जगह उभरते हैं। बानगी के तौर पर नीचे तीनों के क्रमशः एक-एक चित्र प्रस्तुत हैं :

'जो सिर्फ पिट रहा था। / उसे देखना मुश्किल था / सिर्फ उसकी पीठ से खून गिर रहा था / सिर्फ उसके जूते सड़क पर पड़े थे /………/ मुझे टमाटरों की रोशनी में /उसका लहकता हुआ चेहरा दिखाई पड़ता है / वह मां का चेहरा है— मैं खुद कहता हूं………'

'मैंने देखा वे धीरे-धीरे / कुएं से झाड़ी की ओर बढ़ रहे हैं / झाड़ी से शहर की ओर / उनके मुक्के तने हुए थे/आखिर गेंद-गेंद कहां है/वे चिल्ला रहे थे।' 'जमीन पक रही है' संग्रह की कविताओं में 'भूख', 'रोटी', 'नमक', 'दाना', 'कुल्हाड़ी', 'पतीली', 'चूल्हा', 'तवा', 'आलू', 'आटा', 'चक्की' आदि शब्द एकाधिक बार आते हैं। इनमें 'चीखती चिड़िया', 'दाने के लिए भूखी चिड़िया', 'गट्ठर लादे चलता बैल', 'भूखा आदमी', 'लकड़ी चीरता आदमी', 'पिता की चाय के लिए नुक्कड़ की दुकान तक अकेला जाता बच्चा', 'टमाटर बेचनेवाली बुढ़िया' आदि के चित्र उभरते हैं। 'रोटी' शीर्षक कविता में रोटी को कवि ने दुनिया की सबसे आश्चर्य-

जनक चीज कहा है। हर बार जब वह उसे आग से निकालते हुए देखता है, उसे लगता है उसने उसका शिकार किया है। हर बार वह उसे पहले से ज्यादा स्वादिष्ट लगी है। पहले से ज्यादा गोल और खूबसूरत। पहले से ज्यादा सुर्ख और पकी हुई। यह रोटी के लिए आदमी के शाश्वत संघर्ष की अभिव्यक्ति है। 'बैल' शीर्षक कविता में बैल उस मजबूर आदमी का प्रतीक हो जाता है जो दूसरों की इच्छा से संचालित होता है :

'वह चल रहा है और सिर्फ एक पगडंडी/उसे याद है जो उसकी पूंछ की तरह उसे हांके लिए जा रही है /···/ यह ऐसा जानवर है जो दिन भर / भूसे के बारे में सोचता है / रात भर ईश्वर के बारे में /···/ वह पूंछ उठाता है और बस्ती के इक्कीस / चक्कर लगाने के बाद / पाता है—वह ठीक अपने हल के / सामने खड़ा है।'

'आलू' शीर्षक कविता में आलू भी इसी प्रकार का एक प्रतीक बन जाता है। लगता है जैसे बाजार में आलू नहीं कोई आदमी बिक रहा है :

'वह जमीन से निकलता है और सीधे / बाजार में चला आता है /······/ वह बाजार में चला आता है /···/ वह बाजार में ले आता है आग / और बाजार जब सुलगने लगता है / वह बोरों के अन्दर उछलना शुरू करता है / हर चाकू पर गिरने के लिए तत्पर / हर नमक में घुलने के लिए तैयार।'

'सूर्य' शीर्षक कविता सूर्य के परस्पर विरोधी प्रभाव-चित्रों के द्वारा असमानता के द्वन्द्व को बारीकी के साथ उभारती है। सूर्य यदि एक ओर किसी गंजे तथा मुस्तंड आदमी के भविष्य में गायब हो जाता है तो दूसरी ओर मामूली आदमी के लिए वह सिर्फ एक कुल्हाड़ी है जिसे वह कंधे पर रखकर जंगल की ओर चल देता है :

'मेरा खयाल है / वह आसमान से नहीं / किसी जानवर की मांद से निकलता है / और एक लम्बी छलांग के बाद /किसी गंजे तथा मुस्तंड आदमी के भविष्य में/ गायब हो जाता है / अकेला / और शानदार / हालांकि मेरी बस्ती के ज्यादातर लोगों के लिए / वह सिर्फ एक लपट है / सिर्फ एक अंगीठी / जिस पर रोटी नहीं सेंकी जा सकती है।'

'बढ़ई' और 'चिड़िया' शीर्षक कविता में लकड़ी एक स्तर पर उस व्यवस्था का प्रतीक हो जाती है जिसमें चिड़िए का दाना गायब हो गया है। यह ध्यान देने की बात है कि 'जमीन पक रही है' संग्रह की कविताओं में 'चिड़िया' और 'मां' जैसी संज्ञाओं तथा 'चीखना' और 'पकना' जैसी क्रियाओं का प्राय: अधिक प्रयोग हुआ है। 'चिड़िया' और 'मां' संज्ञा तथा 'चीखना' क्रिया के द्वारा कवि ने आज की क्रूर यातनापूर्ण स्थिति को जितनी तीव्रता से व्यक्त किया है उतनी तीव्रता से शायद ही किसी दूसरी संज्ञा और क्रिया से व्यक्त कर पाता :

यह मां की आवाज है—'मैंने कहा / चक्की के अन्दर मां थी / पत्थरों की रगड़ और आटे की गंध से / धीरे-धीरे छन रही थी / मां की आवाज /··· / सिर्फ चक्की चलती रही / और मां की आवाज आती रही / रात-भर / ··· / वह चीख

रही थी / और चिड़िया खुद लकड़ी के अन्दर / कहीं थी / और चीख रही थी।'

'चिड़िया' और 'मां' केवल संज्ञा नहीं हैं आकांक्षा भी हैं, स्वप्न भी हैं—मुक्ति के, लगाव की इस आकांक्षा और स्वप्न को 'मांझी का पुल' शीर्षक कविता में देखा जा सकता है जिसमें मांझी का पुल एक ईंट-पत्थर का पुल न रह कर मनुष्य की आकांक्षाओं और उसके सपनों का प्रतीक बन जाता है :

'मैंने पहली बार / स्कूल से लौटते हुए /उसकी लाल-लाल ऊंची मेहराबें देखी थीं / यह सर्दियों के शुरू के दिन थे / जब पूरब के आसमान में / सारसों के झुंड की तरह डैने पसारे हुए / धीरे-धीरे उड़ता है मांझी का पुल···/'

'लाल मोहर हल चलाता है / और ऐन उसी वक्त / जब उसे खैनी की जरूरत महसूस होती है / बैलों के सींगों के बीच से दिख जाता है / मांझी का पुल /···/ दोपहर की धूप में / जब किसी के पास कोई काम नहीं होता / तो पके हुए ज्वार के खेत की तरह लगता है / मांझी का पुल /···/ मैं खुद पूछता हूं / कौन बड़ा है / वह जो नटी पर खड़ा है मांझी का पुल / या वह जो टंगा है लोगों के अन्दर ?'

यहां प्रतीक स्पष्ट है। मांझी का पुल अर्थात् लोगों के भीतर का सपना।

'पकना' क्रिया का इस्तेमाल कवि ने 'बूढ़े होने' और 'चुकने' के अर्थ में नहीं बल्कि आगे बढ़ने के अर्थ में किया है। 'रोटी' शीर्षक कविता में वह लिखता है :

'वह पक रही है / और पकना / लौटना नहीं है जड़ों की ओर / वह आगे बढ़ रही है। / धीरे-धीरे / झपट्टा मारने को तैयार / वह आगे बढ़ रही है।'

इसीलिए कवि पकते हुए दाने के भीतर अपने शब्दों को तलाशता है :

'चुप रहने से कोई फायदा नहीं / मैंने दोस्तों से कहा और दौड़ा / सीधे खेतों की ओर / कि शब्द कहीं पक न गये हों /···/ पकते हुए दाने के भीतर / शब्द के होने की पूरी संभावना थी।'

'नाटक शुरू होने से पहले' कविता उस वास्तविकता का संकेत करती है जिसमें एक मामूली आदमी नाटक को भोग भी रहा है और उसके निर्मम रहस्यों से नावाकिफ भी हैं। 'बैल' कविता में भी यह अदृश्य गंध आती है :

'एक गंध आ रही है / और वह नहीं जानता / कहां से / लेकिन एक गंध आ रही है / और ढोल बज रहा है / और जंगल में पेड़ काटे जा रहे हैं / और मेमने उसके खुरों को कुचल रहे हैं।'

आज के आतंक की स्थिति में चारों ओर व्याप्त चुप्पी और समझौते की प्रवृत्ति का संकेत 'हमलावर' शीर्षक कविता की निम्नलिखित पंक्तियों में बखूबी मिल जायेगा।

'वे फिर आ रहे हैं /···/ मगर यह सारा शहर चुप क्यों है ? / कोई पत्ता कहीं हिलता क्यों नहीं ? / कोई आदमी किसी को आवाज क्यों नहीं देता इस शहर में ? / क्या अपनी भाषा की सारी क्रियाएं / हमने इसलिए ध्वस्त कर दी हैं / कि जब वे आयेंगे / तो उनसे बातचीत करने में / आसानी होगी ?'

'जमीन पक रही है' संग्रह की कविताएं मानव नियति का सीधा साक्षात्कार

करती हैं, अमानवीय दबाव का विरोध करती हैं तथा आज की सामाजिक-राजनीतिक विसंगतियों का चित्रण करती हैं। केदार अपने ही पुराने मुहावरे को तोड़कर आगे आये हैं और उन्होंने सचेत दृष्टि से चीजों को नये दौर से गुजरते देखा है :

'मैं बहस शुरू तो करूं / पर चीजें एक ऐसे दौर से होकर / गुजर रही हैं / कि सामने की मेज को / सीधे मेज कहना / उसे वहां से उठाकर / अज्ञात अपराधियों के बीच में रख देना है।' ('फर्क नहीं पड़ता')

'मैंने अपने समय के सबसे मजबूत आदमी को / अंधेरे से कूदकर / एक माचिस के अन्दर जाते हुए देखा है / ··· / दुश्मन / कहीं दिखाई नहीं पड़ता / रेडियो उसके नाम का जिक्र कभी नहीं करता / नमक और पानी / सिर्फ दो शब्द मेरे पास हैं / तीसरा हमेशा उसके पास रहता है / पर कितना अजीब है / कि सारी सुविधाओं के बावजूद / इस समय / टेलीफोन के किसी भी नंबर पर / उससे संपर्क नहीं स्थापित किया जा सकता।' ('दुश्मन')

इस प्रकार केदार की कविता आज की वास्तविकता, व्यवस्था की क्रूरता, समझौता, चुप्पी, मामूली आदमी की पीड़ा और उसके संघर्ष का चित्रण बहुत सांकेतिक ढंग से करती है। यह जमीन न केवल केदार की पहले की कविताओं से भिन्न है बल्कि आज के कविता के मुहावरे से भी। आज की कविता में जो आक्रोश, विद्रोह और आक्रामकता की मुद्रा है वह केदारनाथ सिंह की कविताओं में नहीं मिलेगी। उन कविताओं में चालू मुहावरों का जो दुहराव है वह भी केदार जी की कविता में नहीं मिलेगा। उनकी कविताओं में एक गहरा काव्यानुशासन और संयत मुद्रा है। मितकथन है, केदार की ताकत गोली-बन्दूक की नहीं, शब्द की ताकत है। वे शब्द और आदमी की टक्कर से पैदा होने वाले धमाके को सुनना चाहते हैं। उनकी कविताओं में राजनीतिक चिन्ता है, पर किसी पार्टी की राजनीति की चिंता नहीं है। उनके भीतर अपनी कविता की शक्ति को लेकर कोई फालतू भ्रम भी नहीं है। वे जानते हैं कि वे सिर्फ आग की ओर इशारा कर रहे हैं :

'आप विश्वास करें / मैं कविता नहीं कर रहा / सिर्फ आग की ओर इशारा कर रहा हूं।'

वे इस नतीजे पर पहुंच चुके हैं कि दीवार को लोहा नहीं सिर्फ आदमी का सिर तोड़ सकता है :

'एक फावड़े की तरह उससे पीठ टिकाकर / एक समूची उम्र काट देने के बाद / मैं इस नतीजे पर पहुंचा हूं / कि लोहा नहीं / सिर्फ आदमी का सिर उसे तोड़ सकता है।'

आदमी के सिर पर उन्हें विश्वास है लोहे से अधिक। इसीलिए उनकी कविता भावुकता से नहीं, समझदारी से लिखी गयी कविता है। यह समझदारी केदार के शब्द-प्रयोग में दिखाई पड़ती है। वे कम-से-कम शब्दों का प्रयोग करते हैं और मामूली शब्दों से कविता बनाते हैं। देखने में शब्द जितने ही परिचित लगते हैं,

समझने में उनके अर्थ उतने ही अपरिचित। केदार की भाषा इकहरी नहीं होती। वह अनुभवों का सरलीकरण नहीं होती। वह अनेक जटिल अर्थ-स्तरों पर सक्रिय होने लगती है। उदाहरणार्थ 'धूप में घोड़े पर बहस' शीर्षक उनकी कविता घोड़े के साथ ही किसी भी विषय पर बहस हो सकती है। वह दरअसल है भी नहीं घोड़े पर। वह किसी भी उस चीज के बारे में है जिसकी कमी लेखक महसूस करता है। यह अनेकार्थता केदार की कविता को कहीं-कहीं दुर्बोध भी बना देती है। उनके बिम्ब इतने नये और ताजे होते हैं कि पढ़ते ही आकृष्ट करते हैं और प्राय: चौंकाते भी हैं। निस्सन्देह केदार नयी कविता के एक समर्थ कवि हैं और उनकी कविता में मनुष्य तथा विराट प्रकृति के प्रति एक गहरी आत्मीयता है, पर उन्हें अपनी कविता को एक खतरे से बचना जरूरी है। वह खतरा है दुरूहता और अस्पष्टता का।

'यहां से देखो' (1983 ई०) केदारनाथ सिंह की कविताओं का तीसरा संग्रह है। इस संग्रह की कविताओं को पढ़ते हुए एक दूसरा ही अनुभव हो रहा है—कविता की सहज शक्ति का अनुभव। कबीर के प्रसंग में हजारीप्रसाद द्विवेदी ने कहा है कि सीधी लकीर खींचना ज्यादा मुश्किल काम है। केदार ने इस मुश्किल को चुनौती के रूप में लिया है और उनकी ताजा कविताएं खास तौर से इस अर्थ में पहले की कविताओं से अलग पहचान बनाने वाली कविताएं हैं। बेहद सीधी सरल-सी दिखने वाली कविताएं लेकिन अपनी पूरी अर्थ-शक्ति से लैस। यह स्वीकार करने में कोई हर्ज नहीं है कि जिस सम्प्रेषण के संकट की चर्चा नयी कविता के जन्म के साथ ही शुरू हुई थी, उस संकट के रू-ब-रू आज भी हमारे समय की कविता पूरी तरह नहीं हो पाई है। प्रस्तुत संग्रह की कविताओं को देखकर ऐसा लगता है कि कवि ने इस संकट को महसूस किया है। और उसकी इसी चिन्ता के चलते उसकी भाषा, उसकी बिम्ब योजना, उसका लहजा—सब कुछ बहुत आत्मीय और सहज लगता है। कविता को पाठक के ज्यादा नजदीक लाने के लिए इस संग्रह में कवि ने आज के कवि के लिए पुराने पड़ गए छन्दों और तुकों में भी बातचीत की है :

'वे क्यों चुप हैं जिनको आती है भाषा
वह क्या है जो दिखता है धुआं-धुआं-सा।'

'साथियो, रात आयी, अब मैं जाता हूं
इस आने-जाने का वेतन पाता हूं
जब आंख लगे तब सुनना धीरे-धीरे
किस तरह रात-भर बजती हैं जंजीरें।'

यह विशेष रूप से लक्ष्य करने की बात है कि केदार के प्रस्तुत संग्रह का काव्य-संसार एक निहायत साधारण और परिचित संसार है—ठंड और धूल भरा संसार, जहां कवि के साथ ही हम सब की एड़ियां बराबर घिसती जा रही हैं। प्रस्तुत संग्रह

में 'धूल' शब्द का बार-बार प्रयोग हुआ है। 'कस्बे की धूल' शीर्षक कविता में कवि लिखता है :

> 'मैं जानता हूं क्योंकि यह धूल / इस कस्बे की / और मेरे पूरे देश की / सबसे जिन्दा और खूबसूरत चीज है / सबसे बेचैन / सबसे सक्रिय'

'बाजार' शीर्षक कविता में वह लिखता है :

> 'बाजार में क्या है' / मैंने पूछा / 'बाजार में धूल है' / उसने हंसते हुए कहा /.../ मैंने पूछा 'धूल' / 'धूल में क्या है' / 'जनता'—उसने बेहद सादगी से कहा।'

तो यह है केदारनाथ सिंह का 'परिप्रेक्ष्य' जहां से वह चीजों को देखना चाहते हैं। जहां एक ठेठ देहाती कार्यकर्ता है, जहां पानी में घिरे हुए लोग हैं, जहां एक टूटा हुआ ट्रक है :

> 'शाम हो रही है / टूटा हुआ ट्रक उसी तरह खड़ा है / और मुझे घूर रहा है / मैं सोचता हूं / अगर इस समय वो वहां न होता / तो मेरे लिए कितना मुश्किल था पहचानना / कि यह मेरा शहर है / और ये मेरे लोग / और वो-वो / मेरा घर।'

केदारनाथ सिंह वास्तविकता को इसी बिन्दु से देखना चाहते हैं क्योंकि चीजों को असली शक्ल में देखने के लिए जरूरी है कि देखने वाला उनको कहां से देख रहा है। शायद इसीलिए केदार ने अपने संग्रह का नाम ही रखा है—'यहां से देखो'।

एक बेहतर रचना एक बेहतर दुनिया भी रचने की आकांक्षा लिए होती है। बल्कि एक बेहतर दुनिया की आकांक्षा एक बेहतर रचना में ही सम्भव है। प्रस्तुत संग्रह की कविताएं यथास्थिति के विरुद्ध हैं। 'बनारस' शीर्षक कविता में कवि खास तौर से बनारस की स्थिरता को लक्ष्य करता है। वह महसूस करता है कि इस शहर में सब कुछ धीरे-धीरे होता है जैसे कुछ हो नहीं रहा है :

> 'कि जो चीज जहां थीं / वहीं पर रखी हैं / कि पानी वही है / कि वहीं पर बंधी है नाव / कि वहीं पर रखी हैं तुलसीदास की खड़ाऊं / सैकड़ों बरस से।'

'बसन्त' शीर्षक कविता में कवि महसूस करता है कि एक पटरी पर चलते हुए और दुनिया की हां में हां मिलाते हुए कितने बरस गवां दिए उसने। वह कहता है :

> 'मैं उठता हूं / दरवाजे तक जाता हूं / शहर को देखता हूं / हिलाता हूं हाथ / और जोर से चिल्लाता हूं / ना ना ना।'

यह दृढ़ अस्वीकृति केदार की कविताओं में नारेबाजी के रूप में नहीं, भाषा की पूरी अनुभूत शक्ति के साथ आती है। 'टूटा हुआ ट्रक' एक बीमार व्यवस्था है जिसे ठीक करने की कोशिश की जा रही है। उसमें अंखुए फूट रहे हैं जैसे किसी आदमी के भीतर उम्मीद की लतर। दृढ़ अस्वीकृति के साथ एक दृढ़ विश्वास

रचनाकार का सकारात्मक पक्ष होता है जो इस संग्रह के कवि में है। उसे आदमी में और इस पृथ्वी में दृढ़ विश्वास है :

> 'मुझे विश्वास है / यह पृथ्वी रहेगी / यदि और कहीं नहीं तो मेरी हड्डियों में / यह रहेगी जैसे पेड़ के तने में रहते हैं दीमक।'

प्रस्तुत संग्रह की कविताओं में यह भी खासतौर से लक्ष्य करने की चीज है(और यह विशेषता मुझे व्यक्तिगत रूप से बहुत अच्छी लगी है) कि इनमें क्रिया के और गति के चित्र बहुत ज्यादा हैं। 'एक ठेठ देहाती कार्यकर्ता के प्रति' कविता में कर्मरत मानव (ए मैन इन ऐक्शन) और अनुचिन्तनरत मानव (ए मैन इन कन्टेम्प्लेशन) का द्वन्द्व स्पष्ट है जिसे कवि महसूस करता है :

> 'मैं उस तरफ इशारा करता हूं / जिधर थाना नहीं है'

> 'वह धीरे से हंसता है। और मेरी मेज हिलने लगती है मेरी मेज पर रखी किताबें / छिलने लगती है / मेरे सारे शब्द और अक्षर हिलने लगते हैं।'

इसी प्रकार 'सम्पादक के नाम पत्र' शीर्षक कविता में कवि—कर्म और गार्हस्थ कर्म या रचना और मौसम का द्वन्द्व स्पष्ट है। कवि क्रिया का—ऐक्शन का—पक्ष लेता है। वह एक मरे हुए कीड़े को देखकर चाहता है कि वह कुछ हिले, फिर से रेंगना शुरू करे। 'कीड़े की मृत्यु'। वह अपने दरवाजे पर एक जिन्दा लाल केंचुए को देखकर खुश होता है। 'सम्पादक के नाम पत्र'। 'चाहे जितनी बार पूछना पड़े और चाहे जितनी तकलीफ हो पूछने में, वह पूछना चाहता है कि गाड़ी अभी कितनी लेट है।' 'पानी एक रोशनी है'। वह गति का, स्पन्दन का, हरकत का पक्षधर है अर्थात् कुछ बदलना चाहता है वह :

> 'वह एक अद्भुत दृश्य था / मेह बरसकर खुल चुका था / खेत जुतने को तैयार थे / एक टूटा हुआ हल मेड़ पर पड़ा था / और एक चिड़िया बार-बार बार-बार उसे अपनी चोंच से उठाने की कोशिश कर रही थी / मैंने देखा / और मैं लौट आया / क्योंकि मुझे लगा मेरा वहां होना / जनहित के उस काम में / दखल देना होगा···
> उठो मेरे सोये हुए धागो / उठो / उठो कि दर्जी की मशीन चलने लगी है / उठो कि धोबी पहुंच गया है घाट पर / उठो कि नंग-धड़ंग बच्चे / जा रहे हैं स्कूल /···/ मुझे आदमी का सड़क पार करना / हमेशा अच्छा लगता है / क्योंकि इस तरह / एक उम्मीद-सी होती है / कि दुनिया जो इस तरफ है / शायद उससे कुछ बेहतर हो / सड़क के उस तरफ।'

ऊपर की काव्य पंक्तियों की सांकेतिकता केदार जी की कविताओं की खासियत है। वे एक सामान्य-सी हरकत को सांकेतिक बनाने और उसमें से काव्यात्मक अर्थ खींच लेने की अद्भुत क्षमता रखते हैं। उनके द्वारा प्रस्तुत क्रिया

और गति के चित्रों में यथास्थिति को बदलने की बेचैनी स्पष्ट है। लोगों की बेचैनी, उनकी जिजीविषा, उनकी संघर्षशील चेतना को कवि ने अपनी अनेक कविताओं में भाषा दी है। 'पानी में घिरे हुए लोग', 'दन्तकथा', 'भीमबेटका के गुफा चित्रों को देखते हुए', 'शीतलहरी में एक बूढ़े आदमी की प्रार्थना' आदि कई कविताएं इस दृष्टि से पढ़ी जा सकती हैं जिनमें क्रान्ति चेतना ढूंढ़ने वालों को 'आग' और 'लाल रंग' भी मिल जायेगा।

संवेदनशीलता के बिना, एक गहरे लगाव के बिना किसी भी कवि के लिए अच्छी कविता लिख पाना लगभग असम्भव है। केदार अपनी पीढ़ी के एक अत्यन्त समर्थ कवि इसीलिए हैं कि उनमें कवि की यह संवेदनशीलता और कलाकार का सन्तुलित काव्यानुशासन मौजूद है। चीजों का, छोटे-छोटे और सामान्य से लगने वाले दृश्य चित्रों का उनका निरीक्षण जितना बारीक है उतना ही अर्थ भरना जानते हैं वे उन्हें तोड़कर। चीजों में और सम्बन्धों की दुनिया में उनके गहरे काव्यात्मक लगाव के कारण ही यह सम्भव हो पाया है। मां पर बहुत-सी कविताएं लिखी गई हैं लेकिन केदार की कविता 'सुई और धागे के बीच में' अपना अलग ही प्रभाव छोड़ती है। लेख के आरम्भ में मैंने केदारनाथ सिंह की कविताओं में 'मैं' की उस चेतना को लक्ष्य किया है जो उनकी कविताओं को एक आत्मपरक निजता प्रदान करती है। वह चेतना केदार के इस संग्रह की कविताओं में भी मिलेगी। यह सही है कि केदार 'पसीने' को निजी मामला नहीं मानते 'जाते हुए आदमी का बयान'। दरअसल वह निजी मामला है भी नहीं। लेकिन वे नक्शे में 'अपना' घर भी तलाशना चाहते हैं 'नक्शा'। उनका विश्वास है कि तलवार में लोहार की आत्मा निवास करती है 'दन्तकथा'। वे जानते हैं कि कलाकार के तोड़ने से चट्टान सुन्दर होती है। और तोड़ने से और सुन्दर। अपने इन्हीं विश्वासों और ऊपर कही गई विशेषताओं के कारण केदार कविताओं की भीड़ में 'विशिष्ट' और 'समर्थ' कविताओं की रचना कर सके हैं जिन्हें दूर से पहिचाना जा सकता है।

लेख का एक अंश दस्तावेज-12 में प्रकाशित।

केदारनाथ सिंह का कवि-कर्म

रेवती रमण

छठे दशक के उत्तरार्द्ध में हिन्दी प्रदेश के जिन युवा कवियों ने शहरी मध्यवर्ग की चेतना का अतिक्रमण करते हुए ठेठ ग्रामीण जीवन-बोध और लोकधुन पर आधारित कतिपय श्रुतिमधुर गीत लिखे तथा कविताओं में विशुद्ध लौकिकता के स्तर पर आस-पास की जिन्दगी और प्रकृति के आकर्षक-अछूते बिम्ब रचे, उनमें केदारनाथ सिंह सर्वाधिक उल्लेखनीय ठहरते हैं। अज्ञेय जी के सम्पादन में ज्ञानपीठ से प्रकाशित 'तीसरा सप्तक' (1959) में संकलित उनके तेईस गीत-कविताओं के अतिरिक्त जो तीन काव्य-संकलन ('अभी बिल्कुल अभी'--60, 'जमीन पक रही है'—80 और 'यहां से देखो'—83) प्रकाशित हुए, उनके अध्ययन से सुस्पष्ट है कविता उनके लिए कोई ठहरी हुई अथवा अपाचित दान में मिली जड़ वस्तु नहीं है। इसके ठीक विपरीत, समय का पीछा करती हुई, उसके अमानवीय चेहरे को बेनकाब करती एक जीवन्त प्रक्रिया है, इसके अन्तर्गत शब्द अपना क्षितिज क्रमशः विस्तृत करते गये हैं। कविता का माध्यम केदारनाथ सिंह के लिए अपने से बाहर आने का लगातार प्रयत्न है। आत्मतुष्टि या आत्मरति के हरम से बाहर निकलकर विजयिनी जनवाहिनी की पक्षधरता का जो सृजनात्मक संकल्प उनके परवर्ती काव्य में मिलता है, वह व्यापक स्तर पर कवि के आत्म-संघर्ष का ही सुफल है। केदार अपने परम्परागत किसानी संस्कार को परिष्कृत करते गये हैं, किन्तु जमीन से रिश्ता उनका कभी टूटा नहीं, निरन्तर प्रगाढ़ हुआ है। अपनी प्रदीर्घ काव्य-यात्रा में सम्प्रति वे जहां पहुंच सके हैं, वहां उपर्युक्त दोनों प्रविधियों में से किसी की भी उपेक्षा करने पर उनका 'होना' उतना ही महत्वपूर्ण नहीं होता, जितना वह है।

विश्वनाथ प्रसाद तिवारी ने ठीक ही लिखा है कि "केदारनाथ सिंह का उदय एक गीतकार के रूप में हुआ था।"[1] 'तीसरा सप्तक' में उनकी कुल तेईस रचनाओं में मात्र नौ कविताएं हैं, बाकी चौदह निसर्ग गीत। "केदार के इन गीतों में अनुभव की एक नयी ताजगी और भाषा की एक विशिष्ट चमक है जो उनको समकालीन

अन्य गीतकारों से अलग करती है। इन गीतों की जमीन तो वही है अर्थात प्यार और प्रकृति के अछूते रूपों का स्पर्श, जिन पर नये कवियों की दृष्टि नहीं गई थी।"[2]

देखा जाय तो यह केदार का आरम्भ ही है, सुदृढ़ समारम्भ, जब वे गीतों और कविताओं में सबसे अधिक बिम्ब-विधान पर ही अपना ध्यान केन्द्रित कर रहे थे। 'तीसरा सप्तक' में उन्होंने लिखा है कि "चित्रों के प्रति मेरे मन में जो आकर्षण है, उसके कुछ कारण हैं। प्रकृति बहुत शुरू से मेरे भावों का आलम्बन रही है। मेरा घर गंगा और घाघरा के बीच में है। मेरे भीतर भी कहीं गंगा और घाघरा की लहरें बराबर टकराती रहती हैं। खुले कछार, मक्का के खेत और दूर-दूर तक फैली पगडण्डियों की छाप आज भी मेरे मन पर उतनी ही स्पष्ट है जितनी उस दिन थी, जब मैं पहली बार देहात के ठेठ वातावरण से शहर के धुमैले और शतशः खण्डित आकाश के नीचे आया।"[3] 'तीसरा सप्तक' के कवि के रूप में केदार अधिकतर देहात के ठेठ वातावरण को ही शब्दों में ढाल रहे हैं। 'दुपहरिया' 'फागुन के गीत' 'वसन्त गीत', 'पात नये आ गये', 'धानों का गीत', 'रात', 'कुहरा उठा', 'विदा-गीत' जैसी रचनाओं के अतिरिक्त उनके जो तीन सॉनेट ('पथ', 'स्वरमयी' और 'पूर्वाभास') 'तीसरा सप्तक' में संकलित हैं, उनमें प्रयोगवाद की अनेक विशेषताएं सतह पर ही देखी जा सकती हैं। केदार की इन शुरू की रचनाओं में ही अलग पहचान बनाने की चिंता परिलक्षित होती है। गीत या सॉनेट के परम्परागत स्थापत्य में नवयुग का ज्वलन्त आशय व्यक्त करना निसंदेह एक नये रचनाकार के लिए कठिन कार्य था, केदार ने खुद भी यह महसूस किया। कदाचित इसीलिए उन्होंने आगे चलकर गीत लिखना बन्द कर दिया, अथवा लिखते भी हों तो प्रकाशित करना बन्द कर दिया। किन्तु यह तय है कि केदार कवि रूप में भी गीति-चेतना को एकदम से निरस्त कभी नहीं कर पाये, तथापि उन्होंने लम्बे समय तक आत्मसंघर्ष के भयावह दौर का सामना किया।

केदारनाथ सिंह के कवि-कर्म की गम्भीरता और दायित्व को समझने के लिए उनके आरम्भिक गीतों और कविताओं का अध्ययन आवश्यक है, बिना उसके उनकी विकासशील रचना-यात्रा को भी समझने में कठिनाई होगी। केदार ने आरम्भ किया गीत-रचना से, यह स्पष्ट है। उनके गीतों में प्रकृति-चित्रण और ऋतु-प्रार्थना का निराला ढंग है। भाषा में लोक जीवन की भीनी गन्ध उनके गीतों का वैशिष्ट्य है, जिसका सम्बन्ध भोजपुर अंचल से है।[4] उदाहरण के लिए उनकी 'दुपहरिया' देखी जा सकती है---

> "झड़ने लगे नीम के पत्ते बढ़ने लगी उदासी मन की / उड़ने लगी बुझे खेतों में झुर-झुर सरसों की रंगीनी/धूसर धूप हुई मन पर ज्यों सुधियों की चादर अनबीनी / दिन के इस सुनसान प्रहर में रुक-सी गई प्रगति जीवन की / सांस रोककर खड़े हो गये लुटे-लुटे से शीशम उन्मन / चिलबिल की नंगी बांहों में भरने लगा एक खोयापन/बड़ी हो गई कुट

कानों को 'चुरमुर' ध्वनि बांसों के वन की / थक कर ठहर गई दुपहरिया रुक कर सहम गई चौबाई / आंखों के इस वीराने में और चमकने लगी रुखाई / प्राण आ गये दर्दीले दिन, बीत गई रातें ठिठुरन की ।"[5]

इस गीत में ग्रीष्म की दुपहरिया का चित्रण है । नीम की पत्तियों के झड़ने के साथ-साथ मन की उदासी बढ़ने लगी । यह गीत के आत्मनिष्ठस्वरूप के विपक्ष में है । कवि ऋतु-वर्णन को निजी सन्दर्भ देता है, उपहार स्वरूप । यह कवि के मन पर ग्रीष्म की दुपहरिया का प्रभाव है, एक उत्तम कोटि की प्रभावाभिव्यंजना इसे कह सकते हैं । ऋतु-विशेष के सन्दर्भ में प्रकृति के उपादानों का मानवीय आचरण इस वर्णन का क्षेत्र-विस्तार नहीं, केवल प्रभावान्विति में वृद्धि ही करता है । दिन के सुनसान प्रहर में जीवन की प्रगति कवि को रुक-सी गई लगती है, 'लुटे-लुटे से शीशम उन्मन', 'थककर ठहर गई दुपहरिया' आदि इस बात के प्रमाण हैं कि ठिठुरन की रातों के बीत तो गयीं, लेकिन दर्दीले दिन आ गये । गीत-सृजन के लिए आमतौर पर युवा कवि बुद्धि-विवेक को तिलांजलि देकर भी भावुकता की प्रतिष्ठा करते हैं । केदार ऐसा नहीं करते तो इसलिए कि छायावादियों का-सा उनका महिमामण्डित कोई स्वर्णिम अतीत विलुप्त नहीं हो गया है, जो विषाद-रस में सिर से पांव तक अर्क कर दे ! उनकी स्मृतियों में जो छोटी-मोटी चीजें हैं, वे अन्त तक साथ देती हैं, कभी पीछा नहीं छोड़तीं । अत: केदार के गीतों में जो कसक है, वह लोक सामान्य भावभूमि पर ही स्थित है, उसमें कोई बड़ा दंश नहीं है । यह प्रयोगवाद के ठीक बाद 'नयी कविता' के दौर का कवि है, जिसने बुरे दिनों से ही आरम्भ किया है, किन्तु अब और बुरे दिन आ रहे हैं, यही उल्लेखनीय है । वर्तमान का बिखरा, उदास और ठण्डा माहौल केदार की गीति-चिन्ता में सुप्रष्ठित है, जिसका अधिकाधिक संकेत अन्तर्मुखी है, एक औसत दर्जे का भविष्यवाद कहना चाहें तो कह सकते हैं—

"धूप चिड़चिड़ी, हवा बेहया, दिन मटमैला / मौसम पर रंग चढ़ा फागुनी, शिशिर टूटते / पत्तों में टूटा, पलाश-वन पर ज्यों फैला एक उदासी का नभ, शोले चटक छूटते / जिसमें, आसमानों से गूंजा हिया आएगा / कल वसन्त, मन के भावों के गीतकार-सा / गा जाएगा सबका सबकुछ ।"[6]

दरअसल, यह 'पूर्वाभास' है, शिशिर के टूटते मौसम पर फागुनी रंग के चढ़ने का, इसमें दृष्टव्य है—ऋतु-परिवर्तन के प्रभाव में मन के भावों को गूंथकर व्यक्त करने की कला । ऋतुओं की आगमनी अपनी प्रकृति के अनुरूप कवि-मन से सन्तुलन कायम कर लेती है । कवि उदास है तो ग्रीष्म, प्रसन्न है तो वसन्त । मगर इन सबसे भिन्न स्थिति उन गीतों में है, जिनमें केदार सीधे-सीधे लोकरंजक भावनाओं की अभिव्यक्ति करते हैं—

"धान उगेंगे कि प्राण उगेंगे, उगेंगे हमारे खेत में, आना जी बादल जरूर / चन्दा को बांधेंगे कच्ची कलगियों सूरज को सूखी रेत में × × × कीलों के पानी

खजूर हिलेंगे, खेतों के पानी बबूल / पछुवा के हाथों में शाखें हिलेंगी, पुरवा के हाथों में फूल, आना जी बादल जरूर !"[7]

"रात पिया, पिछवारे पटरु ठनका किया !
कंप-कंप कर जला दिया, बुझ-बुझकर यह जिया,
मेरा अंग-अंग जैसे, पछुए ने छू दिया !
बड़ी रात गये कहीं पण्डुक पिहका किया !"[8]

केदार के इन गीतों में युवा कवि की तीव्र संवेदन क्षमता है। अनुभूति की अद्वितीयता नहीं, आवेग है इनमें, जिसे विचारधारा अनुशीलन नहीं कर रही तथापि आलोचना-दृष्टि सर्वथा कुण्ठित नहीं है। कवि का कृषक-मन सभ्यता के आवरणों के प्रति अनासक्त है। वह वैयक्तिक भावोद्रेक को ऋतु-परिवर्तन और उसे रेखांकित करने वाले प्राकृतिक उपादानों के माध्यम से निश्छल और प्रवाहपूर्ण अभिव्यक्ति दे रहा है।

गीतों के अतिरिक्त इस कवि ने आरम्भ में जो कविताएं लिखीं, उनमें कुछ तो 'तीसरा सप्तक' में संकलित है और कुछ 'अभी बिल्कुल अभी' में। वैसे, 'अभी बिल्कुल अभी' को ही केदार की आरम्भिक कविताओं का संकलन मान लेने से कोई हर्ज नहीं है। कारण, 'तीसरा सप्तक' की चुनी हुई कविताएं इसमें शामिल कर ली गई हैं। केदार की इन आरम्भिक कविताओं के विवेचन से पहले उनका यह वक्तव्य ध्यान देने योग्य है—"नयी कविता से मेरा परिचय 'तार सप्तक' के माध्यम से हुआ था। तब बनारस की गोष्ठियों में शम्भुनाथ सिंह के गीतों की गूंज थी। त्रिलोचन शास्त्री की रचनाएं कम समझी जाती थीं। नामवर सिंह लिखते थे, पर कम-कम। मेरी आरम्भिक रचनाओं पर इन सबका असर था। आज उन कवियों की एक-आध पंक्तियां ही याद रह गयी हैं, शेष पता नहीं क्या हुईं ? 'तार सप्तक' के बाद मैंने अज्ञेय का 'इत्यलम' और गिरिजा कुमार माथुर का 'नाश और निर्माण' पढ़ा। मेरे भीतर कविता की भूमि धीरे-धीरे उभरने लगी। विश्वविद्यालय जीवन प्रवेश करने पर मेरा झुकाव बंगला की ओर हुआ और रवीन्द्र नाथ के गीतों ने मुझे बहुत प्रभावित किया। फिर धीरे-धीरे अंग्रेजी की आधुनिक कविता का सन्दर्भ भी मेरे निकट खुलने लगा और उसके माध्यम से कुछ अन्य भाषाओं की कविताओं से परिचय हुआ। आज वहां आकर मन टिक गया है, जहां से कालिदास, सूर, बॉदलेयर, निराला, ऑडेन, वॉयरन, टॉमस और जीवनानन्द दास समान रूप से प्रिय लगते हैं। जीवनानन्द दास की 'वनलता सेन' की 'इमेजरी' 'एक दृश्य गन्धमय निर्जन कान्तार' की तरह लगती हैं, जिसकी विराटता की छाप मेरे मन पर बहुत गहरी है।"[9]

इससे स्पष्ट है कि 'अभी बिल्कुल अभी' का कवि बहुपठ-बहुश्रुत है। उसकी बौद्धिकता चकित-चमत्कृत करने वाली न होने पर भी पर्याप्त प्रखर है। हालॉकि कुछ कविताओं में वह अपने मौजूदा परिवेश से ऊबा हुआ, भविष्य के प्रति

उद्दाम आस्था का भी उद्घोष कर रहा है। अपनी मौजूदा सामाजिक स्थिति के प्रति असन्तोष का भाव भी इस संग्रह की कविताओं में स्थायी भाव की तरह व्याप्त है—कमोबेश यह स्थिति 'तीसरा सप्तक' की कविताओं में भी है—

"फेन-सा इस तीर पर हमको लहर बिखरा गयी है। हवाओं में गूंजता हैं मन्त्र-सा कुछ। सांझ हल्दी की तरह तन-वदन पर छितरा गई है ! ××× 'प्यार' यह आवाज पेड़ों-घाटियों में खो गई है ! हाथ पर, मन पर, अधर पर, पुकारों पर एक गहरी पर्त्त झरती पत्तियों की सो गयी है ! × × × धूप तकिये पर पिघल कर शब्द कोई लिख गयी है, एक तिनका, एक पत्ती, एक गाना—सांझ मेरे झरोखे की तीलियों पर रख गयी है"[10]

"कल उगूंगा मैं / आज तो कुछ भी नहीं हूं—धूल, पत्ती, फूल, चिड़िया, घास, फुनगी-ओट कुछ भी तो नहीं !

कल उगूंगा मैं / भोर से पहले तुम्हारे द्वार पर। या रास्ते में खण्डहरों के पास, या फिर किसी अनदेखे, उपेक्षित कूल पर / कल उगूंगा मैं !"[11]

एक उद्विग्न संकल्प, भविष्य के प्रति मौजूदा स्थिति की प्रतिक्रिया में आस्था का उद्घोष, कुछ नया सिरज डालने की बेचैनी सब एक साथ ही 'अभी बिल्कुल अभी' के कवि में द्रष्टव्य है। गांव के प्रति कोई अतिरिक्त मोह न होने पर भी प्राकृतजनों और उनके सहज-सरल परिवेश का आकर्षण कवि के अभ्यन्तर में मौजूद है। नागरिक बौद्धिकता का अनुशासन उसे द्वन्द्वात्मक संघर्ष के लिए विवश करता है। तय है कि जिस समय केदार ये कविताएं लिखते थे, अधिकांश नगर बोध वाले सर्जक कामू, काफ्का, सार्त्र के अनुकरण-अनुसरण में लगे थे। प्रकारान्तर से यह एक आत्महन्ता आस्था थी जो अनास्था का ही कामचलाऊ रूप थी। गांव छोड़कर शहर में जीविकोपार्जन या व्यक्तित्व-विकास के लिए जो युवक आये थे, उनके लिए इस प्रभाव का अतिक्रमण तब कोई सरल कार्य नहीं था। केदारनाथ सिंह में इसके अतिरिक्त अपने दौर के साथ होने की तीव्र ललक भी थी। वे गीत लिखने के साथ-साथ यह सोच भी रहे थे कि "आज नहीं भटकूंगा उस शिरीष के रास्ते। आज नहीं जाऊंगा रह-रह बकुल कुंज के पास / आज समझ लूंगा मैं यह बेरों की भाषा / यह रंगों की बोली / मैं क्यों हूं, यह घर क्या है, दीवारें क्या हैं / आज समझ लूंगा / इस गाने में सब कुछ।"[12] × × × "आज की यह लहर / आज की यह हवा / आज के ये फूल / ये झड़ती पंखुरियां / 'आज' इस खामोश मिटते शब्द की सारी उबलती अर्थवत्ता / राह में लेकर खड़ा हूं।"[13]

कवि ने उत्साह में लिख तो दिया कि आज की हवा, फूल, झड़ती पंखुरी, 'आज' शब्द की सारी अर्थवत्ता लेकर वह खड़ा है, लेकिन वास्तविकता यह हैं कि ऐसा अंशतः ही उस समय सम्भव था। कवि केदार क्रमशः वयस्क हुए हैं, जैसा कि आमतौर पर होता है, शब्दों की कला में ही नहीं, जीवन को समझने की उनकी

दृष्टि भी क्रमशः परिपक्व हुई है। अतः देखा जाए तो इस 'आज' का कोई स्पष्ट स्वरूप वे रेखांकित नहीं कर पाते अपनी आरम्भिक कविताओं में। उनकी स्थिति बहुत कुछ 'एक स्वप्न खण्ड' के नायक-सी थी, जो महसूस करता है—

> "एक पिघलते ग्रह पर पांव टिका / अनवरत मुट्ठियों के प्रहार से बार-बार / जन निर्वासित मैं तोड़ रहा हूं / एक अन्ध अज्ञात विश्व का द्वार।"[14]

दरअसल, यह एक उभरते हुए कवि का आरम्भ है, जब वह सिर्फ देख सकता था, पकड़ नहीं सकता, सिर्फ पूछ सकता था, समझ नहीं सकता, सिर्फ दौड़ सकता था, ठहर नहीं सकता। निश्चयात्मक रूप से केदार के लिए यह दौर बहुत जटिल और लगभग अस्तित्व-संकट का था। तब वे अनुभव करते थे—

> "हवा शान्त हैं, सिर्फ दृष्टियां जल छोरों पर रुकी हुईं। सूर्यास्त देखती, दर्शक चले गए हैं सारे एक अतीत गवाह छोड़कर।"[15]

एक तरफ समय का अमानुषिक संश्लिष्ट चेहरा, दूसरी तरफ नया कुछ कर दिखाने की तीव्र ललक, एक तरफ सामाजिक-राजनीतिक परिदृश्य, पूरी तरह से समझ न सकने की उम्र, दूसरी तरफ अपनी पहचान प्रमाणित कर जाने की महत्वाकांक्षा—केदार 'एक पारिवारिक प्रश्न' से जूझ रहे थे—

> "छोटे से आंगन में मां ने लगाये हैं तुलसी के बिरवे दो पिता ने उगाया है बरगद छतनार ! मैं अपना नन्हा गुलाब कहां रोप दूं ? मुट्ठी में प्रश्न लिए दौड़ रहा हूं वन-वन / पर्वत-पर्वत-रेती-रेती लाचार !"[16]

परम्परागत तुलसी के बिरवे और छतनार बरगद से अलग किसी नन्हें गुलाब की प्रतिष्ठा के उस दौर में केदार परम्पराओं, वैयक्तिक प्रतिभा के अन्तः सम्बन्धों पर भी सोच रहे हैं। उन्हें आधुनिक बनना है, लेकिन किस तरह वे आधुनिकतावाद की गिरफ्त में न जाने पाएं, यह एक बीहड़ समस्या थी। 'अभी बिल्कुल अभी' का कवि एक सात्विक असमंजस्य में है। उसे कभी लगता है कि वह है, कभी नहीं। दरअसल, कहीं नहीं हो पाने का जो अस्थायी विद्रोह है, वही एक बड़ी तैयारी के लिए अग्रसर होता है, आत्मसंघर्ष का कारण बनता है। केदार ऐसे क्षण खुद को अर्थ-परिवर्तन की अबूझ प्रक्रिया में देखते हैं। कहीं हवा की तरह दृश्यों के बीच से गुजरता हुआ भी भीड़ में अकेला। देखा जाय तो यह बिम्बों का आग्रह भी केवल ऊपरी और तात्कालिक है। केदार बिम्ब रखते हुए मोक्षवादी, रहस्यवादी नहीं बने, किन्तु 'अभी बिल्कुल अभी' में इसके ही चलते जगह-जगह विचारों की अराजक श्रृंखला मिलती हैं। वे अक्सर ही अस्पष्ट कथ्य को आवरण देने के लिए बिम्ब को साधन की तरह इस्तेमाल कर रहे हैं। मलयज मानते हैं कि "बिम्ब वाली कविता लिखना वास्तव में कम जोखिम का काम नहीं है, कवि का संवेदनशील, भावुक और कल्पना प्रवण होना ही पर्याप्त नहीं है, अपने व्यक्तिगत अनुभव-स्रोतों से या अपने बाह्य परिवेश की अपनी चेतना में पड़ते अनेक छोटे-बड़े प्रतिबिम्बों से जाग्रत संवेदना से आकुल होकर बिम्बों की रचना होती जाती है। इन बिम्बों में

जीवन की ललक बड़ी गहरी, बड़ी तेजतर्रार होती है, किन्तु साथ ही इसमें फिसलाऊपन भी होता है, एक धुंध भी रहती है, एक वायवीयता जो जल्दी पकड़ में नहीं आती।"[16]

बिम्ब का आग्रह, गीति-चेतना और कल्पना की स्मृति-निर्भरता सब मिलकर कवि केदार के आरम्भ को ऊर्जस्वित तो बनाते हैं, मगर चीजों को ठीक-ठीक न समझ पाने की असमर्थता के भी यही कारण हैं। बहुत दावे के साथ नहीं, फिर भी कह सकते हैं कि सौन्दर्यवादी, कलावादी मानसिकता भी इसके पीछे सक्रिय है—

> "नहीं गुजरा कभी / तारों की अजानी घाटियों से / किन्तु अपने झरोखे से हाथ थोड़ा-सा बढ़ाकर पकड़ लेता हूं विकल / वह अंधेरे की धमनियों में / उतरता संकेत जो हर क्षण बदलता है।"[17]
>
> "नहीं देखे कभी कच्ची धूप की पगडण्डियों पर /चमकते ताजे धुले पग-चिह्न ऋतुओं के / पर अंधेरे कलेण्डर पर कांपता-सा हाथ रखकर बता सकता हूं सहज वह एक निश्चत तिथि / पहर पल / मेरे पड़ोसी बकुल में जब फूल आते हैं।"[18]

परमानन्द श्रीवास्तव भी मानते हैं कि "केदार की कविताओं की दुनिया एक ऐसी दुनिया है जिसमें रंग, रोशनी, रूप, गन्ध, दृश्य एक-दूसरे में खो जाते हैं।"[19] केदार की आरम्भिक स्थिति बहुत कुछ पन्त जी के समान है, जिन्हें दिशाओं से तरह-तरह के संकेत मिलते रहते हैं, नक्षत्रों से निमन्त्रण मिलते हैं। लेकिन रंगों का पीछा करने की यह प्रवृत्ति अधिक टिकाऊ नहीं साबित होती, परवर्ती कविताएं इसका साक्ष्य प्रस्तुत करती हैं। इतना निर्विवाद रूप से कहा जा सकता है कि केदारनाथ सिंह अपने काव्यारम्भ-कला में बहुत शान्त और कोमल आशय के कवि लगते हैं। नन्दकिशोर नवल के अनुसार उन्होंने ऐसी बहुत-सी कविताएं बाद में भी लिखी हैं, जिनसे पता चलता है कि "वे कुछ नये सामाजिक-आर्थिक मूल्यों को स्वीकार कर ही कविता लिखने वाले कवि नहीं हैं, बल्कि मूलतः वे कोमल मानवीय संवेदनाओं के कवि हैं और उनके प्रसार के लिए ही व्यवस्था में परिवर्तन चाहते हैं।"[20] यह असंदिग्ध है कि केदार प्रेम के, राग विह्वल क्षणों के अप्रतिम कवि हैं, वे गीतकार के रूप में बेहद सफल रहे हैं अपने आरम्भ में, इसका भी यही कारण है, लिखा है—

> "एक रेखा जो कि बंधती ही नहीं है। कभी तुममें, कभी मुझमें कौंध जाती है। हम उसे ही प्यार कहते हैं।"[21]

> "नये दिन के साथ/एक पन्ना खुल गया कोरा / हमारे प्यार की सुबह, इस पर कहीं अपना नाम दो / बहुत से मनहूस पन्नों में / इसे भी कहीं रख दूंगा / और जब-जब हवा आकर / उड़ा जाएगी अचानक बन्द

पन्नों को कहीं भीतर / मोरपंखी की तरह रखे हुए उस नाम को हर बार पढ़ लूंगा।"[22]

राग-विह्वल क्षणों को बिम्ब में बांधते हुए केदार जो संकेत छोड़ गये हैं, उनमें गति की जगह मन्थर स्थैर्य आता गया है। कदाचित इसीलिए वे गीत-रचना में ही संकोच करने लगे। कदाचित युग के यथार्थ को व्यक्त करने वाली काव्य-भाषा बिम्बधर्मेतर ही हो सकती है, नहीं तो क्या कारण है कि सातवें दशक के कवि नाटकीय विवरण में ही दिलचस्पी लेने लग गये। केदारनाथ सिंह भी क्रमशः वयस्क होने के साथ कविता की प्रेम गीतात्मक प्रकृति से मुक्त होने की कोशिश करते देखे गए हैं। उनका बिम्ब मोह आरम्भ की तुलना में 'जमीन पक रही है' और 'यहां से देखो' की कविताओं में अवश्य कम हो गया है। वे अब युग के मुहाविरे की चिन्ता अधिक करने लगे हैं—

"तुमने जहां लिखा है प्यार /वहां लिख दो 'सड़क' / फर्क नहीं पड़ता / मेरे युग का मुहावरा है / फर्क नही पड़ता।"[23]

"प्रतीक्षा प्रेमिका की हो या अखबार की / एक गलत शब्द है / गलत और बेमानी/आदमी को सिर्फ तैयार रहना चाहिए।"[24]

हिन्दी आलोचना के सूत्रधार आचार्य रामचन्द्र शुक्ल ने लिखा है कि **"काव्य का उत्कर्ष केवल प्रेम भाव की कोमल व्यंजना में ही नहीं माना जा सकता जैसाकि टाल्सटाय के अनुयायी या कुछ कलावादी कहते हैं। क्रोध आदि उग्र और प्रचण्ड भावों के विवेचन में भी यदि उनकी तह में करुणा भाव अव्यक्त रूप में स्थिति हो तो पूर्ण सौन्दर्य का साक्षात्कार होता है.।** केदार क्रोध आदि उग्र और प्रचण्ड भावों के कवि त कभी नहीं रहे, लेकिन उनकी शान्त और संगठित शब्द-योजना में ही क्रमशः युग के ज्वलन्त आशय व्यक्त करने की क्षमता विकसित हुई है। 'अभी बिल्कुल अभी' में भी 'दिग्विजय का अश्व', 'चुनाव की सन्ध्या पर' और 'एक स्वप्न खण्ड' में केदार कुछ ज्यादा ही बहिर्मुखी लगे थे, लेकिन अन्य कविताओं में वे केवल बिखरी हुई मानवीय प्रतिक्रियाओं का ही पता दे सकते थे। तीसरा सप्तक' में 'शाम' भी एक तात्कालिक प्रतिक्रिया ही रही, यथार्थ के नाम पर मध्य-वर्ग की झुंझलाहट से अक्रान्त एक हद तक मिथ्या चेतना का ही परिचायक। लेकिन 'जमीन पक रही है' में उनकी कविताओं की जमीन निश्चित रूप से पक गई है। वह सरस नहीं है मगर अनगढ़ बिल्कुल नहीं। आरम्भिक लक्ष्यहीनता, भटकाव, सम्मोहन, जिज्ञासा और सौमनस्य की जगह अब सामाजिक यथार्थ की विविध भंगिमाओं ने ले ली है। यहां अनुभव का कच्चापन नहीं है, आरम्भ में जो बौद्धिक अनमनापन था अथवा ऐन्द्रिक अनुभव की सीमा के बाहर की दुनिया से सम्बन्ध जोड़ने की छटपटाहट थी, उसका बहुत स्पष्ट और सुसंगत विकास 'जमीन पक रही है' की कविताओं में देखा जा सकता है। विश्वनाथ प्रसाद तिवारी ने तो केदार के इस संकलन की कविताओं को आग की ओर इशारा करते

लक्षित किया है। कवि ने खुद भी लिखा है—

> "मैं पूरी ताकत के साथ शब्दों को फेंकना चाहता हूं आदमी की तरफ / यह जानते हुए भी कि आदमी का कुछ नहीं होगा / मैं भरी सड़क पर सुनना चाहता हूं वह धमाका जो शब्द और आदमी की टक्कर से पैदा होता है।"[25]
>
> "भाषा जो मैं बोलना चाहता हूं / मेरी जिह्वा पर नहीं बल्कि दांतों के बीच की जगहों में फंसी हुई है / मैं बहस शुरू तो करूं / पर चीजें एक ऐसे दौर से गुजर रही हैं कि सामने की मेज को मेज कहना / उसे यहां से उठाकर अपराधियों के बीच रख देना है।"[26]

'जमीन पक रही है' की कविताओं में बिम्ब-मोह में अनाक्रान्त कवि सूर, तुलसी, कबीर आदि मध्यकालीन सन्त-भक्तों के समान सच का आग्रह लेकर चलने वाली भाषा का इस्तेमाल करता है और यह मूल रूप से बिम्बधर्मेतर है। केदार बिम्ब से विचार की ओर झुकते हैं, किन्तु बिम्ब औचक अनुपस्थित नहीं हो गये हैं, उनकी कविता विचारधारा भी होती है, मानवीय समृद्धि से लैस, अपने रागात्मक ऐश्वर्य में शोषितों के पक्ष में सक्रिय। यह केवल मानस-बिम्ब की परम्परा से भिन्न और विरोधी है। 'जमीन पक रही है' संकलन की 'सूर्य', 'जमीन', 'बिना नाम की नदी', 'रोटी', 'टमाटर बेचने वाली बुढ़िया', 'बैल', 'बढ़ई और चिड़िया', 'जाड़ों के शुरू में आलू', 'सूर्यास्त', 'मांझी का पुल' जैसी कविताएं कवि के अनुभूति-क्षेत्र के विस्तार की सूचना देती हैं। इनमें अधिकांश में ग्रामीण जीवन के अछूते बिम्ब-विचार संवलित होकर आकार लेते हैं। विश्वनाथ प्रसाद तिवारी के अनुसार— 'भूख', 'रोटी', 'नमक', 'दाना', 'कुल्हाड़ी', 'पतीली', 'चूल्हा', 'तवा', 'आलू', 'आटा', 'चक्की', आदि शब्द इस संकलन की कविताओं में बार-बार आये हैं। इनमें 'धीरवती चिड़िया', 'दाने के लिए भूखी चिड़िया', 'गट्ठर लादे चलता बैल', 'भूखा आदमी', 'लकड़ी चीरता आदमी', 'पिता की चाय के लिए दुकान तक अकेला जाता बच्चा', 'टमाटर बेचने वाली बुढ़िया' आदि के चित्र उभरते हैं।[27]

इसमें दो मत नहीं कि केदारनाथ सिंह की कविताएं निराला की तरह ही बहुजीवन की छवि प्रस्तुत करती हैं, यह एक तरफ उनके अनुभूति क्षेत्र के विस्तृत होने का प्रमाण है तो दूसरी तरफ संवेदना की तीव्रता और खुलापन का संकेत भी। विष्णु खरे के शब्दों में "केदारनाथ सिंह की धृष्टताएं अद्‌भुत हैं। वह अपने जुनून में दरख्त की पीठ थपथपाता है, घोड़े की तरह घास चरने की इच्छा करता है, खरहों की मांद तक (जमीन पकने की) खबर पहुंचाता है, धरती को आलू की तरह चीर देना तय करता है, जमीन की महक को दर्जी से सिलवाना चाहता है। वह बैल के विचार सुन सकता है, उसके सपनों में उतर जाता है। उस जानवर की खुशियां, उसका गर्व उसे मालूम है। प्रेम कविताओं की बत्तखें, स्त्रियां, पेड़, आलू, गोभी सब उनके लिए जीवित हो जाते हैं।"[28] यह सब केदारनाथ सिंह के व्यापक अनुभव-

संसार के कारण ही सम्भव होता है। उन्होंने मामूली शब्दों से असाधारण कथ्य व्यक्त किए हैं। "कामकाज, घर-हाट, खेत-खलिहान, गर्द-गुबार की दुनिया में पड़े धुंधले मामूली शब्द, इस्तेमाल की मामूली चीजें, प्रकृति-लोक के नगण्य तथ्य केदार की कविता में अपना वजूद प्रमाणित करते हैं।"[29]

ऐसा लगता है, केदार द्वन्द्वात्मक भौतिकवाद को संवेदनात्मक ज्ञान की तरह ट्रीट करते हैं, इसीलिए उनकी कविताओं में मसीहाई या क्रांतिकारी लगने वाले तेवर अनुपलब्ध हैं। वे बहुत छोटे-छोटे हर्ष-विषाद और जद्दोजहद की कविताएं हैं, थोड़ा लिखा और बहुत समझना के सन्देश हैं। "उनमें छोटा या मामूली होने की न तो भंगिमा है, न लज्जा, न पश्चात्ताप, बल्कि अधिकतर कविताओं में वे स्वयं को उघाड़कर निहत्था रख देते हैं। छोटी-छोटी चीजों, इन्सानी गनीमती के असली, महसूस किये हुए चित्रों से वे आदमी और आदमी के बीच के रिश्तों को स्पष्ट करते हैं।"[30] केदार की कविताएं इन्सानी रिश्तों में गहरी रुचि लेती हैं किन्तु सामाजिक-आर्थिक वैषम्य के प्रभाव इस सन्दर्भ में अलक्षित नहीं होते। साथ ही परिवर्तनाकांक्षी प्रगतिशील शक्तियां कैसे आगे जा रही हैं, यह संकेत भी स्पष्ट है, केदार की 'दुश्मन' कविता की ये पंक्तियां देखिए—

> "मुझे आदमी का चीखना / चमत्कार की तरह लगता है / मैंने अपने समय के सबसे मजबूत आदमी को अंधेरे से कूदकर / एक माचिस के अन्दर जाते हुए देखा है / मेरी मुश्किल यह है कि / मैं चीजों को जानता हूं।"[31]

चीजों को समग्रता में जानते होने के कारण ही ऐसे कवि पूर्वग्रह से बचे रहते हैं। केदार की कविताओं में भी इसीलिए कोई आग्रह नहीं है, यद्यपि यह किसी निराशावादी का वक्तव्य नहीं है। इसमें मामूली चीजों से नाता जोड़ने वाली समृद्ध भावुकता है, शब्दों में समग्र प्रतिकूलता के बावजूद एक सम्भावना दीप्त सौष्ठव, यह विश्वास देता हुआ कि—

> "तुम अपनी बात / अपनी भाषा की सारी ताकत के साथ कह सकते हो / क्योंकि मैंने देखा है / सारी रोशनियों के बुझ जाने के बाद भी / रात के तीसरे पहर / जब भेजने के लिए किसी के पास कुछ नहीं होता / बड़ा डाकघर तब भी खुला रहता है।"[32]

केदार की कविताएं अब उस जमीन पर पांव टिकाकर लिखी जाने लगी हैं, जो हमारे समय की कविता की वास्तविक जमीन है। इसमें तटस्थता, निरपेक्षता, अकेलापन निरस्त हो गये हैं, संवेदना के स्तर पर देहात और शहर का भेद भी अब नगण्य हो चला है। चमत्कारप्रियता और नाटकीय वक्तव्य की प्रवृत्ति बढ़ी है, तो यह जनता के बीच घुसने का ही प्रयत्न है। कवि ने आश्वस्त किया है कि—

"जहां गोली चिड़िया के डैने में घुसती है / जहां रोटी पानी में गल जाती है/मैं ठीक वहीं से बोल रहा हूं / जहां भूख शर्म से अलग होती है / जहां काले चीते भुनते हुए आलू की खुशबू में बदल जाते हैं / मैं ठीक वहीं से बोल रहा हूं।"[33]

केदार की तीसरी कविता-पुस्तक 'यहां से देखो' की कविताएं भी इसी धरातल पर स्थित होने के कारण उल्लेखनीय ठहरती हैं। इनमें भी नागरिक तात्कालिकता देहाती मन की अनगढ़ता से टकराकर समकालीन कविता का विवेक बन गई है। कविता की वास्तविक जमीन से कवि का सरोकार 'जमीन पक रही है' में ही सघन दिखने लगा। वहां कवि को पकते हुए दाने के भीतर शब्द के होने की पूरी सम्भावना दिखती है। प्रतीक्षा के विरुद्ध कुछ पंक्तियां लिखते हुए केदार ने स्पष्ट किया कि "चिड़िया तुम्हारे कोट की जेबों से नहीं/बल्कि चिड़ियां निकलती हैं/शहर की सबसे मनहूस इमारतों से/कुछ शब्द हैं—जैसे सूर्योदय—जिनके जादू से बचना चाहिए।"[34] केदार इसी बिन्दु पर यथास्थिति के प्रति असन्तुष्ट होने पर भी चालू मुहाविरों का प्रयोग करने वाले कवि नहीं बने हालांकि युग के मुहाविरे की उनकी चिन्ता ज्यादा ही प्रखर है। दरअस्ल, उनमें शाब्दिक लफ्फाजी के प्रति आरम्भ से ही एक अव्यक्त अनमनापन रहा है। वे शब्द नहीं हैं, क्योंकि आत्मलोचन का उनका नजरिया वर्ग-दृष्टि पर आधारित है। 'यहां से देखो' की 'एक ठेठ देहाती कार्यकर्ता के प्रति' कविता में केदार ने मध्यवर्ग की कुण्ठा को आत्मव्यंग्य का सहारा लेकर निर्ममता पूर्वक उघाड़ा है। केदार उस तरह के कवि नहीं हैं जो यथार्थ से पलायन करते हैं, बल्कि उससे मुठभेड़ ही में उनकी खास रुचि है। वे स्वप्नद्रष्टा हैं, स्वप्नजीवी नहीं। नगर में रहते हुए भी उसके अनुशासन से मुक्त रह जाने के कारण ही उनके लिए सम्भव होता है कि मध्यवर्ग की कुण्ठा को रक्षा-कवच न पहनाकर देहाती कार्यकर्ता के सामने नंगाकर देते हैं। नागरिकता, ऐसे स्थलों पर सुविधापूर्ण जीवन का पर्याय होती है, जिसे देहाती कार्यकर्ता अपनी गतिविधियों से डिस्टॉर्ट करता है। इस कविता में देहाती कार्यकर्ता साइकिल दनदनाते हुए आता है और तम्बाकू मुंह में डालकर सीधे-सच्चे सवाल करने लगता है। उसकी साइकिल में हवा हमेशा कम होती है और उसकी बगल में होता है एक और कोई चेहरा, जिसे थाने पर बुलाया गया है। कवि थाने से चिढ़ता है, वह थाने की धज्जियां उड़ाता है और उधर संकेत करता है जिधर पुलिस कभी नहीं जाती, लेकिन देहाती कार्यकर्ता इस पर धीरे से हंसता है और चुप हो जाता है। उसकी भूकम्प-सी चुप्पी मध्यवर्ग के सुविधाजीवी नागरिक मन को अस्त-व्यस्त कर देती है। इसी तरह 'शहर में रात' कविता में भी एक तरफ कवि जहां खुद को मध्यवर्ग से जोड़कर आलोचना का विषय बनाता है, वहीं दूसरी तरफ अंधेरे में जंजीरों की आवाज सुनने का संकेत देता है। यथा—

"यह शहर कि जिसकी जिद है सीधी-सादी/ज्यादा से ज्यादा सुविधा-सुख आजादी तुम कभी देखना इसे सुलगते क्षण में / यह अलग-अलग

दिखता है हर दर्पण में / साथियो रात आयी, अब मैं जाता हूं / इस आने-जाने का वेतन पाता हूं/जब आंख लगे तब सुनना धीरे-धीरे/किस तरह रात भर बजती हैं जंजीरें।"[35]

केदार की यह शब्दयोजना आत्ममुग्ध लेखन के खिलाफ आलोचनात्मक यथार्थवाद का उत्कृष्ट निदर्शन है। कवि को इसे स्वीकार करने में कोई आपत्ति नहीं कि शब्द भी बदलाव की भूमिका बनाते हैं, किन्तु वास्तविक कर्म की बात ही अलग है। यह शब्द में अनास्था नहीं; यथार्थ के सामाजिक सन्दर्भ का स्वीकार मात्र है। यहां से देखने का आग्रह ही मानो एक दिशा उद्बोधन है—इसके अन्तर्गत कवि 'कलाकार' से कहता है—

"चट्टान को तोड़ो / वह सुन्दर हो जाएगी /उसे और तोड़ो / वह और सुन्दर होती जाएगी।"[36]

केदार अपने जानते यह चट्टान तोड़ रहे हैं, वे बहुत साधारण शब्दों के प्रयोग से विशिष्ट सन्दर्भ आंकते हैं। 'उस आदमी को देखो', 'पानी से घिरे हुए लोग', 'बुनने का समय', 'घोषणा', भीमबेट के गुफा-चित्रों को देखते हुए', 'जाते हुए आदमी का बयान', 'शीतलहरी में एक बूढ़े आदमी की प्रार्थना' जैसी कविताएं मानवीय शक्तियों के प्रति कवि की अविचल आस्था के और घनीभूत होते जाने का प्रमाण हैं। इनमें बोलचाल के शब्द ही अप्रतिम काव्य मूल्य का वहन करते हैं। प्रयत्न कुछ भी नहीं, बिल्कुल अनायास शब्द, संघर्ष करने की निर्मल शक्ति, सामर्थ्य और विश्वास से भरे हुए।

केदार अपनी रचना-यात्रा के इस आखिरी दौर में बिल्कुल निर्द्वन्द्व और बेलौस हैं। उन्हें कोई भ्रान्ति, कोई संशय नहीं रहा। शायद इसलिए वे कहीं उकताते नहीं, आवेग का अनुशासित संकल्प ही रचते हैं। "आमतौर पर वे अपनी कविताओं को तुरन्त भट्टी में नहीं झोंकते बल्कि एक धौंकनी से धीरे-धीरे गरमाते जाते हैं, कोयलों को हर फूंक के साथ गुलाबी होता देखते हैं।"[37] 'शीतलहरी में एक बूढ़े आदमी की प्रार्थना' इन शब्दों में समाप्त होती है —"मेरे ईश्वर/क्या मेरे लिए इतना भी नहीं कर सकते कि इस ठंड से अकड़े हुए शहर को बदल दो एक जलती हुई बोरसी में।"[38] कवि यथास्थिति को तोड़ने के लिए इस हद तक आतुर है कि सड़क पार करता हुआ आदमी उसे अच्छा लगता है सिर्फ इसलिए कि उसे उम्मीद होती है—"दुनिया जो इस तरफ है। शायद इससे बेहतर हो सड़क के उस तरफ।"[39] भीमबेटका के गुफा-चित्रों को देखते हुए केदार एक जिन्दा हाथ की लकीरों से ज्यादा खूबसूरत इस पृथ्वी पर कुछ नहीं मानते। उनकी घोषणा है—

"जो सच है / वह सच नहीं है / जो जानता है / उस तक खबर अभी पहुंची ही नहीं / जो हुक्म देता है / वह डरा हुआ है / जो फैसला देता है / उसे पता नहीं कि वह गिरफ्तार है।"[40]

चीजों की वास्तविकता जान लेने के कारण ही अधिकार के साथ यह स्थापना संभव हुई है, यह कोई फतवा नहीं है। इसके पीछे सच्चे कवि की रचनात्मक आस्था है—

"इस अघोषित युद्ध में जहां तक बहुत कुछ नष्ट हो चुका है—वहां अब भी—अब भी प्यार है।"[41]

केदार की परवर्ती कविताएं आमतौर पर बहिर्मुखी हैं और अपने समय के कुरूप यथार्थ का सामना करते हुए लिखी गई हैं, यह सच है किन्तु इससे भी बड़ा सच है कि प्रेम और करुणा के विविध परिदृश्य उन्होंने लगातार बड़ी शिद्दत से आंके हैं। देखा जाए तो, केदार जीवन की सम्पूर्णता के कवि हैं, इसलिए जीवन के दोनों ही पक्षों पर उनकी दृष्टि पड़ी है, एक नये ढंग की समरसता उनमें पायी जाती है।

केदार की एक मात्र लम्बी कविता 'बाघ' उपर्युक्त स्थापना को बल देती है। सोलह खण्डों में प्रस्तुत यह कविता रूप के भीतर निहित रूप जैसी जटिल अर्थ-संरचना का आभास कराती है। इसका कथ्य अनेक खण्डों में अनेक शिल्प-स्तरों पर क्रमशः विकसित होता है। "पंचतन्त्र की आधार शैली से हल्का-सा लाभ उठाने की कोशिश करती यह आधुनिक जीवन और समय की जटिल वास्तविकता को अत्यन्त अर्थ सघन रूप में प्रस्तुत करती है। इस ढलती हुई शताब्दी को उठाने की कोशिश करती यह कविता आधुनिक जीवन और समय की जटिल सौन्दर्य और आतंक को एक ही बिन्दु पर जीने और महसूस करने के लम्बे प्रयत्न के रूप में घटित होती है।"[41] इस कविता के चौदहवें खण्ड में ये पंक्तियाँ आती हैं—"उन्हें डर है कि एक दिन नष्ट हो जायेंगे बाघ / कि एक दिन ऐसा आएगा जब कोई दिन नहीं होगा / और पृथ्वी के सारे बाघ धरे रह जायेंगे / बच्चों की किताबों में / मुझे भी डर है / पर मुझे एक और भी डर है / बाघ से भी ज्यादा चमकता हुआ डर / कि हाथ कहां होंगे / आंखें कहां होंगी जो पढ़ेंगी किताबें / प्रेस कहां होंगे जो छापेंगे उन्हें / शहर कहां होंगे जहां ढालेंगे टाइप।"[42] केदार की यह चिन्ता एक ओर डरे आदमी और उसकी मातृभाषा कविता के पक्ष में है, यह सर्जक की मूलभूत चिन्ता है, ऊपरी लटका-झटका नहीं। अगले खण्ड में कवि बड़े आत्मीय ढंग से सम्बोधित करता है—"दोस्तो, यह सदी बीत रही है। बीत रहे हैं सारे पहाड़ और नदियां और हावड़ा का पुल / और हवाई जहाज के डैने / और बुनते हुए हाथ और चलते हुए पैर / सब बीत रहे हैं / पर दोस्तो, जीना होगा / जीना होगा बाघ के साथ और बाघ के बिना भी।"[43]

केदार की कविता इसी अर्थ में जीवन की कविता है, उसकी विकृति, अंतर्विरोध, गरिमा और सन्दर्भ को बहुत शान्तचित्त से उद्धृत करने योग्य पंक्तियां लिखी हैं केदार ने—"यह पृथ्वी रहेगी/यदि और कहीं नहीं तो मेरी हड्डियों में यह रहेगी/ जैसे पेड़ के तने में रहते हैं दीमक / जैसे दाने में रह लेता है घुन / यह रहेगी प्रलय के अन्दर भी / यदि और कहीं नहीं तो मेरी जबान और मेरी नश्वरता में यह रहेगी।"[44] लेकिन मौजूदा स्थिति यह है कि दुनिया नाश के कगार पर खड़ी है। विघटनकारी शक्तियां लगातार सक्रिय हैं और अपने उद्देश्य में सफल भी हो रही

हैं। केदार कवि हैं, भावात्मक एकता के विश्वचेतस् कालयात्री, अत: वे सोये हुए धागों को उद्‌बोधन देते हैं—

"उठो, मेरे सोये हुए धागो/उठो
उठो कि दर्जी की मशीन चलने लगी है
उठो कि धोबी पहुंच गया है घाट पर
उठो कि ताना कहीं फंस रहा है
उठो कि भरनी में पड़ गयी है गांठ
....
उठो कि कहीं कुछ गलत हो गया है
उठो कि इस दुनिया का कपड़ा फिर बुनना होगा
उठो मेरे टूटे हुए धागो और मेरे उलझे हुए धागो उठो
उठो कि बुनने का समय हो रहा है।"[46]

निर्विवाद है कि केदार मातृकरुणा और लौकिक आत्मीयता के बड़े समर्थ कवि हैं, 'जमीन पक रही है' चक्की के भीतर से उन्हें मां की आवाज सुनायी पड़ती है और 'टमाटर बेचने वाली बुढ़िया' गोर्की की मां जैसी अपनी मां लगती है। 'यहां से देखो' में सुई और तागे के बीच अपने अकेलेपन के बारे में सोचती हुई यह मां की नींद में खुद एक पक्षी की तरह लगती है। यह मां जब बहुत थक जाती है तो उठा लेती है सुई और तागा और सुई चलाने वाले उसके हाथ देर रात तक बिखरे हुए समय को सिलते रहते हैं। यह सिलने की क्रिया निश्चित.ही हमारे समय के कवि ने काफी सोच-समझकर विकसित की है।

इस तरह देखा जाए तो स्पष्ट हो जाएगा कि केदार जोड़ने वाले कवि हैं। मनुष्य-मनुष्य के भीतर रागात्मक संवेदना के तार झंकृत कर भावात्मक एकता के लिए प्रयत्नशील। उनके शब्द घृणा के आवेग में कभी असंयमित नहीं होते, केवल संकेत करते हैं उन परिवर्तनकामी क्रान्तिकारी शक्तियों की ओर—

"अंधेरा बज रहा है / अपनी कविता की किताब रख दो एक तरफ
और सुनो / सुनो अंधेरे में चल रहे हैं लाखों करोड़ों पैर।"[46]

कुल मिलाकर, केदार बिम्ब से विचार तक की अपनी प्रदीर्घ काव्य-यात्रा में विचारधारा के प्रति भी लगातार सचेत रहे हैं। इस प्रयत्न में उनकी काव्यभाषा भी लगातार परिष्कृत और परिमार्जित होती गई है। उनके यहां अतिविशिष्ट या अलंकरण युक्त शब्द-प्रयोग का व्यामोह वैसे भी कभी नहीं रहा। "उनकी कविताएं कभी भी एकदम से बड़े वक्तव्य, बड़े चीत्कार, बड़े दावे, बड़े चमत्कार से शुरू नहीं होती हैं।"[47] उनमें एक आन्तरिक और लगभग संस्कारजन्य अनुशासन है। इसके अतिरिक्त प्रयत्नपूर्वक अर्जित एक अनायासता भी है जिसके अन्तर्गत "उनकी

कविताएं अक्सर एक बातचीतनुमा किस्सानुमा हल्के-फुल्के जुमले से शुरू होती हैं, एक शरारत की तरह भी किन्तु जिस तरह एक मामूली बात में किसी बड़ी घटना के बीज हो सकते हैं या किसी चिनगारी में दावानल की क्षमता—इसी तरह केदार की कविता ज्यों-ज्यों बढ़ती जाती है, त्यों-त्यों वेग, उत्तेजना, ताप और द्युति प्राप्त करती है।"[48]

केदार न तो शब्दों का अपव्यय करते हैं और न भावनाओं का। वे मनुष्य की छोटी से छोटी खुशी, विषाद और संघर्ष को बड़ी बारीकी से आंकते हैं और पाठकों को उसे महसूस करने के लिए विवश कर देते हैं। हिन्दी में बहुत कम कवि ऐसे हैं, जो मितकथन की कला में सिद्धहस्त हैं। केदार मितकथन के मामले में असाधारण हैं।

सन्दर्भ

1. विश्वनाथ प्रसाद तिवारी, 'समकालीन हिन्दी कविता', पृ० 160
2. वही, पृ० 160
3. सं० अज्ञेय—'तीसरा सप्तक', पृ० 114
4. विश्वनाथ प्रसाद तिवारी, 'समकालीन हिन्दी कविता', पृ० 160
5. सं० अज्ञेय, 'तीसरा सप्तक', पृ० 124
6. वही, पृ० 124
7. वही, पृ० 128
8. सं० अज्ञेय, 'तीसरा सप्तक,' पृ० 129
9. वही, पृ० 118
10. वही, पृ० 136
11. वही पृ० 144
12. वही, पृ० 126
13. वही, पृ० 122
14. केदारनाथ सिंह, 'अभी बिल्कुल अभी', पृ० ४1
15. वही, पृ० 26
16. मलयज, 'कविता से साक्षात्कार', पृ० 114-15
17. केदारनाथ सिंह, 'अभी बिल्कुल अभी', पृ० 63
18. वही, पृ० 64
19. सं० परमानन्द श्रीवास्तव, 'प्रतिनिधि कविताएं', पृ०6
20. नन्दकिशोर नवल, 'शब्द जहां सक्रिय हैं', पृ० 122

21. केदारनाथ सिंह, 'अभी बिल्कुल अभी', पृ० 58
22. वही, 33
23. केदारनाथ सिंह, 'जमीन पक रही है', पृ० 46
24. वही, पृ० 18
25. वही, पृ० 66
26. वही, पृ० 46-47
27. विश्वनाथ प्रसाद तिवारी, 'समकालीन हिन्दी कविता', पृ० 167
28. विष्णु खरे—'आलोचना की पहली किताब', पृ० 103
29. सं० परमानन्द श्रीवास्तव, 'प्रतिनिधि कविताएं', पृ० 7
30. विष्णु खरे—'आलोचना की पहली किताब', पृ० 98
31. केदारनाथ सिंह, 'जमीन पक रही है', पृ० 21-22
32. वही, पृ० 35
33. वही, पृ० 79-80
34. वही, पृ० 17
35. केदारनाथ सिंह, 'यहां से देखो', पृ० 37
36. वही, पृ० 43
37. विष्णु खरे, 'आलोचना की पहली किताब', पृ० 102
38. केदारनाथ सिंह, 'यहां से देखो', पृ० 67
39. वही, पृ० 57
40. वही, पृ० 84
41. परमानन्द श्रीवास्तव, 'प्रतिनिधि कविताएं', पृ० 8
42. वही, पृ० 142
43. वही, पृ० 143
44. वही, पृ० 25
45. वही, पृ० 44-45
46. वही, पृ० 29
47. विष्णु खरे—'आलोचना की पहली किताब', पृ० 102
48. वही, पृ० 102

केदारनाथ सिंह की कविताओं का परिप्रेक्ष्य

सुरेश कुमार

मनुष्यता के इतिहास में सबसे लम्बा सफर कविता ने ही तय किया है और सबसे अधिक अपेक्षाएं भी कविता से ही की गई हैं फिर भी इसे दोहराने की जरूरत इसलिए महसूस होती है कि बावजूद मैकाले की इस घोषणा के जो उसने मिल्टन पर लिखे अपने एक निबन्ध में की थी, 'सभ्यता की उत्तरोत्तर प्रगति के साथ-साथ कविता का पतन होता जायेगा', कविता की यात्रा और उससे की जाती हुई अपेक्षाओं का सिलसिला अभी तक जारी है। हां यह जरूर है कि अपनी इस यात्रा में कविता ने कई पड़ाव तय किये हैं, अपना रूप और व्याकरण बदला है और यदि कभी यह उर्ध्व शिखरों तक पहुंची है तो किन्हीं विशेष काल खंडों में कविता का ग्राफ नीचे की ओर भी गया है। कुल मिलाकर यही कहा जा सकता है कि कविता की इतनी लम्बी और अनथक यात्रा का इतिहास उसके आत्म संघर्षों का इतिहास है—आदमी और उसकी सभ्यता संस्कृति के समानान्तर और कभी-कभी उससे आगे, उसके रास्तों, मोड़ों को काटता हुआ कदम-ब-कदम साथ चलता हुआ इतिहास। हिन्दी कविता, विशेषतया आधुनिक हिन्दी कविता का इतिहास कहना न होगा, इसी तरह के आत्म-संघर्ष का इतिहास है और बगैर इस आत्म-संघर्षों को मद्दे-नजर रखे न तो हम आधुनिक हिन्दी कविता को समझ सकते हैं न उसके किसी कवि को। क्योंकि अन्ततोगत्वा कविता का आत्म-संघर्ष कवि के ही आत्म-संघर्ष के सिवा और क्या हो सकता है।

केदारनाथ सिंह की कविताओं को समझने के लिए, उनके आस्वाद के लिए काव्येतिहास के इन सन्दर्भों को भी ध्यान में रखना आवश्यक प्रतीत होता है। क्योंकि केदारजी की कविताएं, चाहे वे 'अभी.बिल्कुल अभी' और 'जमीन पक रही है' में संकलित कविताएं हों या 'यहां से देखो' और नवीनतम संग्रह 'अकाल में सारस' की कविताएं, प्राय: सभी अपनी यात्रा, यात्रा के भटकावों, आकर्षणों और विकर्षणों की कथा खुद तो कहती ही हैं साथ-ही-साथ वे हमें बगैर किसी भ्रमजाल

में उलझाए उन गहरे दबावों के बारे में भी बताती चलती हैं जिनके भीतर से उन्हें अपना आकार ग्रहण करने से पहले गुजरना पड़ा है। ये दबाव कई तरह के हैं जिनमें से कुछ के बारे में तो हम इसलिए जानते हैं कि वे ऐसे स्थूल दबाव हैं जिनकी ऐतिहासिक प्रकृति और स्वरूप के कारण आधुनिक हिन्दी कविता का मूल्यांकन करते समय समीक्षकों-आलोचकों द्वारा बार-बार चर्चा की गई है मसलन आजादी मिलने के आस-पास और उसके बाद के वर्षों में विभिन्न स्तरों पर देश में घटित होने वाले परिवर्तनों और जन-जीवन पर पड़ने वाले उसके प्रभावों के परिप्रेक्ष्य में कविता में भी तेजी से घटित होने वाले परिवर्तनों और कविता के बदलते सरोकारों संस्कारों के कारण किस तरह लगातार एक के बाद एक हिन्दी कविता में नये-नये काव्यान्दोलन, नये-नये संकल्पों के साथ जन्म लेते रहे और उनमें से यदि कुछ अपनी मूढ़ प्रतिज्ञाओं के कारण अकाल मृत्यु को प्राप्त हो गये तो कुछ जिनमें प्राण वायु थी वे लगातार यत्किंचित परिवर्तन के साथ अपनी मूल प्रतिज्ञाओं के साथ निरन्तर विकासमान रहे हैं। जबकि दूसरे प्रकार के दबावों की प्रकृति इतनी स्थूल नहीं है क्योंकि उसका ताल्लुक सीधे कवि के अपने स्वभाव, उसके परिवेश और अध्ययन आदि से है। किन्तु भौतिकी के नियमों के अनुसार एक बात तो निश्चित रूप से कही जा सकती है कि जैसे हीरा बनने से पहले कोयले को हजारों टन मिट्टी का भार सहना पडता है कुछ-कुछ उसी तरह की स्थिति से केदारजी की कविताओं (सब नहीं) को भी गुजरना पड़ा है। यह कथन कतई अतिशयोक्ति इसलिए नहीं है कि केदारज़ी की कविताएं हमें उस तरह अभिभूत अथवा मुग्ध नहीं करतीं जो सारे विवेक को मूढ़ता में बदल देता है। न ही वे हमें शीर्षासन कराती हैं बल्कि इसके विपरीत वे हमारे साथ-साथ चलती हैं कभी खामोशी के साथ कन्धे पर दोस्त की तरह अपना सांत्वना भरा हाथ रखे हुए तो कभी धीरे-धीरे बतियाती हुईं, हमें कुछ खास-खास बातें समझाती हुईं :

'जरूरी है
हम जहां हों,
वहां से दिखता रहे वह झिलमिलाता
क्षितिज
जो केवल हमारा है।
हम बढ़ायें हाथ
तो खुल जाए
बाहर रास्ते की ओर
कोई द्वार सहसा
...   ...
...   ...
कहीं हों परछाइयां

जिनसे हवा में
ख्यालों के कोण बनते रहें
कहीं हो संभावना
जो हर थकन के बाद हमको
बोलने के लिए बातें
तोड़ने के लिए तिनके
बैठने के लिए
थोड़ी-सी जगह दे जाये
जरूरी है।'

('जीने के लिये कुछ शर्तें'—'अभी बिल्कुल अभी')

इसे दुहराने की वैसे तो अब कोई जरूरत नहीं कि केदारजी ने जिस दौर में कविता लिखना (कम-से-कम प्रकाशित होना) शुरू किया था वह दौर घात-प्रतिघात का दौर था। प्रयोगवादी कवि प्रगतिवादी कवियों पर लगातार आरोप लगाये जा रहे थे कि उन्होंने भाषा को रागात्मकता और गहरी अर्थवत्ता से च्युत करके उसे महज लफ्फाजी के स्तर तक उतार दिया था या कि वह एक खास राजनीतिक दल का पिछलग्गू था और कविता के नाम पर नारेबाजी कर रहा था जबकि प्रगतिवादियों का आरोप था कि प्रयोगवादी कवियों के पास वैचारिक जमा पूंजी के नाम पर कुछ नहीं था अगर कुछ था भी तो वह था क्रान्ति विरोधी, जन विमुख दृष्टिकोण। इसीलिए वह एक तरफ तो प्रतिक्रियावादी शक्तियों के हाथ में खेल रहा था तो दूसरी तरफ रागात्मकता और काव्य को गहरी अर्थवत्ता से भरने के नाम पर शाब्दिक क्रीड़ा मात्र कर रहा था। फिर भी इस ऐतिहासिक तथ्य का हवाला देने की जरूरत इसलिए पड़ जाती है कि इस दौर में भी केदारजी अपना सन्तुलन बनाये रहे हैं। और बनाए रखने की बराबर कोशिश करते रहे हैं। इसकी गवाह हैं 'तीसरा सप्तक' में प्रकाशित उनकी कुछ कविताएं :

'झरने लगे नीम के पत्ते
बढ़ने लगी उदासी मन की'

('दुपहरिया')

'ये कोयल के बोल उठा करते
इन्हें थामे हिया रहता।'

('फागुन का गीत')

'फूल जैसे अंधेरे में
दूर से ही चीखता हो
इस तरह वह दरपनों में कौंध जाता है
हाथ उसके

हाथ में आकर बिछल जाते
स्पर्श उसका / धमनियों को रौंद जाता है
इस अनागत को करें क्या हम
कि जिसकी सीटियों की ओर
बरबस खिचे जाते हैं।'

('अनागत')

'अभी बिल्कुल अभी' में यह कवितांश :

'लक्ष्यहीन मोड़ों पर / खिंचे हुए रोली के हल्के इशारे,
और तैरते हवाओं में / बहुत से अजन्मे पुल / जिनसे होकर
मुझको / इस छोटे जीवन के / अनगिनती / अनाघ्रात अर्थों तक जाना
है।'

('अपनी छोटी बच्ची के लिए एक नाम')

विद्वान समालोचकों द्वारा प्रयोगवादियों और तथाकथित प्रगतिवादियों के स्वर से केदारजी के स्वर को अलगाने के लिये उपर्युक्त कविताओं के अंश कई-कई बार उद्धृत किये जा चुके हैं और यह भी कहा गया है कि अपने स्वर की ताजगी, भाषा की दीप्ति और अपने नये नकोर बिम्बों के कारण 'ही केदारजी की ये कविताएं उस समूचे दौर की कविता में अपनी और अपने कवि की अलग पहचान निर्मित करती हुई दिखाई पड़ती हैं। और यह सोलह आने सच भी है। लेकिन मैं अपने से ही पूछता हूं कि क्या यह कविता और कवि को देखने और उसे समझने का महज तकनीकी समालोचकीय दृष्टिकोण नहीं है ? क्योंकि इसी के साथ जुड़ी हुई दूसरी बात यह है कि जब 'तीसरा सप्तक' में केदारजी की कविताएं प्रकाशित हुई थीं और सन् 1960 में उनका पहला संग्रह 'अभी बिल्कुल अभी' प्रकाशित ही हुआ था तो इन्हीं के आधार पर शायद कुछ-कुछ ऐसा भी कहा गया था कि केदारनाथ सिंह की कविताएं यद्यपि अपनी निजता और संवेदना के कारण अलग नजर आती हैं और उन्होंने तथाकथित गीतकारों द्वारा 'परती' बना दी गई विधा के साथ रहने में संकोच अनुभव करते हुए भी एक मरी हुई विधा में प्रयोग की अनेक संभावनाओं का उद्‌घाटन किया है फिर भी कुल मिलाकर वे किशोर भावुकता और मद्धिम संवेगों के कवि हैं। जबकि इसके विपरीत मुझे लगता है कि 'अभी बिल्कुल अभी' में संकलित कविताओं में उनकी आगामी कविताओं की भी आहटें साफ-साफ सुनाई देती हैं जिन्हें जाने कैसे अनसुना कर दिया गया। उदाहरण के लिये पहली ही कविता 'प्रक्रिया' में जब कवि कहता है :

'गूंजहीन शब्दों के इस घने अन्धकार में—
मैं—
अर्थ परिवर्तन की

एक अबूझ प्रक्रिया हूं
जिसके भीतर
ये लोग / झाड़ियां / बत्तखें / और भविष्य
हर चीज एक-दूसरे में / घुली-मिली है
जड़ें रोशनी में हैं / रोशनी गंध में / गंध विचारों में / विचार
स्मृतियों में / स्मृतियां रंगों में / और मैं चुपचाप / इस सम्पूर्ण
व्यतिक्रम
को / भीतर संभाले हुए / चलते-चलते / झुककर
रास्ते की धूल से / एक
शब्द उठाता हूं / और पाता हूं कि अरे / गुलाब।'

तो क्या प्रकारान्तर से वह पूरी विनम्रता परन्तु दृढ़ विश्वास के साथ यही नहीं कह रहा है कि क्रम भंगता और एक बड़े परिप्रेक्ष्य में प्राथमिकताओं के बदलने का अहसास उसे है और इसीलिए उसे अपने दायित्व का गहरा बोध भी है—ऐसा दायित्व बोध जो 'रास्ते की धूल' से शब्द उठाने से जुड़ा हुआ है। यहां उलट-फेर या व्यतिक्रम भीतर संभाला हुआ है और सबसे महत्वपूर्ण कवि की वह दृष्टि है जो सब कुछ देखती-भालती चलती है इसीलिए उसे यह भी पता है कि 'जड़ें रोशनी में हैं' इसीलिए सृजन का क्रम भी रुका हुआ है। अब जो कवि कविता के जरिये इतनी बड़ी बात कह दे यहां तक कि 'गूंजहीन शब्दों के घने अन्धकार में, अर्थ की अबूझ प्रक्रिया हूं' अथवा 'अनगिनती अनाघ्रात अर्थों तक जाना है।' जिसमें केवल कवि की कविता का व्याकरण ही नहीं अपितु एक विराट इतिहास बोध और भविष्य का संकल्प ध्वनित हो रहा हो, (यहां स्मरणीय है कि यह दौर जहां साहित्य में घटित होने वाले परिवर्तनों का दौर है वहीं नई-नई आजादी मिलने के बाद बाहरी स्तर पर उस शोर-शराबे का भी दौर है जिसमें देश के नवनिर्माण, पंचवर्षीय योजनाओं और सम्मोहक नारों वगैरह की चीख-चिल्लाहट सुनाई पड़ती है) उसकी कविताओं के बारे में महज यह कहकर कि ये किशोर भावुकता की कविताएं हैं कैसे छुट्टी पाई जा सकती है। वैसे भी ऐसे लोग जो, चाहे वे सामान्य जन हों या कवि-लेखक, उम्र के दबावों की क्रमिक सीढ़ियों को एक बारगी छलांग कर एकदम ऊपर की सीढ़ियों पर पहुंच जाते हैं वे तेज खिलाड़ी, धावक अथवा कुछ और तो हो सकते हैं सामान्य और सहज आदमी तो कतई नहीं हो सकते। इसलिए केदारजी की आरम्भिक कविताओं में जहां-जहां उनकी किशोर भावुकता दिखाई देती है उसे उनकी कविता के और उनके सहज स्वाभाविक विकास क्रम के रूप में ही देखा जाना चाहिए, दुर्बलता के रूप में नहीं। हां दुर्बलता वहां जरूर दिखाई पड़ती है और पड़नी भी चाहिए जहां कवि या उसकी कविता किशोर वयसन्धि के अनुभवों को बजाय क्रमिक रूप से अतिक्रमित करने के उन्हीं से चिपके रहने की जिद करने लगे। कहना न होगा कि आधुनिक हिन्दी कविता तो क्या पूरी-की-पूरी हिन्दी कविता में ऐसे उदा-

हरणों की कमी नहीं है जिसमें कवियों की पूरी-की-पूरी पीढ़ी इस किशोर भावुकता में फंसी नजर आती है और जिसका चरम रूप वैसे तो रीतिकालीन कविता में दिखाई ही पड़ता है किन्तु उसकी छायायें प्रयोगवादी कवियों और कविताओं में भी दूर तक फैली दिखाई देती हैं। विशेषकर ऐसे कवियों में तो और भी जो ठोस वस्तु दृष्टि के अभाव में पारम्परिक छन्द-विधान से चिपके रहकर कविता-कविता भी नहीं कविता की तुकवादी व्याकरण व्यवस्था में परिवर्तन करते हुए कविता को नई ऊंचाइयां देने का मोह अन्त तक पाले रहे हैं यथा 'सुनसान' की जगह 'सूनसान' और खंडहरों की जगह 'खंडेरों' लिखकर, जिनसे और कुछ तो सिद्ध नहीं होता सिवा इसके कि ऐसे कवि बावजूद अपनी तमाम बौद्धिकता के अपनी जड़ों को मिट्टी की गहराइयों की ओर ले जाने की बजाय रोशनी, रोशनी भी नहीं सूरज की धूप में फैलाने का उपक्रम करते रहे हैं जिसका खामियाजा वनस्पति शास्त्र के साधारण नियमों के अनुसार कविता को ही भुगतना पड़ा है। हां, अगर ऐसे कवि मनीप्लांट ही बना रहना चाहते थे तो कोई शिकायत नहीं की जा सकती।

केदारजी की कविताओं को समझने के लिए जरूरी है केदारजी के समकालीन रचनाशीलता के तमाम सन्दर्भों को ध्यान में रखना जिसमें उनके अग्रज कवि मुक्तिबोध तो हैं ही जिन्होंने 'तार सप्तक' के आत्मकथ्य में स्वीकार भी किया था कि 'मालवे के विस्तीर्ण मनोहर मैदानों में से घूमती हुई क्षिप्रा की रक्त-भव्य सांझें और विविध रूप वृक्षों की छायायें उनके किशोर कवि मन की 'आद्य सौन्दर्य प्रेरणाएं' थीं लेकिन उनसे भी पहले उनके सामने एक भरी-पूरी समृद्ध काव्य परम्परा भी थी जो उनके सामने एक निःसंग नहीं अपितु एक निजी किस्म की पारिवारिक समस्या अथवा प्रश्न के रूप में मौजूद थी 'छोटे-से आंगन में / मां ने लगाये हैं / तुलसी के बिरवे दो / पिता ने उगाया है बरगद छतनार / मैं अपना नन्हा गुलाब / कहां रोप दूं।' परम्परा का यह विनम्र स्वीकार लेकिन उससे अलग अपनी राह तलाशने और अपने गन्तव्य की खोज की छटपटाहट का यह संकल्प और प्रश्न ही दरअसल मेरे विचार से केदारजी की अपनी निजी जमीन है जहां से उनकी कविताएं बहुत कुछ समेटते हुए और बहुत कुछ छोड़ते हुए आगे बढ़ती हैं। और शायद इसीलिए उन्हें यह भी कहने के लिये विवश होना पड़ता है : 'एक लकीर / पृथ्वी के सारे अक्षांशों से होती हुई / जहां / सौर-मंडल के पास / खो जाती है / वहां / मैं खड़ा हूं / × छोटा-सा घर है / और छोटे-से घर में / असंख्य दिशाएं हैं / आत्म चित्र (यहीं कविता का समापन नहीं होता है)' हर दिशा /तेजी से / दूसरी दिशाओं को / जहां पर छूती है / वहां···/ मैं जीवित हूं / 'इस कविता में हंसी की झालर भी है और हवा का एक धक्का भी है और जिधर हंसी की झालर हवा के धक्के से झुक जाती है उधर ही कवि का घर भी है। जाहिर है यहां कवि की उम्र का तकाजा अपने दवाब डाल रहा है और इसीलिये किंचित मृदुहास्य से भगवान सिंह (केदारनाथ सिंह: इन्द्र धनु में बन्दी कवि-सामयिक में) ने इस स्थल पर कवि की किशोर कामना को लक्षित करते हुए कवि पर अपने लक्ष्य को न पहचान पाने की शिकायत भी की

है। पर उनसे कवि की उस बेचैनी को लक्षित करने में चूक हो गई है जो कविता की आरम्भिक पंक्तियों से ही अपनी अभिव्यक्ति करती हुई दिखाई पड़नी शुरू हो जाती है। रही बात हंसी की झालरों के झुकने की दिशा की ओर कवि का घर होने की, तो हमारे बाबा तुलसीदास तो इससे भी दस कदम आगे बढ़कर सीधे वहीं पहुंच गये थे जहां पहुंचकर एक ही झटके में उन्हें पूरे जीवन दर्शन का बोध हो गया था—यहां तो अभी घर की दिशा की ओर एक शालीन संकेत भर ही है।

दरअसल केदारजी की ये कविताएं उनके उस निजी परिवेश और जमीन की उपज हैं जिनमें एक तरफ तो धूल-मिट्टी, खेत-खलिहान, नदी-कछार गांव और गांव से जुड़े तमाम स्मृति बिम्ब घुले-मिले हैं जिनसे कवि के व्यक्तित्व का निर्माण हुआ है (उनके मित्रों के अनुसार, केदारजी जब से एण्ड्रूज कालेज, गोरखपुर में पढ़ाते थे तो उस समय भी अक्सर अपनी कक्षाओं में देर से पहुंचते थे और पूछने पर अन्तरंग मित्रों को बताते थे कि किस तरह वे कालेज आते-आते सड़क के किनारे के पेड़-पौधों और उनकी पत्तियों को देखने में उलझ जाया करते थे। इस तरह के अन्य बहुतेरे संस्मरण उनके अभिन्न मित्रों के पास हैं जिनके परिप्रेक्ष्य में कवि की कविताओं का अध्ययन और रोचक हो सकेगा) तो दूसरी तरफ वहीं उनमें वे बाह्य परिस्थितियां भी सक्रिय हैं जो जनपद और जनपद से नगर फिर शहर और नागरिक बोध से उसे जोड़ती हैं। कहना न होगा कि यह बोध उन्हें जहां एक ओर अपने आस-पास की चीजों को खुली परन्तु आत्मीय दृष्टि से देखने के लिए प्रेरित करता है वहीं उनके भीतर वह काव्य विवेक भी जाग्रत करता है जो अपने गहन अध्ययन-मनन और चिन्तन के बल पर अपने इर्द-गिर्द घटित हो रही घटनाओं से उन्हें संपृक्त करते हुए उसे चीजों को सही परिप्रेक्ष्य में देखने के लिए प्रेरित करता चलता है। इसीलिए जब केदारजी अपने सघन बिम्बों के जरिये अपने काव्यलोक की रचना करते हैं तो वहां यदि एक तरफ उनके सामने भाषा की गूंज और उसकी अबूझ लय को पकड़ने की समस्या मौजूद रहती है तो दूसरी तरफ वे अपने कवि कर्म के प्रति भी बेहद चुस्त और चौकन्ने दिखाई पड़ते हैं। वरना क्या कारण है कि कविता के बारे में सोचते हुए उन्हें 'रामचन्द्र शुक्ल की मूछें और मूछों में दबी बारीक-सी हंसी और हंसी के पीछे कविता का राज' की याद अनायास आ जाती है। क्या इस हंसी की याद आने के पीछे कवि का वह बोध भी सक्रिय नहीं है जो उसे हर बार मनुष्य और मनुष्य की रची हुई दुनिया की ओर लौटने के लिये विवश करता रहता है? केदारजी की कविताओं के बारे में इन सारे परिप्रेक्ष्यों को सामने रखकर सोचते हुए मुझे घर में रखी उस नियाई (बोरसी) की याद आती है जिसमें लगातार उपले सुलगते रहते थे और हमारी मांओं-दादियों का अहर्निश उपक्रम होता था घर की आग को बराबर जलाये रखना, सुलगाये रखना ताकि आग मांगने के लिये किसी दूसरे की चौखट न लांघनी पड़े। 'मुझे दिये जाओ / मैं रखूंगा / गिरने न दूंगा / कभी बुझने न दूंगा / पिता / वह आदिम व्यथा / जो कि तुमको मिली थी / एक सोने की जलती पिटारी में बन्द / कहीं बरसों से / इस घर की

अनजानी / मिट्टी में गड़ी हुई—' ('पिता से')

और यह अप्रत्याशित नहीं है कि केदारजी की चिन्ता और उपक्रम जहां पिता आदिम व्यथा[1] को बुझने न देने की है जिसमें अर्थ के गहरे स्तर और संकेत छिपे हैं साथ ही उनकी 'गूंजहीन शब्दों के घने अंधकार में' भाषा को आदिम ध्वनियों की गूंज के साथ ऐतिहासिक अर्थों से लैस करने की प्रतिज्ञा भी, वहीं वे उन तमाम पारंपरिक विषयों (रूढ़ि) को भी खंगालते चलते हैं जिनमें काव्यात्मक संभावनायें छिपी हुई हैं। स्मरण रखना होगा कि उनके एकदम पूर्ववर्ती कवि निराला और पन्त और वैश्विक परिप्रेक्ष्य में विदेशी भाषाओं के अन्य समर्थ कवियों के साथ उनके ही समकालीन अग्रज कवि जैसे नागार्जुन या त्रिलोचन जिस तरह प्रकृति विषयक कविताएं लिखकर अपनी नई भावभूमि का परिचय दे चुके थे या दे रहे थे कुछ उसी तरह केदारजी भी प्रकृति की ओर, लोक संस्कारों की ओर मुड़कर उनमें गहरे धंसकर अपना नया काव्यार्थ तलाश करते हैं। मसलन उनकी चाहे 'सूर्यास्त' कविता हो या 'बादल-ओ' अथवा 'दीपदान' या 'मार्च की सुबह' या 'चांदनी और पपीहा-दिन' कविताएं, ये सभी कविताएं उनकी दिशाओं की ओर खुला इशारा करती हैं कि कवि का गन्तव्य किधर और कहां है।

'बादल-ओ' कविता को छायावादी कवियों की 'बादल' पर लिखी गई कविता और शेली की 'क्लाउड' जो अपनी ध्वन्यात्मक अनुगूंजों के कारण मौखिक वाचन के समय वर्षों की विभिन्न लयों और सृष्टि व्यापारों को उद्घाटित करती है, के सामने रखकर पढ़िये तो स्पष्ट अन्तर समझ आ जायेगा। इसी तरह 'पपीहा-दिन' अथवा 'दीपदान' को जो (विशेषकर दीपदान) मुझे कई दृष्टियों से अद्भुत कविता लगती है। अज्ञेय की 'मुझे भी पंक्ति में रख दो' (मुझे कविता का नाम याद नहीं आ रहा) के समानान्तर रखकर पढ़ें तो दीपदान में 'आंगन' शब्द का अपनत्व भरा प्रयोग —'पर पहले अपना यह आंगन कुछ कहता है' जहां मुग्ध करने वाला है वहीं पुनः आचार्य शुक्ल की सीख कि कविता का गहरा अर्थ 'अर्थग्रहण' से नहीं बल्कि 'बिंब-ग्रहण' से जुड़ा होने, का सहारा लेकर आगे बढ़ें तो एक बारगी हम अर्थों के सजीव लोक में पहुंच जाते हैं जहां शब्द नहीं बल्कि उनके द्वारा संप्रेषित दृश्य पूरी अर्थ-वत्ता के साथ कौंधने लगते हैं। इस तरह कहना न होगा कि यह सब मिलकर कवि को जहां निराकार की पुकार जैसी कविताओं की आधार भूमि प्रदान करते हैं वहीं उसे 'रचना की आधी रात' में गहरे प्रश्न उठाकर उद्वेलित भी करते रहते हैं। शायद इन्हीं कविताओं के और कविताओं में डोलती गहरे अर्थ की छायाओं के

---

1. दृष्टव्य हैं आधुनिक भाव-बोध के कवि विष्णु दे की ये पंक्तियां—

'किन्तु आमरा ये पृथ्वीर आमरा मानुष
आमादेर अतीतेर स्योते जड़ भविष्यत्'

(किन्तु हम तो इसी धरती के मनुष्य हैं, हम अपने ही अतीत से भविष्य के स्रोत गढ़ते हैं।)

भीतर से गुजरते हुए कवि को अपना वह निजी काव्यात्मक मुहावरा भी मिलता है जिससे केदारनाथ सिंह की अपनी पहचान बनती है। इसलिए यदि मैं यह कहूं कि केदारजी की आरम्भिक कविताएं मुझे पकने से पहले खेत में खड़ी फसल के डंठलों में लगे उन दानों की तरह लगती हैं जो अपने भीतर भरे हुए दूध के भार के डंठल को झुकाते रहते हैं और पककर ठोस बनने के पहले तक लहलहाते रहते हैं तथा पकने के बाद तो जीवनदायक ही बन जाते हैं तो शायद गलत नहीं होगा।

'अभी बिल्कुल अभी' का प्रकाशन सन् 60 में हुआ था और केदारजी की कविताओं का वह दौर ऐसा था जिसके बारे में कहा गया है कि उस समय केदारजी गीतों में प्रयोग कर रहे थे, जिसके बारे में फिलहाल चर्चा करनी जरूरी नहीं। हमारा ध्यान यहां बरबस इस बात की ओर जाता है कि सन् 60 के बाद लगभग 20 वर्षों तक केदारजी चुप दिखाई पड़ते हैं 'जमीन पक रही है' के प्रकाशन तक। लेकिन उनका यह मौन जब 'जमीन पक रही है' की कविताओं के माध्यम से टूटता है तो लगता है कि इन बीस वर्षों में कवि न तो उस तरह चुप ही रहा है जिससे पैदा होती हुई खामोशी एक तरह के भांय-भांय करते सन्नाटे में बदल जाती है न उसने उस तरह की वाचालता को ही श्रेयस्कर समझा है जो किसी खाली डिब्बे में पड़े कंकड़ों की तरह बजते रहने को ही इतिकर्म मान लेती है। इसके विपरीत कवि की चिन्ता यहां दूसरी तरह की है :

'नये काव्य शास्त्र के अनुसार
मुंह में बचे चावल के स्वाद को
बचा लेने का नाम है कविता।'

यह चिन्ता और इसी तरह की अन्य चिन्ताएं, जिनकी बानगी पहले ही मिलनी शुरू हो गई थी 'भेड़िये से कहा गया है / अपने जबड़ों को खुला रखे / यह सारा देश / उसमें झांककर देखना चाहता है / अपना चेहरा / अपनी आंखें / अपना ललाट /———दूसरा उपाय नहीं है जैसे इस समय दूसरी सड़क नहीं है/ सिवा उस सड़क के / जिस पर / बच्चों के खेलने की सख्त मनाही है / ('चुनाव की पूर्व संध्या पर') जैसी कविताएं केदारजी में आये इस बदलाव की ओर संकेत करती हैं जिनके कारण अपनी नमनीयता, विनम्रता और अपने मूल मिजाज को बचाये रखते हुए भी वे अपेक्षाकृत अधिक वस्तुदृष्टि से सम्पन्न कवि के रूप में सामने आते हुए दिखाई पड़ते हैं। और उनकी यह वस्तुदृष्टि जहां तमाम सारे लुभावने नारों से उन्हें बाखबर करते हुए 'अपने गांव के टीले और फिदेल कास्त्रो की दाढ़ी के बीच की दूरी' का अहसास कराती है वहीं उन्हें उस ऊंचाई से भी आगाह कराती चलती है जहां शहर की सारी सीढ़ियां मिलकर जाती हैं किन्तु जहां जाने (सारे पापड़ बेलने के बाद पहुंचने) पर पता चलता है कि वह जनशून्य ऊंचाई है। जाहिर है जिस कवि में यह दृष्टि हो, वह भले ही तोप की गड़गड़ाहट वाले लगातार दगते

हुए शब्दों और बारूद की गन्ध में रची-बसी भाषा में कविता न करता (रचता) हो और जिसकी कविताएं अपने मिजाज के कारण कभी-कभी उसके बारे में कलावादी होने का भ्रम भी पैदा कर देती हों, वह कभी-कभार के भटकावों, इतिहास में बिस्तरबन्द रख देने के कारण पैदा होने वाली लहरों के बारे में अथवा 'सब कुछ खत्म हो जाने के बाद भी, थोड़ा सा मंजन बचा रहे, जैसी दन्त चिकित्सक की सलाहों के बारे में किसी खास वक्त में सोचने के बाबजूद हर बार अपनी ही जमीन की ओर लौटने के लिए बाध्य होगा।

कवि की यह वापसी विष्णु खरे के शब्दों में उसकी जीवन के स्रोतों की ओर वापसी है और एक पाठक के नाते मैं उनमें आये इस बदलाव को जो इतिहास और बिस्तरबन्द के आपसी सम्बन्ध और मंजन की चिन्ता के कारण पैदा हुआ है तथा जिसे मेरे वरिष्ठ मित्र भगवान सिंह ने काफ्का की मनःस्थिति से जोड़कर देखंते हुए अराजकता की अभिव्यक्ति (ऐसा ही कुछ) करने वाली कविता कहा है, केदार जी के अध्ययन और चिन्तन से जोड़कर देखता हूं। उस अध्ययन और चिन्तन से जो उन्हें विश्वसाहित्य की ओर तो ले ही जाता है और कई बार अनंजाने में जिसके कुछ अंश अवचेतन में रह जाते हैं। लेकिन यहीं 'रीढ़ की हड्डी से रगड़ खाती हुई आत्मा (जो एकदम एक विशिष्ट मुहावरे की तरह पाठक के सामने आती है और जिसके पीछे निश्चत रूप से भाषा के अन्य स्रोतों से प्राप्त अकादमीय अनुभव सक्रिय हैं, यथा याद करें 'आई हैव मेजर्ड माय लाइफ इन काफी स्पूनज' वगैरह) कविता और कवि के अभिप्राय को एक तरह की तार्किक अन्विति से भी जोड़ देती है, जिसका विकास उनकी बाद की कविताओं में भी दिखाई देता है।

किन्तु यह तार्किक अन्विति उस तरह तार्किक अन्विति भी नहीं है जिसका जिक्र छायावादी गीतों व कविताओं के सन्दर्भ में किया गया है। यह विकास ऐसा भी नहीं है जिसे ऊर्ध्वरेखीय कहा जा सके बल्कि इसके विपरीत कई बार इस तरह की मुहाविरेदार भाषा जो अपने टटकेपन के कारण हमें ताजगी का अहसास तो कराती है, कविता और उसमें आये बिम्बों को एक तरह से अपारदर्शी भी बना देती है जिसका प्रभाव यह होता है कि हम चौंक तो जाते हैं किन्तु इसी वजह से कविता का प्रभाव भी खंडित हो जाता है। लेकिन सोचता हूं कि इस अपारदर्शिता और धुंध का सम्बन्ध कहीं हमारे समूचे परिदृश्य में व्याप्त धुंध से तो नहीं है। बहरहाल, यह केदारजी की एक सीमा है परन्तु दुर्लंघ्य नहीं। और यही कारण है कि अपनी इस सीमा से उबर-उभरकर जैसे ही वे अपने खालिस मिजाज में लौटते हैं उनकी कविता और अधिक मार्मिक और अधिक अर्थदीप्त हो उठती है : 'उठो मेरे सोये हुए धागो उठो/उठो कि दर्जी की मशीन चलने लगी है/उठो कि धोबी पहुंच गया है घाट पर/उठो कि नंग-धड़ंग बच्चे/उठो कि नंग-धड़ंग बच्चे/ जा रहे हैं स्कूल/उठो मेरी सुबह के धागो/और मेरी शाम के धागो उठो/ × × उठो कि ताना कहीं फंस रहा हैं/उठो कि भरनी में पड़ गई है गांठ/उठो कि नावों के पाल में/कुछ सूत कम पड़ रहे हैं/ × × × उठो/कि बुनने का समय हो रहा है।'

('बुनने का समय'--'यहां से देखो')।

मैं समझता हूं ऐसी कविताएं किसी भाष्य अथवा भाष्यकार की मुहताज नहीं हैं। हां इन्हें पढ़ते हुए और अपने समय में रहते हुए भी कविता से इतना तो पूछने को जी करता ही है कि काशी, कबीर और केदारनाथ सिंह की कविता का भी कोई मनोवैज्ञानिक ही सही, पारस्परिक सम्बन्ध तो नहीं है। यहां उल्लेख करना यह भी जरूरी है कि 'यहां से देखो' की कविताएं कालक्रम के अनुसार प्रकाशित रूप में 'जमीन पक रही है' के बाद की कविताएं हैं (1983 में प्रकाशित होने के कारण) और इस संग्रह की कविताओं को भी पहले की ही कविताओं की तरह एक निश्चित क्रमिकता और वैचारिक दबाव के सन्दर्भों को ध्यान में रखते हुए पढ़ा जाना चाहिए।

क्रमिकता और वैचारिक दबाव से हमारा आशय उन तथ्यों से है जिनके परिप्रेक्ष्य में केदार जी के समकालीन और उनके परवर्ती कवियों की कविताओं को समझने-बूझने की कोशिश होती रही है। इसी सन्दर्भ में यह भी रोचक अध्ययन का विषय हो सकता है कि इस पूरे दौर के कवियों, जिसमें एक तरफ केदारनाथ सिंह, शमशेर बहादुर सिंह, विजय देव नारायण साही, सर्वेश्वर, कुंवर नारायण, त्रिलोचन, नागार्जुन, अज्ञेय और अपेक्षाकृत इन लोगों के बाद कविता में आए श्रीकांत वर्मा, अशोक बाजपेयी जैसे कवि, कविता में सक्रिय दिखाई पड़ते हैं तथा इनके ही समानान्तर कवियों की युवा पीढ़ी भी (इनकी तुलना में) जिसमें धूमिल, वेणु गोपाल, दुष्यन्त से लेकर लोलाधर जगूड़ी और देवेन्द्र कुमार (लम्बी फेहरिस्त है जिसमें कवियों की अपेक्षाकृत सबसे अधिक युवा जमात जिसमें मंगलेश डबराल, उदयप्रकाश शशिप्रकाश, भारतयायावर, गोरख पांडे और राजा खुगशाल से लेकर अनेक संभावनाशील कवियों को भी शामिल किया जाय तो बेहद लम्बी कवि नामावली बनने का भय है) जैसे कवि शामिल हैं को केवल कवियों की रचनाओं ने ही प्रभावित किया है और उन्हें दृष्टि सम्पन्न बनाया है या कविता के ही समानान्तर गद्य में चल रहे हैं अपेक्षाकृत अधिक विचारपरक और सृजनात्मक समकालीन लेखन ने भी इनके आधारों को कोई मजबूती दी है। क्योंकि अभी बहुत दिन नहीं हुए जब हिन्दी में छायावादी ,काव्यांदोलन के दौरान कविगण अपने तईं तो कविता का पुनर्संस्कार करने में जुटे थे तो उसी समय प्रेमचन्द और उनके सहयोगी लेखक अपने ढंग से और छायावादी कवियों से कई कदम आगे बढ़कर जीवन और यथार्थ का बृहद सन्दर्भों में वस्तुपरक मूल्यांकन करते हुए रचना की नई जमीन तैयार कर रहे थे जिसका प्रभाव जयशंकर प्रसाद जैसे कवि पर भी पड़े बिना नहीं रह सका था।

यहां यह जिज्ञासा इसलिए होती है कि इस दौर में एक विशेष तरह की मनो-रचना अथवा मनोदशा के कारण जहां कविता में अस्तित्ववादी, एब्सर्ड और रूप-वादी आदि प्रवृत्तियों के साथ रूमानी, विद्रोही और कविता को नारेबाजी तथा पोस्टरबाजी तक ले जाने वाली प्रवृत्तियां सक्रिय दिखाई पड़ती हैं वहीं कहानी-

उपन्यासों में भी ये प्रवृत्तियां कम जोर मारती नहीं दिखाई देतीं···मसलन अज्ञेय के 'शेखर:एक जीवनी' उपन्यास से लेकर मनहर चौहान के 'मत छुओ' तक जैसे कहानी संग्रहों के साथ-साथ पुनः अमृतलाल नागर, रांगेय राघव, यशपाल और जैनेन्द्र जेसे वरिष्ठ कथाकारों की रचनाओं के आमने-सामने यदि एक तरफ श्रीकान्त वर्मा या उदाहरण के लिए अशोक वाजपेयी अथवा राजकमल चौधरी की कविताओं के साथ धूमिल या उनकी जैसी संवेदना के अन्य कवियों की कविताओं को रखकर अध्ययन किया जाए तो शायद अपेक्षाकृत एक अधिक मुकम्मिल तस्वीर उभरकर सामने आए। खैर, यह उपक्रम केवल काव्य परिदृश्य को समझने के लिए है।

इस परिदृश्य में केदार जी की परवर्ती कविताओं को रखकर जब हम देखते हैं तो 'यहां से देखो' की कविताएं अधिक साफ और अधिक स्पष्ट होकर सामने आती हैं। क्योंकि इन कविताओं में बेचैनी तो है पर आक्रोश नहीं, बल्कि उसकी जगह सुलगता हुआ एक गुस्सा दिखाई पड़ता है जो पुनः धूमिल की कविताओं के विपरीत जो क्रोध और आग से लबालब भरी नजर आती हैं, पूरे काव्यात्मक संयम और भरपूर दृढ़ता से लगभग सधे लहजे में पहली बार यह कहती हुई नजर आती हैं: 'चट्टान को तोड़ो/वह सुन्दर हो जायेगी/उसे और तोड़ो/वह और, सुन्दर हो जाएगी/ × × × अब लौट आओ/तुमने अपना काम पूरा कर लिया है/अगर कंधे दुख रहे हों/कोई बात नहीं/यकीन करो कंधों/हर कंधों के दुखने पर यकीन करो/ यकीन करो यकीन करने पर/यकीन न करने पर यकीन करो/ यकीन करो/औरं खोज लाओ/कोई नई चट्टान।' ('कलाकार से') और इस नई चट्टान खोज लाने की बात करने कें बाद ही: 'इन्तजार मत करो/ जो कहना हो कह डालो/क्योंकि हो सकता है फिर कहने का/कोई अर्थ न रह जाए।' इसी कविता में आगे यह भी है कि 'सोचो, चाहे राख से शुरू करो, मगर सोचो और पूछो/पूछो चाहे जितनी बार पूछना पड़े/चाहे पूछने में जितनी तकलीफ हो/मगर पूछो/पूछो कि गाड़ी अभी कितनी लेट है।' ('पानी एक रोशनी है') इस पानी और पूछने की तकलीफ को मिलाकर देखने पर कविता का वह दृढ़ चरित्र उभरकर सामने आता है जो पानी के पूरे अर्थ को एक अतिरिक्त ऊर्जा और तेजस्विता से भर देता है और यह केदार जी की अपनी उपलब्धि है। और यह उपलब्धि दुहरे स्तरों पर दिखाई देती है। यानी 'अभी बिल्कुल अभी' और उससे भी पहले 'तीसरा सप्तक' के दौर की कविताओं में केदार जी का जो जोर बिम्बों पर था वह यूं तो 'जमीन पक रही है' की कविताओं में ही कम होता दिखाई पड़ जाता है, फिर भी जिसका लोप 'यहां से देखो' की कविताओं में और साफ नजर आने लगता है। बिम्ब अब अलग से नहीं बल्कि कविता का एक हिस्सा बनकर आते हैं या कहूं उसमें घुल-मिलकर ही कविता को आकार देते हैं तो गलत नहीं होगा। यहां निवेदन करना चाहूंगा, भले आप मानें न मानें आपकी मर्जी, कि जरा सा इस पानी को रहिमन पानी···से भी मिलाकर देख लीजिए।

'यहां से देखो' की दो अत्यन्त महत्वपूर्ण कविताओं का जिक्र किए बगैर मुझे लगता है यह चर्चा अधूरी रहेगी जिनमें एक है 'टूटा हुआ ट्रक' और दूसरी है 'बनारस'। इन दो कविताओं को महत्वपूर्ण कहने का अर्थ यह नहीं कि अन्य कविताएं गैर महत्वपूर्ण हैं बल्कि ये इस दृष्टि से महत्वपूर्ण हैं कि इनमें जिस तरह क्रमश: 'देश' और एक प्राचीन गौरव-गरिमा के भार से दबे हुए, कहूं कि मूर्खता-पूर्ण अहंकार से उत्तप्त नगर की नसों-धमनियों की जांच-पड़ताल की गई है और ऊपर से दिखाई पड़ती हुई कविता की व्यंग्य मिश्रित भाषिक व्यवस्था के भीतर धड़कती हुई आत्मीयता या गहरे लगाव का जो स्वर है वह इन कविताओं को स्मरणीय बना देता है।

'मैं पिछली बरसात से उसे देख रहा हूं/वह वहां उसी तरह खड़ा है/टूटा हुआ और हैरान/और अब उसे अंखुए फूट रहे हैं('टूटा हुआ ट्रक'), इसी तरह 'इस शहर में बसंत अचानक आता है/जब आता है तो मैंने देखा है/लहरतारा या मडुआडीह की तरफ से/उठता है धूल का एक बबंडर/और इस महान पुराने शहर की जीभ/किरकिराने लगती है।' ('बनारस') यह एक लम्बी कविता है जिसे पूरा पढ़े बगैर पाठक को अन्दाजा ही नहीं हो सकता कि किसी शहर खासकर एक प्राचीन सांस्कृतिक केंद्र के कितने रंग हो सकते हैं और यदि उन्हें विस्तारित करके पूरे देश पर ही लागू कर दिया जाय तो पूरे देश का बहुत साफ और मार्मिक चित्र उभरकर सामने आने लगता है।

इसके साथ और अधिक महत्वपूर्ण बात जो 'यहां से देखो' की कविताओं में दिखाई पड़ती है वह है इनकी पूरी संरचना में बूढ़ों, बच्चों, धूप, वर्षा, अंधेरे, धूल मिट्टी, रास्तों, डूबते हुए दिन, जलपक्षी, बाढ़, पानी, माल-असबाब, मवेशी, चिलम, मद्धिम रोशनी, पेड़ और उनके तने, पृथ्वी, दीमक, घर, बस, कस्बा और जानवर —गरज यह कि उन तमाम जीवित सन्दर्भों की उपस्थिति, जिनसे एक भरी-पूरी जिन्दगी की रचना होती है और इनमें से यदि किसी को भी आदमी की जिन्दगी या उसकी दुनिया से निकाल दिया जाय तो न तो जिन्दगी मुकम्मिल रह पायेगी न ही यह दुनिया। और इन अर्थों में केदार जी के लिए सामान्य दृष्टि से क्षुद्रतम दिखाई देने वाली चीजें अपना एक गहरा और विशिष्ट अर्थ रखती हैं और वे ही उनकी कविताओं को अर्थवान और आयुष्मान भी बनाती हैं।

ऊपर जिस परिप्रेक्ष्य और काव्य परिदृश्य की चर्चा की गई है उसको मद्दे-नजर रखते हुए जब हम केदार जी के नवीनतम कविता संग्रह 'अकाल में सारस' (जिसमें उनकी 83 से 87 के बीच लिखी गई इकसठ कविताएं हैं) की कविताओं को पढ़ते हैं तो केदार जी की कविताओं का रूप-कथ्य पहले की कविताओं की तुलना में और अधिक परिपक्व तथा और अधिक निखरा दिखाई पड़ता है, जिसे इन कविताओं के टेक्सचर से लेकर इनकी पूरी लय तक में बुना हुआ देखा जा सकता है। केदार जी की इन कविताओं से यह भी पता चलता है कि वे आरम्भ में ही जिस अर्थ परिवर्तन की प्रक्रिया और सौर मंडल के निकट खड़े होने की स्थिति से

अपने को जोड़ चुके थे वह उनकी प्रेरणा के रूप में अभी भी मौजूद है बावजूद इसके कि शुरू में उनकी 'समूचा विश्व होना चाहता हूं' मे जुड़ी जो बेचैनी और तड़प थी उसे हम इन कविताओं में क्रिस्टलाइज्ड रूप में पा सकते हैं। और उनकी कविता की ध्वनियों, गूंजों, उसके सरोकारों-विचारों के 'क्रिस्टलाइजेशन' की प्रक्रिया में जो चीजें बाह्य स्तर पर सहायक हुई हैं उनमें प्रमुख है दुनिया के श्रेष्ठ साहित्य के अध्ययन से प्राप्त दृष्टि या विजन एक ओर, जो उनकी कविता के शिल्प की ज्यामिति को तय करती है तथा उनके अपने जीवन के उतार-चढ़ाव। दूसरी ओर जिसे जब वे ठोस वस्तुदृष्टि के आधार पर अपनी मिट्टी, अपनी लोगों और प्रकारांतर से समूचे देश से जोड़कर देखते हैं तो उनकी कविताओं में एक नया ताप भर जाता है। ऐसा ताप जो जीवन को हरकत देता है और जिसे आचार्य शुक्ल ने थियोडोर डंटन के 'पोयट्री आव एनर्जी' से जोड़कर देखा था तो दूसरी ओर मैथ्यू अर्नाल्ड ने 'पोयट्री ऑव एक्शन' से। वैसे भी इन कविताओं में कहीं न कहीं लोक कथाओं की अनगूंज तो विद्यमान है ही। और इस तरह देखने पर हम पाते हैं कि केदारनाथ सिंह कभी भी 'अरूपराग' वाली लालसा से प्रेरित कवि तो रहे ही नहीं हैं बल्कि वे सीधे-सीधे अपनी जमीन के कवि हैं जो किसान की तरह अपनी जमीन को बार-बार जोतता-बोता रहता है और जिसका सुख-दुःख अपनी जमीन के रकबे और उसके उत्पादन के साथ-साथ सूखा-बाढ़-बवंडर में उस धरती पर पड़ने वाले प्रहारों के साथ ही घटता-बढ़ता रहता है।

हालांकि 'अकाल में सारस' की फिलहाल सबसे खूबसूरत समीक्षा अरुण कमल आलोचना में कर चुके हैं जो मेरी समझ से तमाम प्राध्यापकीय और पेशवर आलोचकीय समीक्षाओं के ऊपर भारी पड़ सकती है। फिर भी अपनी बात को थोड़ा और स्पष्ट करने के लिए कहने की अनुमति चाहूंगा कि 'अकाल में सारस' की उन कविताओं में जिनमें कवि अपनी परिचित और आतमीय दुनिया में वापस आता हुआ दिखाई पड़ता है वे कविताएं निःसन्देह कवि की सबसे सुन्दर कविताएं हैं और आज के दौर की स्मरणीय कविताएं। बानगी के लिए ही सही, केदार जी की पहली ही कविता 'मातृभाषा' को लें : 'जैसे चीटियां लौटती हैं/बिलों में/कठ-फोड़वा लौटता है/काठ के पास × ×ओ मेरी भाषा/मैं लौटता हूं तुम में/जब चुप रहते-रहते अकड़ जाती है मेरी जीभ/दुखने लगती है/मेरी आत्मा।'

शब्दों का हल्ला यहां भी नहीं है, अभिधा की वह कुल्हाड़ीमार चोट भी नहीं है जो एक झटके से देह हो या काठ, सभी को टुकड़े-टुकड़े कर देती है। लेकिन यहीं पूछा जाना चाहिए कि क्या कविता कुल्हाड़ी-गंडासा में बदले बगैर इस तरह चोट नहीं करती ? स्मरण आता है प्रो० सेंट्सबरी का ब्राउनिंग के बारे में वह कथन जिसमें उसने ब्राउनिंग को आतमा में नश्तर लगाने वाला कवि कहा था इसी तरह 'अकाल में सारस' में ऐसी अनेक कविताएं हैं जो हमें हल्ला गुल्ला से दूर हाथ पकड़कर उस पीछे छूटती हुई दुनिया में एक बार फिर ले जाकर खड़ा कर देती हैं जहां शाम के धुंधलके में दूध दुहने की क्रियाएं और कर्म हैं, फलों में स्वाद,

जल में जलकुम्भी, दियासलाई में काठी (स्मृति का चक्का : जल में कुम्भ, कुम्भ में जल, भीतर बाहर पानी—पर यहां नया अर्थ) की तरह हम और हमारी जिन्दगी है, जिसके होने से ही होना चरितार्थ होता है। और इन्हीं के समानान्तर और कविताओं के भीतर कविताओं की (रहस्यवादी अर्थ में नहीं) की अनेक सम्भावनाओं की तहें समेटे हुए ऐसी भी कविताएं हैं जो पूरी परम्परा को अपने में समेट कर चलते हुए भी कतई अन-आधुनिक नहीं लगतीं, बल्कि इसके विपरीत वे भूले-बिसरे प्रसंगों-सन्दर्भों में और अधिक आधुनिक और अधिक प्राणवान तथा और अधिक स्फूर्तिमय अर्थ भर देती हैं : 'मेरे बेटे/कुएं में कभी मत झांकना/जाना/पर उस ओर कभी मत जाना/जिधर उड़े जा रहे हों/काले-काले कौए/ × × कभी अंधेरे में/अगर भूल जाना रास्ता/तो ध्रुवतारा पर नहीं/सिर्फ दूर से आने वाली/कुत्तों के भूंकने की आवाज पर/भरोसा करना/ × × मेरे बेटे बुध को उत्तर कभी मत जाना/न इतवार को पच्छिम।'

('कुछ सूत्र···')

इन सूत्रों में छिपे अर्थों की सम्भावनाओं की मार्मिक व्याख्या अरुण कमल कर चुके हैं। परन्तु शायद वे ऐसा करते वक्त 'कुएं' और 'काले-काले कौओं' के जाने की दिशा पर ध्यान देना भूल गये या उसका उल्लेख करना उन्होंने जरूरी नहीं समझा। यहां मैं कविता के अन्वय पर जोर न देते हुए सिर्फ इतना ही निवेदन करता चाहता हूं कि केदारजी ने इस पूरी कविता की बुनावट में जिन शब्दों को बुना है वे अलग से तो नहीं चमकते पर जब हम कुएं और काले-काले कौओं के रास्तों को उनकी पूरी बिम्बात्मकता के माध्यम से ग्रहण करते हैं तो एकाएक उद्भासित होता है कि कवि यहां इनका प्रयोग एक निश्चित अभिप्राय के तहत कर रहा है। बच्चा और कुआं। बच्चे की सामर्थ्य, कुएं की गहराई और उसका अन्धकार, जल की जमी हुई सतह, कुएं का जल जो प्यास भी बुझाता है पर जल के ठहरने पर (उपयोग न होने पर) जो जहरीला भी हो सकता है और इतिहास तथा परम्परा का कुआं आदि अनेक सम्भावनाएं यहां मौजूद हैं। इसी तरह हम अनुभव से जानते हैं कि काले-काले कौए समूह में जब किसी विशेष दिशा की ओर जाने लगते हैं तो वह दिशा भी अन्धकार की दिशा होती है या उस दिशा में कहीं दूर कौओं के भोज का कोई निमित्त हो सकता है। यहां तक कि वे किन्हीं के शव भी हो सकते हैं और इस तरह शकुन विचार से अपशकुन की दिशा भी।—तो इस तरह यहां पूरी कविता एक बच्चे (बच्चा जो कल की सम्भावना है और मनुष्य की नई सृजन क्षमता का प्रतीक भी) को उन अपशकुनों की छायाओं से बचाने की कोशिश करती (मंगल-बुध उत्तर दिसिकाला) और उसे सूर्योदय के साथ नई इबारत के साथ अपनी जिन्दगी शुरू करने के लिए प्रेरित करती है। मैं नहीं समझता कि इधर इतने गहरे आवेग और अनुभूति की और कोई ऐसी कविता लिखी गई है जिसमें परम्परा और आधुनिकता को इतने गहरे अर्थों में खंगाला गया हो।

प्रसंगवश यहां पुनः उल्लेख करना जरूरी लगता है कि उपर्युक्त कविता में

जिन सूत्रों का हवाला अलग-अलग ढंग से देते हुए केदारजी ने जीवन की पुनर्रचना की बात की है और जिसके मर्म तक हम अपनी जानकारियों का सहारा लेकर बिम्बों के माध्यम से पहुंचने की कोशिश करते हैं उसका अर्थ यह नहीं है कि हम केवल कुछ बिम्बों के आधार पर ही कविता को हासिल करने की कोशिश कर रहे होते हैं। क्योंकि इस तरह की कोशिश अन्ततः कविता तक नहीं बल्कि महज कुछ सतही सूचनाओं तक ही हमें पहुंचा सकती है। इसके विपरीत यहां पूरी-की-पूरी जीवन-पद्धति, दृष्टि और बोध की गतिशीलता हमें इन सूत्रों से प्राप्त होती है।

अकाल में सारस में इसी शीर्षक की कविता को मिलाकर ऐसे अनेक कविताएं हैं जिनमें केदारजी बार-बार मुड़कर अपने काव्य उपकरणों आधारों और बिम्बों की ओर लौटते हुए दिखाई देते हैं जो उनकी पहले की कविताओं में भी मौजूद हैं। जैसे, नदी, बालू, पृथ्वी, बरगद, बगुले, दूब, सारस, बाघ, मछुआरा, नमक, पुदीना, भैंस, हुक्का पीते हुए बूढ़े, पानी की बौछारें, कुतिया और उसके पिल्ले, घोड़े, बैल और शीतघाम आदि और कहने की जरूरत नहीं कि यह पुनः उस पूरी सृष्टि से जुड़ने की गहरी ललक के कारण सम्भव हुआ है जो कवि की मूल प्रतिज्ञा का बुनियादी आधार रही है। परन्तु इसका यह अर्थ भी नहीं कि केदारजी इन कविताओं में कहीं पीछे की ओर लौटते हैं। और वहीं ठहरे रहना चाहते हैं बल्कि इसका अर्थ यह है कि वे इन आधारों को मजबूती से थामे हुए जीवन के नये अर्थों को आविष्कृत करते हैं। इन अर्थों में, जहां शहर का कोलाहल और उनकी अपनी मूल स्मृतियां उनकी कविताओं के संसार की रचना करती हैं जिसमें वे अपना रास्ता तलाश करते हैं और पाते हैं कि वे (हम) अपना रास्ता भूल गये थे और जब तुलसीदास को पढ़ते हैं तो फिर अचानक पाते हैं कि "मेरी हड्डियां/मेरी देह में छिपी बिजलियां हैं/ मेरी देह/मेरे रक्त में खिला हुआ कमल है।' ('रक्त में खिला हुआ कमल')।

यहीं एक जिज्ञासा और बलवती हो उठी है कि क्या केदार जी की ये काव्य पंक्तियां : 'भर लो / एक झुकी हुई बूढ़ी / निगाह के सामने / मानस की पहली चौपाई का खुलना / और अन्तिम दोहे का / सुलगना भर लो।' ('सूर्यास्त के बाद एक अंधेरी बस्ती से गुजरते हुए') बगैर किसी दीर्घ आत्म संघर्ष के उनकी कविता का अंग बन सकी हैं या इनके पीछे एक सुचिंतित दिशा का बोध सक्रिय है ? जाहिर है दूसरी बात ही सही है। क्योंकि अगर यह सही है कि तमाम सारे राजनैतिक-आर्थिक परिवर्तनों का लक्ष्य, अंतिम रूप से आदमी और उसकी रची हुई दुनिया को उसके मूल्यवान अंशों समेत बचाये और बनाये रखना होता है जिसमें इस धरती का सारा जीवित और स्पंदित अंश समाया रहता है तो केदार जी की यह कविता या ऐसी और कविताएं उसी दुनिया के निर्माण की दिशा की ओर इशारा करती हैं, मूक नही मुखर इशारा। इसी प्रसंग में केदार जी के यहां लगभग पुनरावृत्ति करती क्रियाओं यथा 'आना' 'जाना' और स्थिति सूचक शब्दों जैसे रहना, दानों में घुन, काठ में कठफोड़वा, फलों में स्वाद और लकड़ी में दीमक की तरह रहना'

आदि को भी ध्यान में रखना जरूरी है। क्योंकि ये शब्द एक तरफ यदि किसी गहरी विचार प्रक्रिया के सूचक हैं तो दूसरी तरफ उस आदिम मानवीय जिद के भी जो हर हताशा और पराजय के बाद भी मनुष्य को एक नये साहस से भर जाती है और उसे सतत् क्रियाशील बनाये रखती है जिसके कारण इतिहास और भूगोल सभी की शक्लें भी बदल जाया करती हैं। यहां विचार ऊपर से आरोपित न होकर अपनी भीतरी जीवनी शक्ति से ताकत ग्रहण करते और कविता में उसी तरह प्रवाहित होते दिखाई देते हैं जैसे देह में रक्त।

इसके अतिरिक्त भी संकलन में ऐसी बहुतेरी कविताएं हैं, जिन्हें विस्तार भय और इस विश्वास के कारण कि उनका जिक्र अन्य सुधी पाठक-समालोचक करेंगे ही, उद्धृत करने का लोभ संवरण करना पड़ रहा है यह कहते हुए कि केदार जी की ऐसी कविताएं जिनमें पशु और वनस्पतियों का गतिमान-अर्थवान अस्तित्व दिखाई देता है, उनके काव्य की प्रेरणाओं को अपने मूल उत्स के एकदम निकट ही रखते हुए कभी-कभी उन छोरों तक भी ले जाती हैं जो बाहर की ओर खुलते हैं। मिसाल के लिए कविताओं में पशुओं की उपस्थिति की बात लें तो हमें अंग्रेजी कविता में भी इसी तरह के उदाहरण मिलते हैं थोड़ा अलग अभिप्रायों के साथ, जैसे विलियम ब्लेक की 'सिंह' या प्रिंस क्रोपाटकिन की कौओं (म्युचुअल एड) अथवा कालरिज का 'गधे' आदि पर लिखी कविताएं। पहले भी कह चुका हूं ये कविताएं अपने निहितार्थों और अभिप्रायों में अलग किस्म की कविताएं हैं। यहां इनका जिक्र केवल इसलिए करना पड़ा कि जब कवि का विजन बड़ा और अंतर्दृष्टि गहरी हो जाती है तभी वह नगण्य से नगण्य लगने वाली चीजों, वस्तुओं और घटनाओं आदि में नये और सारगर्भित अर्थों को तलाश पाता है और उसकी तत्वग्राही दृष्टि उन्हें अपनी संवेदना की भट्ठी में पिघला कर अपनी काव्य दृष्टि का विस्तार कर पाती है जो अंततोगत्वा जीवन दृष्टि ही होती है। इसीलिए केदार जी के यहां निराला ओर त्रिलोचन जहां एक ओर उन्हें अपने कवि कर्म के प्रति सचेत करते मिलते हैं वहीं उनकी अपनी आत्मा की हलचल या उसका कोलाहल, जो महज बौद्धिक तनाव या तकलीफ न होकर अपने समय में मनुष्य और उसके समाज की नियति से जुड़ा हुआ है, उन्हें अपनी कविताओं में गहरी निष्ठा के साथ सक्रिय रखता है।

फिर भी जैसा कि वर्ड्सवर्थ ने कहा है :

> 'ऑवर मेडलिंग इंटलेक्ट मिसशेप्स
> द ब्युटिअस फार्म्स ऑव थिंग्ज
> वी मर्डर टु डिसेक्ट।'

कविता हर हाल में तमाम सारे विश्लेषणों के बाद भी कविता ही रहती है, एक थरथराती हुई लय की तरह और कहना न होगा कि केदारजी की कविताएं आखिर में उसी तरह हमारे भीतर बची रह जाती हैं।

केदारनाथ सिंह की कविता 'पृथ्वी रहेगी'

दिविक रमेश

मेरे इने-गिने प्रिय कवियों में से एक हैं—केदारनाथ सिंह। केदारजी की किसी एक कविता का जब भी मुझे ललक के साथ ध्यान आता है तो वह होती है—'पृथ्वी रहेगी'। हर बार। 'पृथ्वी रहेगी' को मैंने बार-बार पढ़ा है और हर बार मानो संवेदना की एक नई फड़फड़ाहट से भर गई है काया और आत्मा, ऐसा क्यों है ? केदारजी की तमाम कविताओं में यह एक अति विशिष्ट रचना है। मुझे तो यह कविता हिन्दी कविता की एक बहुत बड़ी उपलब्धि नजर आती है। उपलब्धि के रूप में पहचान के लिए कविता के एक-एक शब्द पर पूरा ध्यान देना होगा—सच्चे मन से।

'पृथ्वी', यद्यपि इस कविता में प्रतीक-रूप है और हम चाहें तो अर्थ-तहों की दृष्टि से इस कविता की जटिल सृजनशीलता पर मुग्ध एवं चमत्कृत भी हो सकते हैं लेकिन कविता और उसमें प्रयुक्त प्रतीक अपने संवेदनार्थ में कतई जटिल नहीं हैं।

मेरे लिए यह कविता प्रेम की एक उत्कृष्ट रचना है। प्रेम का यदि कोई ऊंचे से ऊंचा स्तर हो सकता है तो वह इस कविता में मौजूद है। प्रेम का ऐसा कोई भी आयाम नहीं होगा जो इस कविता की परिधि से छूट गया हो। हल्की-सी 'ट्यूनिंग' से ही कोई भी आयाम हाथ में आ सकता है। शास्त्रीय शब्दावली में यह कविता विरह की विलक्षण अभिव्यक्ति है। जहां तक मेरे ध्यान में आता है, यह कविता केदारजी ने अपनी पत्नी की मृत्यु के उपरान्त लिखी थी।

जब हम अभिव्यक्ति की विलक्षणता की बात करते हैं तो विलक्षण शब्द केवल चमत्कार अथवा अनूठेपन के अर्थ में नहीं रह जाता बल्कि पाठक के स्तर पर ऐसी कविता एक ऐसी मन:स्थिति का सहज सृजन करने में सक्षम होती है जो अपने में सम्पूर्ण, अन्तिम और अन्यतम नजर आती है; जिस मन:स्थिति को तोड़ने या जिससे उबरने के लिए अतिरिक्त ऊर्जा की अनिवार्यता सहज ही हो जाती है।

उदाहरण की शब्दावली में, उत्कृष्ट भक्तिकालीन कविता की वह ऊंचाई रहती है ऐसी कविता में जो सर्जक के सम्पूर्ण समर्पण, व्यक्तित्व के सम्पूर्ण विलयन, अहं के सम्पूर्ण द्रवीकरण या आधुनिक सन्दर्भों में सम्पूर्ण तन्मयता की शर्त के बिना उपलब्ध ही नहीं हो सकती।

यद्यपि 'पृथ्वी रहेगी' की पहली पंक्ति अतिरिक्त जान पड़ सकती है, क्योंकि जिस विश्वास का कवि अलग से कथन करता है वह तो दूसरी पंक्ति यानी 'यह पृथ्वी रहेगी' के अर्थ-संकेतों में सहज गुंथा हुआ है, तो भी पहली पंक्ति 'मुझे विश्वास है' के रूप में अपने निश्चित विश्वास को रेखांकित करने की ललक को कवि थामे नहीं रखना चाहता। 'सम्पूर्ण समर्पण' की इमारत यूं भी तर्क की बुनियाद पर नहीं बल्कि विश्वास की नींव पर ही उठायी जा सकती है। अतः कविता भले ही दूसरी पंक्ति से शुरू होती है लेकिन आधार पहली पंक्ति का ही है—दौड़ शुरू करने से पहले गहरी-आस्थावान सांस खींच लेने की तरह या फिर यात्रा पर निकलने से पूर्व घर-द्वार पर आश्वस्त निगाह डाल लेने की तरह। वस्तुतः इस कविता की रचना-प्रक्रिया का तकाजा यही है कि पहली पंक्ति के बिना दूसरी पंक्ति की उपज नहीं हो सकती थी।

मैंने कहा, यह कविता विरह की विलक्षण अभिव्यक्ति है। अनौपचारिकता की यह हद—या कहूं अपनेपन की यह हद भी हो सकती है कि 'पृथ्वी' और कहीं नहीं तो 'हड्डियों' में अवश्य रहेगी। हाड़ या हड्डियों का रिश्ता वह रिश्ता है जो शरीर का सबसे स्थायी और दृश्यमान (भौतिक) रिश्ता होता है। देह-दाह के उपरान्त भी कुछ बच रहता है तो हमारी अस्थियां ही। रक्त, मज्जा, दिल आदि शब्दों को छोड़कर जब कवि हड्डियों की बात करता है तो कवि संवेदना का आधुनिकतम रूप तो उपस्थित करता ही है साथ ही पाठक को खुद-ब-खुद गहराई का वह स्तर भी मिल जाता है जिसके नीचे गहराई होती ही नहीं है। यही है वह सम्पूर्णता।

दूसरा पक्ष अगली पंक्तियों में उभरता है। पंक्तियां हैं—'यह रहेगी, जैसे पेड़ के तने में / रहते हैं दीमक।' 'जो तुम तोड़ी पिया मैं नाहीं तोड़ूं' जैसा सम्पूर्ण लगाव क्या केदारजी की उक्त पंक्तियों में भी नहीं है? मैं तो कहूंगा, सम्पूर्ण लगाव से भी आगे वेदना को भी मात कर देने वाली घनघोर तपस्या का-सा राग निहित है इन पंक्तियों में। पेड़ के तने में 'दीमक' या दाने में 'घुन' की, विवशता से बहुत परे, ललकपूर्ण रागात्मक स्वीकृति, बल्कि कहूं सत्य की सच्ची पहचान की-सी स्वीकृति, 'न होने' की स्थिति में, 'होने की' पूर्ण चाह ही को अभिव्यक्त करने वाली स्थिति है।

आगे की पंक्तियां एक और ही आयाम लेकर उपस्थित हो जाती हैं और कविता का कदम सहज ही 'ऐपिक' लोक में पड़ा नजर आने लगता है। यहां कवि की महादशा की जानकारी हमें चमत्कृत किये बिना नहीं छोड़ती। कवि का विश्वास है कि 'यह (पृथ्वी) रहेगी प्रलय के बाद भी मेरे अन्दर / यदि और कहीं-

नहीं तो मेरी जबान / और मेरी नश्वरता में / यह रहेगी।' यहां 'प्रलय' शब्द पर बरबस ध्यान जाता है। प्रलय, पृथ्वी का धर्म है। अतः प्रलय शब्द जहां पृथ्वी की 'नश्वरता' को सामने लाने वाला शब्द है वहां वह कवि को भी उसकी 'नश्वरता' से साक्षात् करा देता है। लेकिन कवि की सम्पूर्ण तन्मयता यहां भी अमरत्व की ऊंचाई को पा लेती है। प्रलय के बाद भी, वह पृथ्वी का होना अपनी जबान में सुरक्षित पाता है। सामान्य सन्दर्भों में देखें तो कवि की जबान उसकी कविता ही होती है और पृथ्वी का उसकी कविता में होने का सबूत तो यह कविता खुद है— पृथ्वी रहेगी। 'प्रलय' के बाद प्रयुक्त शब्द 'जबान' अपनी वह भावभूमि पा जाता है जो मंत्र की होती है, अमरवाणी की होती है। दूसरी ओर कवि का व्यक्ति उस नश्वरता को भी हेय या अग्राह्य नहीं मानता जो उसकी 'पृथ्वी' के होने का कारण या पृथ्वी के सन्दर्भ में उसके होने का कारण होती है। यानी उसे, कदाचित वह 'मुक्ति' ग्राह्य नहीं है जहां पृथ्वी का अस्तित्व ही नहीं या उसके अस्तित्व की कल्पना तक नहीं है। 'नश्वर' होकर यदि वह अपनी पृथ्वी को यानी उसके अस्तित्व के भाव को पाए रख सकता है तो उसे नश्वर होना ही कबूल है। नश्वरता की अमरता में इसी स्थिति को कहता हूं।

इसके बाद कविता का एक और आयाम खुलता है जो अन्तिम भी है और पूर्ण आहुति के जैसा भी है। विश्वास की, शायद, इस आयाम के अतिरिक्त और कोई सीमा नहीं हो सकती। व्यक्ति के लिए वह क्षण 'सुबह' ही हुआ करता है जिस क्षण वह अपनी महादशा में विराट चिन्तन की तरह तमाम क्षुद्रताओं से परे होता चला जाता है और उस महामिलन की सुखद अनुभूतियों में खो जाने को व्यग्र हो उठता है जिसकी चाहत एक 'कमिटमेंट' की पवित्रता से भरपूर होती है। यहां भी कवि को किसी भी रूप में अधूरापन ग्राह्य नहीं है। वह उठना भी चाहता है तो सम्पूर्ण—पूरी आस्था के साथ-–'मैं उठूंगा पृथ्वी समेत / जल और कच्छप समेत मैं उठूंगा' और मिलन भी चाहता है तो सम्पूर्ण—पूरे विश्वास के साथ—'मैं उठूंगा और चल दूंगा उससे मिलने / जिससे वादा है / कि मिलूंगा।' यहां प्रयुक्त क्रिया पर 'उठूंगा', 'चल दूंगा' या 'मिलूंगा' क्या विश्वास की सम्पूर्ण स्थिति या व्यक्तित्व के सम्पूर्ण विलयन को ही उजागर नहीं कर रहे हैं ? मोक्ष, निर्णय, आदि शब्द क्या यहां अधिक ऊंचे रह जाते हैं ? यह जादू सच्चे 'कमिटमेंट' का (प्रतिबद्धता कहूंगा तो मामला व्याख्या सापेक्ष हो जाएगा) ही है। जल हो नहीं बल्कि उस कच्छप समेत भी कवि उठने की बात कर रहा है जो मिथकीय दुनिया में नाना रूप से महत्व का है। इसी विष्णु ने समुद्र-मंथन के समय आधार का बुनियादी कार्य भी सम्पन्न किया था। सृष्टि के रचयिता के रूप में भी कच्छप (कूर्म) को याद किया गया है।

निश्चित रूप से केदारजी की यह कविता अपने आकार में छोटी है लेकिन असर में एक बहुत बड़ी कविता है–-चाहे किसी भी नजरिये से इसे ग्रहण किया जाए।

उम्मीद नहीं छोड़ती कविताएं

कुमार कृष्ण

"मैं पूरी ताकत के साथ
शब्दों को फेंकना चाहता हूं आदमी की तरफ
यह जानते हुए भी कि आदमी का कुछ नहीं होगा
मैं भरी सड़क पर सुनना चाहता हूं वह धमाका
जो शब्द और आदमी की टक्कर से पैदा होता है।"

ये पंक्तियां उस कवि की हैं जिसकी कविता में कहीं 'भुनते हुए आलू की खुशबू' है तो कहीं 'एक अद्भुत ताप और गरिमा के साथ' 'चूल्हे' पर पकने वाली 'दुनिया की सबसे आश्चर्यजनक चीज' 'रोटी' की गन्ध है। 'नमक और पानी' है। 'भूखा आदमी' है। 'घने कोहरे में पिता की चाय के लिए नुक्कड़ की दुकान तक दूध खरीदने के लिए' जाने वाला बच्चा है। 'तम्बाकू के खेत' हैं। 'टमाटर बेचने वाली बुढ़िया' है। 'बैल' हैं। 'घास के गठ्ठर' हैं। 'भूसे की खुशबू' है। 'लकड़हारे की कुल्हाड़ी' का स्वर है और 'पत्थरों की रगड़ और आटे की गंध से धीरे-धीरे छनकर आने वाली मां की 'आवाज' है। जिसकी कविताएं 'भूख के बारे में आग का बयान हैं जो दीवारों पर लिखा जा रहा है'—

"आप विश्वास करें
मैं कविता नहीं कर रहा
सिर्फ आग की ओर इशारा कर रहा हूं
वह पक रही है
और आप देखेंगे—-यह भूख के बारे में
आग का बयान है
जो दीवारों पर लिखा जा रहा है"

केदारनाथ सिंह की तमाम कविताओं के बीच से जब गुजरता हूं तो लगता है—'यहां से देखो' 'अभी बिल्कुल अभी', 'जमीन पक रही है।'

"जमीन पक रही है—उसने कहा
और उसे लगा यह एक ऐसी खबर है
जो खरहों की मांद तक पहुंचा देनी चाहिए"

"कविता में आदमी की प्राथमिक आवश्यकता रोटी की समस्या को लेकर अनेक प्रकार की आन्तरिक भावधाराओं का अभिव्यक्तिकरण मिलता है। आज के इस अर्थ प्रधान युग में जहां अर्थ ही सारे सम्बन्धों, सामाजिक, पारिवारिक और वैयक्तिक, यहां तक कि पति-पत्नी के सम्बन्धों का नियन्ता है, कवि के एक सामाजिक प्राणी होने के नाते, उसके मानस-जगत को प्रभावित करता है।"[1] इसीलिए काडवेल ने कविता के मूल में अर्थ को माना है। इसके बारे में उनका कहना है—"Poetry is regarded than, not of something redical, national or specific in its essence but as something economical." केदार की कविता में काडवेल की इस अवधारणा का प्रमाण देखा जा सकता है।

केदार की कविता आम आदमी के सुख-दुःख और उसकी सम्वेदनाओं की कविता है, उसके मनोजगत का प्रामाणिक दस्तावेज है, अतः उसकी पहली आवश्यकता 'रोटी' को लेकर समाज में व्याप्त वैषम्य और क्रूरता कवि को निरन्तर कचोटती रही है। कवि-मन इस विषमता से निरन्तर दंशित होता रहा है और अपनी कविता में अपनी 'रोटी' की समस्या को आकार देता रहा है—

"मुझे लगा मुझे एक दाने के अन्दर
घुस जाना चाहिए
पिसने से पहले मुझे पहुंच जाना चाहिए
आटे के शुरू में
चक्की की आवाज के पत्थर के नीचे
धीरे-धीरे छन रही थी
मां की आवाज
मैं फिर सो गया
कब और कहां मुझे याद नहीं।"

केदार की कविता की दुनिया 'नदी के द्वीप' पर कांच के पीछे हांफने वाली मछली को निहारने वाली यायावरी दुनिया नहीं वह 'नमक', 'रोटी' और 'बैल' की मशक्कत पर बात करने वाली बस्ती की दुनिया है—

"वह जरा-सा हांफता है
उसके कान खड़े हो जाते हैं
यह भूसे की खुशबू है—वह अपने-आपसे कहता है
और एक नई उम्मीद के साथ
अपने पूरे शरीर को
बस्ती की नींद और गरमाहट पर छोड़ देता है।"

केदार की 'बैल' कविता की इन पंक्तियों को पढ़कर मुझे पश्चिम के एक कवि की पंक्तियां याद आती हैं, जहां उसने कहा था—"आई एम नॉट कनर्स्नड विद द कन्ट्रस, आई एम कनर्स्नड विद द पेलपेबल फील ऑफ लाईफ विद इट्स शिमरीनैस।" केदार की कविताएं भी इसका अपवाद प्रस्तुत नहीं करतीं और शायद यही वजह है कि केदार की कुछ कविताओं को देखने से ज्ञात होता है कि वह कुछ नए सामाजिक, आर्थिक मूल्यों को स्वीकार कर ही कविता लिखने वाले कवि नहीं हैं, बल्कि मूलतः वे कोमल मानवीय संवेदनाओं के कवि हैं और उनके प्रसार के लिए ही व्यवस्था में परिवर्तन चाहते हैं।[3] 'आवाज', 'बिना नाम की नदी', 'बढ़ई और चिड़िया', 'बीमारी के बाद' तथा 'मांझी का पुल' जैसी कविताएं इसका उदाहरण हैं। ये कविताएं विलक्षण अनुभूतिशील संवेदन की कविताएं हैं जो गहरी दृष्टि-सम्पन्नता के साथ जुड़ी हुई, बृहत्तर, मानवीय चिन्ता के दायरे में लिपटी सांकेतिकता, ऐन्द्रियता के स्तर पर चलती हुई, बिम्ब के रूप में रचनात्मक बाधा उपस्थित करती गहरी लोकचेतना के स्तर पर आगे बढ़ती हैं।[4] 'अभी बिल्कुल अभी', 'जमीन पक रही है,' तथा 'यहां से देखो' की कविताएं पाठकों को अपनी उपस्थिति से अपने पास रुकने के लिए आमन्त्रित करती हैं, गुदगुदाती हैं और सोचने के लिए विवश करती हैं।

लेनिन ने लोकप्रिय लेखकों के सम्बन्ध में कहा था कि—'एक लोकप्रिय लेखक अपने पाठकों को बहुत साधारण और सामान्यतः ज्ञात तथ्यों से क्रमशः गहरे विचार और गहरे अध्ययन की ओर बढ़ाता है। वह साधारण तर्कों और प्रभावकारी उदाहरणों के सहारे अपने पाठकों को उन तथ्यों से प्राप्त होने वाले मुख्य निष्कर्षों तक पहुंचता है और साथ ही वह चिन्तनशील पाठकों के बारे में यह मानकर नहीं चलता कि वे सोचते नहीं या सोच भी नहीं सकते या सोच-विचार करना ही नहीं चाहते, बल्कि वह यह मानकर चलता है कि उसके विकासशील पाठक सोचना चाहते हैं और वह इसलिए उनके इस गम्भीर और कठिन कार्य में मदद करता है। यह उन्हें सोचने का रास्ता दिखाता है और उन्हें चिन्तन के मार्ग पर स्वतः चलना सिखाता है।[5] केदार की कविताओं में लोकप्रिय लेखकों की ये विशेषताएं देखने को मिलती हैं।

केदार की कविताएं मानवीय नियति का सीधा साक्षात्कार करती हैं। अमानवीय दबाव का विरोध करती हैं तथा आज की सामाजिक, राजनीतिक विसंगतियों

का चित्रण करती हैं। केदार के कवि को लोहे की फौलादी ताकत की अपेक्षा आदमी के सिर की ताकत पर अधिक भरोसा है—

"एक फावड़े की तरह उससे पीठ टिकाकर
एक समूची उम्र काट देने के बाद
मैं इस नतीजे पर पहुंचा हूं
कि लोहा नहीं
सिर्फ आदमी का सिर उसे तोड़ सकता है।"

यही नहीं केदार का कवि अपनी कविता 'प्रतीक्षा के विरुद्ध कुछ पंक्तियां' में यह कहते हुए भी नहीं चूकता—

"दस लाख साइकिलों ने
सहसा तेज कर दी है अपने होने की रफ्तार
सिर्फ यह जानने के लिए
कि जरूरत पड़ने पर आदमी की परछाइं
एक छोटे से चम्मच में रखी जा सकती है
या नहीं
प्रतीक्षा—प्रेमिका की हो या अखबार की
एक गलत शब्द है
गलत और बेमानी
आदमी को सिर्फ तैयार रहना चाहिए।"

केदार की कविता आज की वास्तविकता, व्यवस्था की क्रूरता, चुप्पी, मामूली आदमी की पीड़ा और उसके संघर्ष का चित्रण बहुत सांकेतिक ढंग से करती है। डॉ० विश्वनाथ प्रसाद तिवारी का यह कहना बहुत सही है कि आज की कविता में जो आक्रोश, विद्रोह और आक्रामकता की मुद्रा है वह केदारनाथ सिंह की कविताओं में नहीं मिलेगी। उन कविताओं में चालू मुहावरों का जो दुहराव और सेक्स का जो प्रदर्शन है वह भी केदारजी की कविता में नहीं मिलेगा। उनकी कविताओं में एक गहरा काव्यानुशासन और संयत मुद्रा है। मितकथन है। केदार की ताकत गोली बन्दूक की नहीं, शब्द की ताकत है। वे शब्द और आदमी की टक्कर से पैदा होने वाले धमाके को सुनना चाहते हैं। उनकी कविताओं में राजनीतिक चिन्ता है पर वह पार्टी राजनीति की चिन्ता नहीं है।[6]

केदारनाथ सिंह की कविताएं आधुनिकतावाद और उग्रक्रान्तिकारी भटकाव के खतरे से अपने को बचाते हुए बेहतर दुनिया बनाने की चिन्ता लिए हुए आगे बढ़ती हैं। निश्चित रूप से केदारजी को आत्मसंघर्ष करना पड़ा होगा एवं नयी

कविता से लड़ने, उबरने की चेष्टा भी उनके भीतर मौजूद रही होगी। हर महान कवि महान संभावनाओं के साथ नये सिरे से लड़ाई का जोखिम लेता है और ये कविताएं उसी जोखिम की कविताएं हैं जो आलोचकों को भी जोखिम उठाने के लिए मजबूर करती हैं।[7] ब्रजमोहन सिंह केदार को जोखिम भरी कविताओं का कवि स्वीकारते हुए लिखते हैं कि केदारनाथ सिंह की कविताएं अपने समय की ईमानदार कविताएं हैं। परिवेश के प्रति ईमानदारी उनकी रचना की पहली शर्त है। इसी कारण उनके यहां प्रलयधर्मी हुंकार का अभाव पाया जाता है। केदारजी के लिए 'कस्बे की धूल' सबसे जिन्दा, खूबसूरत, बेचैन और सक्रिय धूल है जिसका 'लगातार उड़ना' यह यकीन, दिलाता है कि जीवन रहेगा, पृथ्वी रहेगी। जहां भी जीवन नष्ट होता है, वहां कवि विचलित होता है। इसी कारण 'कीड़े की मृत्यु' उसे कचोटती है, दुःखी करती है। 'संपादक के नाम पत्र' में जिन्दा, लाल केंचुए को देखकर कवि के मन में आशा जमी है कि इस नष्ट होते हुए जीवन में कुछ तो बचा है। वह जीवन नष्ट करने वाली शक्तियों को भी जानता है। इसी कारण वह कहता है कि 'बारिश किसी की जिम्मेवारी है, मुझे मालूम है।' 'नहीं मालूम' कहकर भी यह कविता ध्वनित करती है कि इस बारिश के जिम्मेवार हम ही हैं। यहां वर्षा का रोमांटिक बोध गायब है पर कवि चुप नहीं रह सकता—

"पर यह मुमकिन नहीं सम्पादकजी
मुझे बाजार जाना है
और दवा लानी है।"

पर कवि को मालूम है कि—

"बाजार में न धूल थी
न जनता
दोनों को साफ कर दिया गया था।"

इन हालात में भी कवि बेहतर दुनिया की उम्मीद नहीं छोड़ता। 'उम्मीद', 'यकीन', 'विश्वास' जैसे शब्द कवि के यहां बार-बार आते हैं। ये 'बीज शब्द' कविता के कलात्मक गुण और अन्तर्वस्तु दोनों को आलोकित करते हैं। केदारजी की कविता का विश्लेषण करते इन 'बीज शब्दों' की तलाश महत्वपूर्ण है।[8] बेहतर दुनिया के लिए उम्मीद की ताकत कवि को साधारण जनता के जीवन से मिलती है। इस बेहतर जीवन के लिए जो भी संघर्ष करना पड़े, वह तैयार है—

"पूछो
चाहे जितनी बार पूछना पड़े

चाहे पूछने में जितनी तकलीफ हो
मगर पूछो
पूछो कि गाड़ी अभी कितनी लेट है ।"

केदार कैसे मामूली-से-मामूली चीजों को उठाकर उसे कविता का विषय बनाते हैं और कैसे मूल्य स्तर तक उठा देते हैं, इसके लिए 'जाड़ों के शुरू में आलू' शीषक कविता को देखा जा सकता है—

"मैं देर तक उसकी गोलाई के चारों ओर घूमता हूं
और अन्त में उसके सामने खड़ा हो जाता हूं
मैं छूता हूं किले की तरह उसकी दीवारें
मैं उसका छिलका उठाता हूं
और झांककर पूछता हूं—मेरा घर
मेरा घर कहां है ?
इस आलू की विशेषता यह है कि इसमें टूटन नहीं, जुड़ाव है--
जहां बहुत-सी चीजें लगातार टूट रही हैं
वह हर बार आता है
और पिछले मौसम के स्वाद से जुड़ जाता है ।"

केदारनाथ सिंह की कविता आत्मतुष्ट स्वभाव की उपज नहीं है—वह अनिवार्यत: एक लम्बे संघर्ष का परिणाम है । डॉ० परमानन्द श्रीवास्तव के शब्दों में कहें तो—"केदार के लिए कविता एक लम्बी प्रक्रिया है । चीजों को वस्तुपरक और जटिल तथा दूरगामी संभावनाओं तक जांचने की एक सम्यक् विधि है—वह किसी तात्कालिक उद्वेग की स्वत:स्फूर्त अनायास अभिव्यक्ति नहीं है । यह वह कविता है जो निरे रोमांटिक आवेग से संभव नहीं होती—न केवल बौद्धिक चिन्ता या संघर्ष के स्तर पर घटित होती है । केदारनाथ सिंह की कविताएं आज की वास्तविक स्थिति के कठोर साक्षात् की कविताएं हैं—इसी दिशा में वे काव्य-प्रक्रिया की जटिलता को और उसके पीछे कार्यरत रचनात्मक संघर्ष को प्रमाणित करती हैं ।"[9] केदार के कवि को इस बात का पूरा अहसास है कि 'सम्राट् या तो नहीं है । या है तो फिर वह सो रहा है ।' वह 'उसे छेड़ना नहीं चाहता'—

"सम्राट या तो नहीं है
या है तो फिर वह सो रहा है
मैं उसे छेड़ना नहीं चाहता
मैं सिर्फ हर सन्तरी के पास जाना चाहता हूं
और उसे झकझोरकर जगाना चाहता हूं

कि उठो-उठो
नाटक शुरू होने वाला है।
देर बहुत हो चुकी है
... ...
मैं नहीं जानता
नाटक शुरू होने में
अभी कितनी देर है।"

नाटक शुरू होने का सही समय बतलाना तो केदार के कवि को असम्भव है किन्तु वह यह अवश्य जानना है कि—

"कपड़े सूख रहे हैं
और सुबह से धीरे-धीरे
गरम हो रहा है लोहा।"

संदर्भ

1. डॉ० अशोक त्रिपाठी, 'समकालीन हिन्दी कविता', पृ० 95
2. वही, पृ० 95
3. डॉ० विश्वनाथ प्रसाद तिवारी, 'आठवें दशक की हिन्दी कविता', पृ० 139
4. 'प्रसंग', जनवरी 1935, पृ० 64
5. डॉ० कमला प्रसाद, 'दरअसल', पृ० 97
6. विश्वनाथ प्रसाद तिवारी, 'समकालीन हिन्दी कविता', पृ० 172
7. 'प्रसंग', जनवरी 1985, पृ० 62
8. वही, पृ० 63
9. डॉ० परमानन्द श्रीवास्तव, 'समकालीन कविता का व्याकरण', पृ० 69

['कविता की सार्थकता' से साभार]

पशु-बिम्बों में कौंधती आदिम स्मृतियां

टेड ह्यू ज की 'क्रो' तथा केदारनाथ सिंह की 'बाघ' कविता के संदर्भ में

अनामिका

अर्वाचीन वही होता है जिसने प्राचीन मथ लिया हो, और जो प्राचीन मथ लेता है—उसके हाथ में जातीय स्मृतियां (racial memory) कुछ ऐसी नाग-मणियां रख देती हैं, जो बाहर-भीतर की हर अंधेरी सुरंग में उसे ही नहीं, उसकी पूरी पीढ़ी को दो जलती हुई आंखें दे दें। वे आंखें उसके अंतरंग का प्रकाशन तो करती ही हैं, उसे बाहर का रास्ता टटोलने में भी कम मदद नहीं करतीं।

विश्वयुद्धों ने हमें आकाश से गिराकर जिन छायाहीन, कंटीले खजूरों पर अटकाया था—वे न इतने लम्बे थे कि हमें चांद-सितारों का पता देते, न इतने नन्हे कि हमें हमारी धरती—पाताल में धंसी धरती—ही ठीक-ठाक दिखायी देती। हमारी जड़ें तो छूट ही गयी थीं, फुनगी का भी हमें कोई पता नहीं था : कुछ तो इसलिए कि आंखों में बम का धुआं भरा था; और यहां भारत में नयी-नयी मिली स्वाधीनता से भी वे चौंधिया-चौंधियाकर अंधी हो रही थीं।

तेज हुए थे तो सिर्फ हमारे कान और घर-घर में दुबके लोग—पूरब से पश्चिम तक—नये-नये जनोपलब्ध हुए रेडियो घेर कर, बी० बी० सी० आदि के आसरे रहना सीख रहे थे—क्या पता कब क्या सुनायी दे ! रेडियो ही संजय की आंख था और हर बैठक में धृतराष्ट्रीय सम्वेदना मुंह छिपाए बैठी थी। उस दौर की बहुत सारी कविताएं—हिन्दी-अंग्रेजी—दोनों में शायद इसीलिए श्रव्य बिम्बों (auditory images) से पटी हुई दीखती हैं।—चीत्कार, पशु-ध्वनि और भी बहुत तरह की धूं-धां कविता में लगातार छनती रही और पचास-पचपन तक आते-आते बेतरह चीखते, आक्रामक पॉप संगीत के वर्चस्व वाले दिन भी हमें देखने पड़े जिसकी बड़ी-बड़ी काली लहरों में बीट कविता काफी दिनों तक डूबती-उतराती रही। 'हाइ-कल्चर' से बगावत करता शोर ही यहां संगीत था, अरूपता ही रूप, बिखराव ही

शिल्प। खुद हिन्दी में इसके प्रभाव में पनपी 'अकविता' गोरी चमड़ी की अभिजात कविता के एकछत्र साम्राज्य का अगांधीवादी, भयंकर मांसाहारी असहयोग-आंदोलन थी।

कविता का गला वैसे ही अवरुद्ध हो रहा था जैसे बहुत खांस लेने पर बूढ़े की आवाज: एलियट की भी समूची आरम्भिक कविता रुंधे गले की खंसखसाती, बेतरह फटी-टूटी, असम्बद्ध और बेसुरी मगर सार्थक भावाभिव्यक्ति है, जिसका शब्द-शब्द में छनता सांद्र तनाव ही उसकी अमरता के लिए पर्याप्त है। खासकर "वेस्टलैण्ड" में हर शब्द सामने वाले शब्द का गला इस तनाव में पकड़े है कि पहली बार पाठक को समझ में ही नहीं आता कि ये गले मिलेंगे कि एकबारगी गुंथकर टूट गिरेंगे: भयानक कसावट वाली कविता है यह, जिसे एक पूरी सभ्यता की मौत की एलिजी कहें तो अत्युक्ति नहीं होगी, कथ्य और शिल्प एक-दूसरे में प्रतिच्छायित कैसे होते हैं: **'वेस्टलैण्ड'** से अच्छा इसका उदाहरण नहीं हो सकता और इसी परम्परा के उदाहरण हैं ह्यूज का **'क्रो'** और केदारजी का **'बाघ'** भी। वेस्टलैण्ड के प्रसंग में कहें तो जो टूट गया है—वह ऐसा था कि उसकी बात कहते-कहते खुद कविता ही टूट गयी है—और टूटना साभिप्राय है। 'क्रो' कविता ठीक काग की तरह ही टेढ़ा-मेढ़ा उड़ती है लेकिन जमीन से बहुत ऊपर नहीं और रह-रहकर झपट्टे मारती है और 'बाघ' कविता भी एक खास तरह की आश्वस्त मंथरता से बढ़ती है जो बाघ की चाल याद दिलाती है। यह ध्यातव्य है कि 'बाघ' के टोन में कहीं वह उत्तेजना या तनाव नहीं जो 'क्रो' में है। यह अपने पूर्वी तेवर के अनुरूप लोककथात्मक शालीनता से लगातार बढ़ती चली है:

> "ये आदमी लोग
> इतने चुप क्यों रहते हैं आजकल—
> एक दिन बाघ ने लोमड़ी से पूछा···
> कोई दुख होगा उन्हें—
> वही दुख—मैंने कहा न !"[1]

यह जो नाटकीय बुनावट है कविता की, ऊंचे दर्जे की रेटरी—'आदमी' के साथ 'लोग' की गलबहियां, 'कहा' के साथ 'न' की सम्पृक्तता—वह उसे ठेठ बोली की महक देती हुई उसे लोक-चेतना से जिस तरह एकाकार करती है, महत्त्वपूर्ण है। नाटकीयता 'क्रो' में भी कम नहीं—काग लगातार सृष्टि के मंच पर नाटक ही किये चला जाता है और उसके साथ-साथ कविता भी विनोद-भाव से कभी दायें

---

1. केदारनाथ सिंह, 'प्रतिनिधि कविताएं' राजकमल प्रकाशन, दिल्ली, 86: 'बाघ', पृष्ठ 133.

फुदकती हैं, कभी बायें—मगर यदि यह कविता की जाएगी तो इसी लीला भाव के कारण नहीं, उसी अनुपम 'तनाव' के कारण जिसे एलेन टेट पश्चिमी कविता का बड़ा गुण मानते हैं।

> "Who is stronger than love ? Death.
> Who is stronger than the will ? Death,
> Stronger than love ? Death,
> Stronger than life ? Death,
> But who is stronger than death ?
> Me, evidently, Pass, Crow. "[1]

बहुत ही नाटकीय और खासी प्रभावपूर्ण संवाद-योजना है ! छोटे-छोटे यक्ष-प्रश्नों के ऑब्जेक्टिव, चुस्त, आवृत्तिमूलक उत्तर लगातार काग दिये चला जाता है, पर तनाव में। यह तनाव एक तरह की उत्सुकता जगाता है, और काग की जो जिद है—वह एक ही शब्द पर बार-बार डंके की चोट-सी बजती है और अचानक जब उसका खण्डन होता है—'"me, evidently" की प्रगल्भता से या "Pass crow" के जटिल औदार्य से तो एक चमत्कारपूर्ण क्लाइमेक्स की सहज सृष्टि होती है जिसके ह्यूज मास्टर हैं।

पशुता से आदमीयत का रिश्ता बड़ा पुराना है और पशुओं से आदमी का। संसार की पहली मां ने जो कहानी अपने बच्चे को सुनायी होगी, जो पहला गीत सुनाया होगा—वह किसी चिड़िया या किसी जानवर का ही। पशु-पक्षी प्रकृति के सबसे मिठबोले दूत हैं, उसके जिंदा होने का सबसे जाग्रत प्रमाण, विश्व के सारे-के-सारे लोकगीत, लोककथाएं पशु-पक्षी पर आदमी की सम्वेदनाएं न्योछावर करते रहे हैं और वे हमारा सबसे पुराना motiff भी हैं : बाइबिल की भेड़ें, एसब्ज फेबल, मिकी माउस, डोनल्ड डक, परीकथाओं के बोलते पक्षी, नर्सरी राइमों के 'बाबा ब्लैकशीप' आदि और अपने यहां दशावतार, हिरामन तोता, उसकी मैना, डाकिया कबूतर, चित्रकूट का तोता, खुद हनुमान, सुग्रीव, नागकन्याएं, कृष्ण की गायें, पंचपंत्र, हितोपदेश आदि क्या हैं : पशु जगत् की सरलता से हमारी फुर्संत के क्षणों का मीठा समझौता, प्रकृति से हमारी एकात्मता का शुभ संकल्प। आदमी अपने से थोड़ा भी ऊपर उठता है तो पशु-पक्षी मिलते हैं, थोड़ा भी नीचे गिरता है तो मिलते हैं, थोड़ा बाहर आता है तो मिलते हैं, थोड़ा अन्दर आता है तो मिलते हैं और अक्सर आत्म-साक्षात्कार की प्रेरणा इनसे ही मिलती है।

---

1. Ted Hughes, 'Selected Poems' (1957-81), Faber and Faber 1982 : 'Examination at the Womb Door', p. 115.

प्रकृति या साहचर्य कविता से लगातार रहा है : हर युग की कविता में प्रकृति बोली है—मगर बीसवी शती के उत्तरार्द्ध की पश्चिमी कविता में क्या हुआ कि प्रकृति की सुरम्यता पर उसकी दुर्दम्यता, उसकी ऐकान्तिक भयावहता उसकी हिंसा हावी हो गयी, कोयल और बुलबुल की रूमानियत से कौए और गौरैया का यथार्थ भारी पड़ गया—सब-के-सब पशु-पक्षी प्रतीक बन गये—और कविता में एक अद्भुत तिलस्म, आतंक और तनाव का अंधेरा घिरा जिसमें टेड ह्यूज की कविताएं बिल्ली की आंख-सी चमकीं।

ह्यूज का पशु-जगत् विशाल है : यॉर्कशायर के जंगल अपनी पूरी शान से इसकी कविताओं में झूमते हैं और उसके सारे-के-सारे हिंस पशु 'मिथ' के साथ-साथ ऑकल्ट की भी भूमि रौंद देते हैं। किसी जादूगर की तरह पर्दे के पीछे डमरू हिलाता कवि एक अर्द्ध-अध्यात्मिक ट्रांस स्थापित कर धरती के आदमी की आदिम सम्वेदनाएं जगाता है तो जिस तिलस्मी दुनिया की सृष्टि होती है—पूर्णता का वहम जगाने को वह पर्याप्त है।

केदारजी में नाटकीयता ह्यूज की है, वे सब तत्त्व हैं जिसके लिए सीमन्स हीनी टेड ह्यूज की सराहना करते हैं : आर्किटाइपल सांद्रता, गद्य की तत्परता, सीधा प्रहार और सरल सम्वादयोजना, और वह टंकार भी है जो उसे सहज-भाव से पुरुषार्थ (male vigour) की कविता बनाए—पर प्रकृति के तमाम रहस्यों के प्रति वह उत्तेजना नहीं जो ह्यूज में मेस्मेरिज्म की सृष्टि करता है :

"Where is the Black Beast ?
Crow, like an owl, swivelled his head
Where is the Black Beast ?
Crow hid in its bed, to ambush it
Where is the Black Beast ?"[1]

एक पचा हुआ लीला-भाव लगातार केदारजी की कविताओं में रूपायित दीखता है जो बाघ को भी कहीं-न-कहीं स्निग्धनयन कर दे, खिलौना बना दे।

ह्यूज की सबसे लम्बी, महत्त्वाकांक्षी और विवादास्पद कविता है—'क्रो' जिसका नायक आधा आदमी है, आधा काग। वह पैदा होते ही अपने विधाता से विवाद पर विवाद किए चला जाता है, बहुत-सी सजाएं झेलता है, बहुत से जौहर दिखाता है, खून से लथपथ होकर भी टूटता-झुकता नहीं और इस अस्त-व्यस्त, टूटे-बिखरे, निस्सार विश्व के एकलौते सरवाइवर के रूप में फलक पर उभरता है ! सातवें दशक के ऊहापोह और उपस्थापन (disorientation) का इतना

1. Ted Hughes, 'Selected Poems', Faber and Faber 84, (The Black Beast p. 119)

संवाक चित्रण यह कविता करती थी कि विश्वविद्यालय परिसरों के छोटे-मोटे मसीहा जैसी छवि टड ह्यूज की हो गयी।

1964 में इस सीरीज की कविताएं ह्यूज ने लिखीं। लेवनार्द बॉस्किल नाम का उनका कथा शिल्पी मित्र उन दिनों मृतकों की दुनिया उकेरने में दीवानगी की हद तक जुड़ा था और कौए जहां-तहां उसके शिल्प में फुदक आते थे। उसने ही कहा कि इन कौओं पर ह्यूज कुछ लिखें जो नीचे खोदा जा सके। ह्यूज ने ऐन्थ्रोपॉलोजी पढ़ी ही थी। प्रेरणा रंग लायी और क्रो एक अद्भुत प्रतीक के रूप में उनकी कविता में जन्मा।

कौए क्रिश्चन माइथोलॉजी का सप्राण अंग हैं और पश्चिमी लोकचेतना पर एक अड़ियल किन्तु होशियार, एकल किन्तु सर्वव्यापी, सर्वपक्षी और कर्कश पर विनोदी ट्रिक्स्टर के रूप में उनकी गहरी छाप है। मांस उनका भोजन है—मांस यानी मृत्यु, मृत्यु यानी संघर्ष। काइयांपन, जुगुप्सा और अनवरत संघर्षचेतना (अपनी तरफ के शब्दों में कहें तो 'काक चेष्टा')—ये सब घुल-मिलकर बनते हैं कौआ और हौआ। सारे घाव भरने (healing) का उत्तरदायी माना जाने वाला उपदेव क्रोनॉस, शनीचर, ऐसकुलैपियस, बार्न अपोलो और मृत्यु की सेल्टिक उप-देवी मॉरिगू—ये सब और भी बहुत-से बेबिलोनियन मिडल ईस्टर्न, रोमन और प्यूरिटन देव-उपदेव ह्यूज के 'क्रो' के पूर्वज हैं। धर्म और लोक-गाथाओं में छनी आती खिचड़ी-संस्कृतियों के महान संयुक्त परिवार का वंशधर हैं ह्यूज का 'क्रो' और है ह्यूज के सतर्क ऐन्थ्रोपोलॉजिकल सर्वेक्षण का प्रत्यक्ष गवाह। बहुत-सी भूमिकाएं इसमें फ्यूज कर दी गयी हैं—वह सांस्कृतिक नायक है, विदूषक और खलनायक भी, सदियों से सत्ता के अन्याय झेल रहे जन साधारण की दबीं हुई चीख तो है ही। पर मुख्य रूप से वह ट्रिक्स्टर है—शुभाकांक्षी विधाता का विकट विपक्षी जो जीवन की तपती आपदाओं, उसकी बहुविध सड़न और उदासी का कच्चा चिट्ठा खोलते कभी भी नहीं हिचकता। वह सबको बहकाता-लड़ाता है, तूफान-हलचल फैलाता है—जीवन को जीवन बनाता है—स्पन्दन देता है—छल-कौशल में ही सही—अपना बुद्धि-वैभव दिखाता है; और इसीलिए एक ऐसे चमत्कारी पुरुष की तरह सदियों से लोकचेतना पर छाया रहा है कि उसकी चतुराई जी बहलाती है, जीवन की जड़ता हरती है—उसे हर सम्भव नाटकीयता देती है जो साधारण प्यूरिटैनिक दुनिया के लिए स्वप्न-साध्य भी नहीं :

"Crow laughed.
He bit the worm, god's only son,
Into two writting halves.
He stuffed into man the tail half
With the wounded end hanging out...
Man awoke being dragged across the grass.

Woman awoke to see him coming.
Neither knew what had happened.
God went on sleeping
Crow went on laughing."[1]

यहां 'went on' का सामातत्य और 'क्रो' का ब्लैक ह्यूमर—दोनों ध्यातव्य हैं। लीलाधर सिर्फ ईश्वर ही नहीं जो या तो लीलाएं करता है या फिर सोता रहता है। लीलाधर नटनागर अपने हिसाब से 'क्रो' भी है और दोनों के बीच बॉल से लुढ़कते बेजान खिलौने हैं आदमी। केदारजी के यहां बात उल्टी है—वह बाघ ही खिलौना है और खेल-खिलाड़ी भी—बाकी सब दर्शक हैं या छोटी भूमिकाएं निभाते गौण पात्र। यह भी पौरात्यमिथकों से जुड़ा एक पात्र है : "कथाओं से भरे इस देश में" क्रो की सी एक सरस कथा जो आदमी से बाहर-भीतर के हर स्तर पर जुड़ा है—पर 'क्रो' की तरह वह आदमी का मजाक नहीं बनाता और थोड़ा-थोड़ा उससे प्यार भी करता है :

"उसे हो गया प्यार,
उसे अच्छे लगे गोल-गोल-गोल-गोल
घूमते हुए पहिए
उसे सांस की तरह लगी
वह धीमी-धीमी गति
जो कि पहियों से झर रही थी।"[2]

'बाघ' और 'क्रो' दोनों multiloquent हैं—बिम्ब और प्रतीक—दोनों स्तरों पर कई तरह की ध्वनियों का आभास कराते हैं : किसी एक राजनीतिक—आर्थिक—धार्मिक—सांस्कृतिक दर्शन के शीशकक्ष में बंधने वाला न बाघ है, न 'क्रो'। किसी भी महान कविता की पहली शर्त शायद यही होती है कि वह पहले धरातल पर तो दर्पण की तरह झकझक होती है, दूसरे धरातल पर प्रिज़्म की तरह सात रस्ते सुझाने वाली। और इस कसौटी पर केदारजी ह्यूज से कहीं सफल दीखते हैं उनके यहां बाघ एक बिम्ब पहले है, प्रतीक बाद में। सिर्फ बिम्ब की दृष्टि से भी पढ़ा जाय तो कविता पाठक को पूरा रस-सिद्ध करती है : बाघ के एक-एक अवयव, उसके एक-एक भाव-विन्यास, उसकी एक-एक मुद्रा का इतना ठोस, मूर्त और सजीव थ्रिडाइमेन्शनल चित्र धीरे-धीरे—

1. Ted Hughes, 'Selected Poems', Faber and Faber, 84 A Childish Prank, p. 116
2. केदारनाथ सिंह, प्रतिनिधि कविताएं, 'राजकमल प्रकाशन', 86 'बाघ', पृ० 114

बाघ की ही मदिर गति से हमारे दिमाग में खिंचता चला जाता है कि प्रतीकार्थ कुछ न समझने वाला सड़क का भोला आदमी भी कुछ देर चमत्कृत खड़ा रह जाए :

"और बाघ जोकि उस समय कहीं पिंजड़े में था—
जरा सिहरा—
शायद जंगल में आम पक रहे हैं
उसने सोचा
फिर बदन ढीला किया
नासापुटों को थोड़ा फैलाया
और एक जोर की सांस ली
पृथ्वी-भर लम्बी
और हो गया चित्त।"[1]

ह्यूज डिटेल्स नहीं देते, एक गडमड-सा खाका खींचते हैं—जान-बूझकर—क्योंकि उनका ध्येय ही कुछ और है—जातीय संवेदना का स्पंदन भर नहीं ! शुद्ध कविता के रूप में 'क्रो' वैसा सफल होने के लिए रचा ही नहीं गया जैसा 'बाघ' और 'क्रो' एक दर्शन पहले हैं, कविता बाद में।

ह्यूज लॉरेन्स की परम्परा के कवि हैं : प्राथमिक संवेगों की दुनिया, प्राकृतिक आवेगों की दुनिया, आत्मिक विस्तार के लिए देह-सहित कॉस्मॉस में ऊंची उड़ने वाली दुनिया, मिट्टी में तारे बो देने वाली और तारों को मिट्टी की होली खिला देने वाली बहुत ठोस, मांसल दुनिया इनकी कविताओं में वैसे ही नजर आती है जैसे इनमें। विरोध यदि इनका किसी से है तो उस दोमुंही प्यूरिटैनिक वायवीयता से और उस आकलन-निपुण क्रूर रैशनैलिटी से भी जो दुनिया को ऐसा जड़, यांत्रिक, नीरस, मनहूस और स्पन्दनहीन कर गयी है। 'क्रो' इसी के खिलाफ झण्डे बुलन्द करने वाली एक जिद्दी महत्वाकांक्षा का नाम है जो अपनी सारी विद्रूपता के बावजूद नित्य और शाश्वत है : कहीं-कहीं ग्राह्य भी क्योंकि जड़ता, आखिर कहीं से तो दूर होगी, जड़ता जो कि मृत्यु है, मौत का आतंक है।

कवि—पूरब या पश्चिम का—दो काम करता है—या तो इतिहास और समाज का बाहरी विकास टटोलता है, या फिर उसके अन्तरंग में बसी जातीय संवेदनाएं जगाने का जिम्मा लेता है। जातीय संवेदनाएं सहलाने वाली विशेष अन्तर्दृष्टि जो होती है— उसका दायित्व बहुत बड़ा होता है, क्योंकि यह अमूर्त से मूर्त तक की यात्रा होती है—और ह्यूज ने इसे अच्छा निभाया है; किन्तु केदार जी की जो यात्रा है—वह शायद और भी दुरूह है क्योंकि वह है मूर्त से अमूर्त की यात्रा।

---

1. स्रोत वही, पृ० सं० 146

एक दिलचस्प अन्तर और है 'बाघ' और 'क्रो' में, 'बाघ' का बाघ आदमीयत के बहुत करीब है—जन-जीवन में रचा-बसा-सा, और 'क्रो' का क्रो है एक तल्ख प्रतिनायक (Anti hero)

"He knew he grasped
Some thing fleeting
Of the seas ogreish outery and convulsion
He knew he was the wrong listener unwanted
To understand or help—
His utmost gaping of brain in his tiny skull
Was just enough to wonder, about the sea
What could be hurting so much."[1]

केदार जी की कविता पढ़ते हुए लगता है कि बाघ कहीं हमारे भीतर ही है या बहुत हुआ तो हमारा पड़ोसी है, मगर ह्यूज के 'क्रो' की शोमैनशिप उसे मंच पर खड़ा कर देती है। बाघ बहुत सहज है, अन्तरंग-आत्मीय, कभी-कभी तो आदमी ही लगता है, मगर 'क्रो' तो जैसे यह दर्शन ही लेकर चला है कि आदमीयत दूर भागने की चीज है, पराधीन सुस्ती का नाम ही है आदमीयत ! काफ्का ने एक बार कहा था कि आदमी से 'ईश तक कोई राह नहीं जाती, ईश से आदमी तक एक राह जरूर आती है ! पूरा 'कासल' इसी दर्शन में रचा-बसा है; और 'क्रो' में भी इसी दर्शन की आवृत्ति हुई है कि झुकना है तो ईशत्व झुके या आदमीयत : पशुवृत्ति-पोषित निरंकुश सहजता की सृष्टि झुकाने के लिए हुई है, झुकने के लिए नहीं : वह झुका नहीं कि बंधेगा, और बंधा नहीं कि मरेगा :

"Somebody is sitting
Under the gatepost of heaven
Under the lintel
On which are written the words
Forbidden to the living."[2]

'क्रो' के समानान्तर केदार जी के 'बाघ' की सोलह मुद्राएं हैं। कविता के हर मोड़ पर उसके आदमी बन जाने की कसक छुपी है। कविता शुरू होती है बाघ के

---

1. Source Aforementioned, 'Crow on the Beach', p. 113
2. Ibid, p. 140

शहर आने से, पर यह आना कोई आना नहीं। यहां बाघ के मन में शहर के प्रति एक अदम्य औत्सुक्य तो छिपा है, पर शहर ऐसा है बेचारा कि बाघ का मन मोह नहीं पाता। मोहभंग और तिरस्कार के मिले-जुले भाव से, वीतराग-सा बाघ बिना रक्तपात के ही जंगल लौट जाता है: जैसे कोई यकबयक बीच फिल्म से चला आए। उसका आना जितना महत्त्वपूर्ण था, उससे कहीं महत्त्वपूर्ण हो जाता है उसका जाना; बाघ के औत्सुक्य-नाश के साथ ही शुरू होता है, शहर का औत्सुक्य-गान, और औत्सुक्य रागात्मकता की पहली शर्त तो है ही—भयमिश्रित औत्सुक्य भी—

"पैरों से पूछ रहे हैं जूते···
बदन से पूछ रही है खाल
कि फिर कब आयेगा,
कब आयेगा बाघ ?"[1]

दूसरे खण्ड में मानव-लोक से बाघ का आकर्षण-विकर्षण द्वैत (love-hate relationship) उजागर होता है। एक ओर तो एकात्मकता ऐसी है कि छिपने की और कोई जगह न मिलने पर वह कथाओं की ओट में ही मस्ती से सोता है; चरागाह की भैंस तक को इसकी प्रतीक्षा है, पर उसके साथ ही प्रतीक्षा है एक आदमकद साजिश को भी, प्रतीक्षा है राजा के बंदूक को ! तीसरे खण्ड में कहानी एक रंजक मोड़ लेती है, जहां 'सुन्दर और विशाल ट्रैक्टर' की यांत्रिकता से लेकर 'बुढ़िया की बटुली' में हराई के बड़े दाने-सा पकने की कामना बाघ को विचलित करती है ! वह ट्रैक्टर—-जैसे जड़ तत्व से भी सहज ईर्ष्या कर बैठता है तो शायद इसलिए कि उसे आदमी का स्पर्श मयस्सर है; प्यार-भरा स्पर्श बड़ी चीज होता है : कितनी बड़ी—इस खण्ड में तो खरहे को सहलाते हुए वह खुद ही महसूस कर लेता है और खण्ड तेरह में आम की बौर-गन्ध के स्पर्श में पृथ्वी भर लम्बी सांस लेकर भी—पर इसके पहले —खण्ड चार में—लोमड़ी से आदमी की चुप्पी और दुख पर विमर्श करता हुआ खुद जिस तरह उदास हो जाता है—वह आदमी के प्रति उसकी महान संवेदना ही व्यक्त नहीं करती, उसकी अपनी असमर्थ, जड़ पशुता पर एक सार्थक रोग भी व्यक्त करती है। खण्ड पांच में पक्षी और मनुष्य, डैने और कुल्हाड़ी का वट-वृक्ष तले। 'जगत् तपोवन सों कियो' भाव से एक साथ सुस्ताना उसे और विमुग्ध करता है और छठे में तो कथाओं वाली स्त्री के प्रसंग में व्यक्ति-व्यक्ति से उसका तादात्म्य ऐसा गाढ़ा हो जाता है कि—

"ध्यान से सुनो
तो तुम अपनी छाती में सुन सकते हो।"[2]

---

1. स्रोत वही, पृ० 130
2. स्रोत वही, पृ० 136

उसके भारी पंजों के चलने की आवाज की बात आसानी में समझ में आती है यह वह महत्वपूर्ण क्षण है महामिलन का। बाहर बैठा बाघ अचानक हमारी आत्मा में छड़प आता है, हमसे एकलाप हो जाता है और तब भी अपनी अबोध विलक्षणता नहीं छोड़ता—लोमड़ी चाहे जितनी भी पट्टी पढ़ाए (खंड 7) बेचारा जबड़े में दबे 'श्व' का ईश्वर लिखने में कोई उपयोग नहीं कर पाता, (यह खण्ड 'Crows First lesson' के बिल्कुल समानान्तर है)—ईशत्व से जैसे उसे कोई मोह नहीं हो : आदमीयत ही लक्ष्य हो उसका : आदमीयत जो उसे खण्ड आठ में करुणा विचलित करती है, वियोग-भाव से रुलाती है, सहानुभूति में छोटे जीव पास इकट्ठा कर लेती है, फिर भी मौन के मन्त्र की साधना नहीं छोड़ती !

खण्ड दस में बाल-मन के साथ-साथ कवि-मन और कलाकारों (कुम्हारों) से भी उसका तादात्म्य ऐसा हो चला है कि अब पीढ़ियों तक आदमी और बाघ के रिश्ते नहीं टूटने के। जन्मों का अटूट बन्धन बन गया है यह तो आश्चर्य नहीं कि खण्ड ग्यारह-बारह में 'बैलगाड़ी के' 'गोल-गोल-गोल' घूमते पहिए और दूर से उठता चौके का धुआं तक उसे स्नेहजनक आदम-गन्ध के तिलस्म से बांधते हैं ! खण्ड चौदह में बाघ आदमी के इतना निकट है कि एक के विनाश के साथ दूसरे के ध्वस्त हो जाने का संकल्प बहुत सहज भाव से जुड़ गया है। पन्द्रह में जिजीविषा बाघ के साथ और बाघ के बगैर भी लगातार जिए जाने की द्विधा के रूप में उभरती है और सोलह में अचानक कविता इस झटके के साथ खत्म होती है कि जहां भी आदमी है, वहां बाघ है ही—आदमी के दैनानुदिन कार्यक्रम से एकलय —

> "सब कृतज्ञ थे/उस महान सूर्य के।
> कि दिन-दहाड़े/जब सब लगे थे अपने-अपने काम में
> तो सिक्का थोड़ा-थोड़ा दिख गया बाघ।"[1]

पहले खण्ड की घटना—समाचार-पत्रों में अंकित घटना अन्तिम दिन तक आए दिन का ऐसा एकात्म सच हो गयी है—सारे औपचारिक चमत्कार छोड़कर लोकजीवन में ऐसे शानदार ढंग से घुल-मिल गयी है कि तृप्ति होती है। लगता है एक अंतरंग प्रेम-कथा पढ़ी गयी—आदमी और बाघ के विकास की, प्रकृति और पुरुष के मेल की। जातीय और पर-जातीय, वर्गीय और अपर-वर्गीय संवेदना के इतिहास की बुनावट का शिल्प भी अपने-आप में वैसे ही बांधता है जैसे स्वयं बाघ का Motiff.

कुल मिलाकर कहें तो 'बाघ' और 'क्रो'—दोनों अन-कन्फ़ेशनल, ऑब्जेक्टिव ऐण्टीबायोग्रेफिक होने के बावजूद जातीय संवेदना से दूर तक जुड़ी कविताएं हैं, और भौतिक-पराभौतिक-भौगोलिक कारणों से भी इन दोनों के प्रतिपाद्य और प्रोटैगोनिस्ट काफी व्यक्तित्व-वैभिन्य रखते हैं। धरती के दो छोरों पर एक ही कालखण्ड अलग-अलग जातीय संवेदना के साथ जीते हुए दो महत्वपूर्ण कवियों की मिलते-जुलते विषयों पर मिलते-जुलते तर्ज में दोनों महत्वपूर्ण कविताएं, जिन महत्वपूर्ण विषमताओं के साथ रेखांकित हुई हैं—वे गहन अध्ययन का विषय हैं और इस पर आगे बहुत-कुछ सोचा जा सकता है।

---

1. स्रोत वही, पृ० 151

केदारनाथ सिंह की हर कविता एक महत्वपूर्ण घटना है

सुभाष शर्मा

केदारनाथ सिंह की कविताओं को पढ़ना और समझना आसान है और कठिन भी। आसान इसलिए कि उनमें कथ्य और शिल्प को लेकर कोई लाग-लपेट या केमोफ्लाजिंग नहीं है, बल्कि बेलाग, किन्तु मार्मिक और परिमार्जित वर्णन है। कठिन इसलिए कि उन्होंने एक ही विषय जैसे नदी, बाघ, कवि, चिड़िया, शहर, पानी, दिन, जमीन आदि पर कई कविताएं आगे-पीछे लिखी हैं जो स्वतन्त्र भले हैं परन्तु यदि उन्हें एक साथ पढ़ें तो उनके अर्थाकाश ज्यादा विस्तृत और घने मिलते हैं और तब उनकी बुनावट की पर्त-दर-पर्त समझ में आती है और उनका काव्य-सुख अबाध गति से मिलता रहता है।

'तीसरा सप्तक' के कवि के रूप में अपनी जड़ जमाने वाले केदारनाथ सिंह के विभिन्न कविता-संग्रहों 'अभी बिल्कुल अभी', 'जमीन पक रही है', 'यहां से देखो', प्रतिनिधि कविताएं, 'अकाल में सारस' आदि के विश्लेषण से उनकी कई विशेषताएं परिलक्षित होती हैं। सबसे पहले विशेषता यह है कि उनमें कल्पना शक्ति और बिम्बविधान की अनुपम रचना-शक्ति है। वे प्रतीकों के माध्यम से कठिन चीजों को बड़े सहज ढंग से कह देते हैं जैसे चलता-फिरता राही। यहां यह कहना अप्रासंगिक नहीं होगा कि उन्होंने दो महत्वपूर्ण आलोचना पुस्तकें इन्हीं विषयों को केन्द्र में रखकर लिखी हैं—'कल्पना और छायावाद' (1958) और 'आधुनिक हिन्दी कविता में बिम्ब विधान का विकास' (1971)। कल्पना और प्रतीकों के लिए उन्होंने प्रकृति-दत्त वस्तुओं का बहुतायत प्रयोग किया है, जैसे—नदी, पहाड़, वृक्ष, जमीन, सूर्य, चिड़िया, मौसम आदि। इसलिए यदि उन्हें 'प्रकृति का यथार्थ कवि' कहा जाये, तो कोई अत्युक्ति नहीं। प्रकृति की सूक्ष्म विशेषताओं पर कवि की पकड़ काफी गहरी और प्रासंगिक है। 'बिना नाम की नदी' कविता में कवि का सूक्ष्म चित्रण प्रशंसनीय है :

"कहीं कोई मरता है
लोग उठाते हैं
और नदी जहां सबसे ज्यादा चुप और अकेली होती है
उसी के आजू-बाजू फूंक आते हैं ।"

('जमीन पक रही है' पृ० 16)

इसी प्रकार पेड़ के दर्द और बेचैनी को बड़ी शालीनता तथा गहराई के साथ कवि ने 'पेड़' शीर्षक कविता में व्यक्त किया है :

"ये पेड़
भीड़ में छिपे जासूस की तरह
तुम्हारा पीछा करेंगे तुम जहां भी जाओगे

तुम्हें कोई नहीं बतायेगा
कि इस समय
इस कोरे कागज पर तुम जो कुछ लिख रहे हो
उसमें पेड़ों की यातना भरी चुप्पी भी शामिल है ।"

('जमीन पक रही है', पृ० 42)

परन्तु इसका यह अर्थ बिल्कुल नहीं है कि उनकी कविताओं में कल्पना और प्रतीक असंयत रूप से हावी है। यद्यपि इस तथ्य को भी नहीं नकारा जा सकता कि उनकी कुछ कविताओं में बिम्बों का उभार ज्यादा है, फिर भी वे फूहड़ होने या अराजक बनने के लिए काव्यानुशासन की परिधि नहीं लांघते। केदार की दूसरी विशेषता ऐतिहासिक और समसामयिक दृष्टियों एवं कथ्यों का परस्पर पूरक सामंजस्य एवं समन्वय है। उनकी कविता 'सन् 47 को याद करते हुए' में भारत-विभाजन के कारण उत्पन्न मानव-पीड़ा का चित्रण उद्धृत करने योग्य है :

"तुम्हें नूर मियां की याद है केदारनाथ सिंह
तुम्हें याद है मदरसा
इमली का पेड़
इमामबाड़ा
तुम्हें याद है शुरू से अखीर तक
उन्नीस का पहाड़ा
क्या तुम अपनी भूली हुई स्लेट पर
जोड़-घटाकर
यह निकाल सकते हो
कि एक दिन अचानक तुम्हारी बस्ती को छोड़कर
कहां चले गये थे नूर मियां

क्या तुम बता सकते हो
हर साल कितने पत्ते गिरते हैं
पाकिस्तान में।"

('प्रतिनिधि कविताएं'—पृ॰ 76)

इससे यह स्पष्ट है कि भारत-विभाजन में किस तरह साम्प्रदायिक शक्तियों ने अपनी घृणित भूमिकाएं अदा कीं लेकिन आज पाकिस्तान और बंगलादेश में तानाशाही के जुल्म से सैकड़ों इन्सान रोजाना मर रहे हैं और सियासत ने आजादी का गला घोंट दिया है, जिससे वहां के लोग महसूस कर रहे हैं कि कौम के आधार पर राष्ट्र-निर्माण का सिद्धान्त पूर्णतः नासमझी और दिशा-भ्रम के कारण था। इस कविता से यह भी स्पष्ट है कि उस वृहत् मानव-पीड़ा, वेदना और संवेदना को गणित या विज्ञान के माध्यम से नहीं समझा जा सकता बल्कि उसे मात्र महसूस किया जा सकता है और उस अनुभव के लिए कविता ही उपयुक्त माध्यम है। दूसरी तरफ, केदार की कविताओं में नितान्त दैनिक चीजों टमाटर, आलू, दाने आदि का बहुत सटीक एवं सामयिक चित्रण है। 'जाड़ों के शुरू में आलू' की कुछ पंक्तियों का नमूना देखें...

"वह बाजार में ले आता है आग
और बाजार जब सुलगने लगता है
वह बोरों के अन्दर उछलना शुरू करता है
हर चाकू पर गिरने के लिए तत्पर
हर नमक में घुलने के लिए तैयार
जहां बहुत-सी चीजें लगातार टूट रही हैं
वह हर बार आता है
और पिछले मौसम के स्वाद से जुड़ जाता है।"

('जमीन पक रही है'—पृ॰ 58)

यहां कवि वह सन्देश कुछ चुने और सटीक शब्दों द्वारा आलू के माध्यम से दे देता है जो सैकड़ों भाषणों और गोष्ठियों में जूझने-चिल्लाने के बाद भी लोग नहीं कर पाते और यहीं कविता का मूल उद्देश्य पूर्ण हो जाता है। इसी तरह 'टमाटर बेचने वाली बुढ़िया' भी मार्मिक कविता है :

"वह टमाटर बेच रही है
मुझे टमाटरों की रोशनी में
उसका लहकता हुआ चेहरा दिखाई पड़ता है
यह मां का चेहरा है—मैं खुद से कहता हूं

मुझे गोर्की की 'मां' बेतरह याद आ रही है।"

× × ×

"एक गाहक आता है
और टोकरी हिलने लगती है।"

('जमीन पक रही है'—पृ० 32)

इस प्रकार जहां नूर मियां के माध्यम से कवि ने 'समय' (इतिहास) से वर्तमान को जोड़ा है वहीं इस कविता से एक टमाटर बेचने वाली बुढ़िया की बात को कवि ने प्रसिद्ध रूसी साहित्यकार गोर्की के उपन्यास 'मां' से जोड़कर 'स्थान' का बोध कराकर रचना-संसार को विस्तार दिया है।

केदार की तीसरी विशेषता गतिशील स्थायित्व और गीतात्मकता है अर्थात् उनकी कविताएं सपाटबयानी, अखबारबाजी और जुमलेबाजी के बोझ से दबी नहीं हैं बल्कि उनमें एक सीमाबद्ध काव्यानुशासन है जिसका प्रभाव शब्दों के चयन और सीमित लयबद्धता में परिलक्षित होता है। उनकी एक प्रिय कविता 'दो मिनट का मौन' जिसे उन्होंने सोवियत संघ में श्रोताओं को भी सुनाया था, विचारणीय है :

"भाइयों और बहनों
यह दिन डूब रहा है
इस डूबते हुए दिन पर
दो मिनट का मौन।"

"गिरे हुए छिलके पर
टूटी हुई घास पर
हर योजना पर
हर विकास पर
दो मिनट का मौन।"

('प्रतिनिधि कविताएं'—पृ० 77)

इस प्रकार कवि ने दो मिनट के माध्यम से पूरी व्यवस्था कर कटाक्ष किया है जिसमें लयात्मकता भी है परन्तु वह बोझिल या अराजक नहीं है। इसी प्रकार 'शहर में रात' 'यह अग्नि किरीटी मस्तक' आदि कविताओं में गीतात्मकता स्पष्ट है। यहां इस बात का उल्लेख करना अप्रासंगिक नहीं होगा कि आधुनिक हिन्दी कविता में आधुनिकता, नई कविता, अकविता के नाम पर कुछ ज्यादा ही सीधी-सादी सपाट कविताएं लिखी गयी हैं। केदार का शब्द-कौशल और काव्य-सौष्ठव अपनी विशेष पहचान स्थापित करता है और यही वजह है उनकी कविताएं वामपंथी, दक्षिण-पन्थी और केन्द्रपन्थी सभी कवियों, आलोचकों द्वारा सराही जाती हैं उन्हें

अज्ञेय और अशोक बाजपेयी ने जितना पसन्द किया, उतना ही नामवर सिंह और रामविलास शर्मा ने भी। किन्तु इतना स्पष्ट है कि केदार की कविताओं में साम्राज्यवाद और सम्प्रदायवाद, शोषण और कुपोषण का विरोध प्रखर है। फिर भी वे दूसरी ओर प्रगतिशीलता के नाम पर 'व्यक्तिगत शीलता' पर उतारू नहीं होते और बिना पूर्वाग्रह के रचना-कर्म को महत्व देते हैं। वे अज्ञेय के साथ काव्य-कर्मों और विचार गोष्ठियों में शरीक ही नहीं होते, बल्कि उनके मृत्युशोक और श्राद्ध-कर्म में भी पहुंचते हैं, आम आदमी की संवेदना और कवि मित्र की वेदना के साथ। अशोक वाजपेयी के साथ भारत-भवन में साहित्यिक गोष्ठियों में भाग लेते हैं, तो दूसरी ओर प्रगतिशील कवियों और साहित्यकारों से लगाव भी रखते हैं तथा सोवियत संघ में हिन्दी कविता का प्रतिनिधित्व भी करते हैं। उनके इसी व्यक्तित्व की स्पष्ट छाप उनकी कविता 'हाथ' में स्वतः चित्रित है :

"उसका हाथ
अपने हाथ में लेते हुए सोचा
दुनिया को
हाथ की तरह गर्म और सुन्दर होना चाहिए।"

('जमीन पक रही है'—पृ० 75)

यही कारण है कि हिन्दी पाठक एवं श्रोता उन्हें पढ़ना और सुनना चाहते हैं क्योंकि उनकी आत्मीयता और कुछ हद तक 'रिजर्व' रहने के स्वभाव से लोग समझ जाते हैं कि इस कवि-व्यक्तित्व में समझ-बूझकर विरोध की कविता लिखने का दम है। हिन्दी के नवोदित कवियों को उनके रचना कर्म से अमूल्य सीख मिलती है, इसमें कोई सन्देह नहीं। इसीलिए यदि मैं कहूं कि केदार की हर कविता एक महत्वपूर्ण घटना है, तो निश्चित रूप से प्रबुद्ध साहित्यकार मेरे इस विचार से सहमत होंगे, ऐसा मुझे विश्वास है।

जहां कला और जीवन अलग नहीं हैं

उमेश्वर दयाल

"नन्हें ने सिर पर हवाई जहाज देखा
तो हठ पकड़ा
पापा पापा
हवाई जहाज मुझे भी ला दो।"

—त्रिलोचन

त्रिलोचन जी चले जा रहे दिखते हैं और उनके पीछे-पीछे चिन्तित केदारनाथ सिंह जी। दरअसल उनके बच्चों (आने वाली पीढ़ी) में भी बाघ (स्वप्न का आधार) के टूटने और छूट जाने से रोना-धोना, एक बेचैनी है। उसी बाघ को पाने की जिद है। यह दर्द केदार जी को व्याकुल कर रहा है। उन्हें त्रिलोचन जी ने कहा है कि वह कुम्हार की आंखों में जस का तस पड़ा है। खोज में वे उनके पीछे-पीछे जा रहे हैं (बाघ-दस)। आखिर वे त्रिलोचन जी से इतना आश्वस्त कैसे हैं? कुम्हार की आंखों के स्वप्न साकार करने के प्रयास जो चल रहे हैं, बच्चों के पूर्ण मानवीय विकास की व्यवस्था के लिए जिस सांस्कृतिक विकास का प्रयास चल रहा है उसके प्रमुख काव्य प्रतिनिधि नागार्जुन, केदारनाथ अग्रवाल, शमशेर बहादुर सिंह, त्रिलोचन में वे त्रिलोचन को क्यों समीप पाते हैं।

केदार जी की काव्य-यात्रा 1952-53 से शुरू होती है। यह नयी कविता का काल है। अज्ञेय का साहित्य में व्यापक प्रभाव है। केदार जी का पहला संग्रह 1960 में छपा और 'तीसरा सप्तक' भी और ये तीसरा सप्तक के कवि हैं। बाद में कल्पना और बिम्ब विधान पर इन्होंने शोध भी किया। यह केदार जी के आन्तरिक बनावट को समझने में सहयोगी होगा। और यह पूरी स्थिति—आंतरिक और बाह्य, कविताओं के लिए।

अज्ञेय शुरू में परम्परावाद और पुनरुत्थानवाद के विरुद्ध थे। उन्होंने 'खड़ी बोली की कविता : पृष्ठभूमि' में अपने पहले की परम्परा में इस प्रकृति को दुख के साथ याद किया है। फिर अपना लगाव "कहूंगा खरी, रूखी, सबकी पहचान में/

आने वाली बेलाग बात/सौटंच खरी भले ही कच्ची धात(—दिया हुआ, न पाया हुआ) स्पष्ट किया और कहा—

"अर्थ दो अर्थ दो
मत हमें रूपाकार इतने व्यर्थ दो !
हम समझते हैं इशारा जिन्दगी का—
हमें पार उतार दो—
रूप मत बस सार दो ।"

पर शब्द, रूपाकार, अर्थ, जीवन संकेत को एक करते-करते उनसे जीवन की सम्पूर्णता चूकने लगती है । वे स्वीकार करते हैं कि "मुखर वाणी हुई, बोलने हम लगे/हमको बोध था वे शब्द सुन्दर हैं/पर हमारे शब्द/जनता के नहीं थे / क्योंकि जो उन्मेष हममें हुआ/जनता का नहीं था/हमारा दर्द/जनता का नहीं था/संवेदना ने ही विलग कर दी/हमारी अनुभूति हमसे ।" और जो लीक उनको मिली थी वह अन्धी गली थी। और शास्त्र, सूक्त, इतिहास के बोझ के सामने जिन्दगी की ललकार की महानता देखने लगे—

"बढ़ चाहे बोझ जितना
शास्त्र का इतिहास का
रूढ़ि के विन्यास का या सूक्त का
कम नहीं ललकार होती जिन्दगी की ।"

('इशारे,जिन्दगी के')

और अज्ञेय जो सामाजिकता के लिए प्रगतिवाद की जमीन पर खड़े रहे, रूप और वस्तु के सामंजस्य के लिए आलोचनात्मक दृढ़ता अपनायी, जिन्होंने विभिन्न भाषाओं से छन्द लाकर हिन्दी को समृद्ध किया क्योंकि छन्द जातीय जीवन की गति होती है अतः यह दो संस्कृतियों केमिल न जैसा कठिन कार्य था। वे इन शब्दों, ध्वनियों, अर्थों, छन्दों आदि के योग जिन्दगी से, सामाजिक धड़कन से ही अलग-थलग पड़ गये । जय जानकी, द्वारिका यात्रा में चले गये । प्रयोगों में खो गये । अज्ञेय का विशेष अध्ययन होता तो बहुत सारी बातें जानने को मिलती । पर उन्होंने जिन खतरों का संकेत किया केदार जी उधर से बच निकले । यहीं से केदार जी आगे निकल आये हैं । छठे दशक में विदेशी आंधी को झेलते हुए जो अपनी जमीन पर खड़े रह गये उनमें केदार जी भी हैं ।

हालांकि केदार जी के यहां भी ध्वनियों, शब्दों, अर्थों और छन्दों के कम प्रयोग नहीं हैं जैसे—

"उसी तरह दुर्दम कठोर
एक टिक् टिक् टिक् टिक् से
भरा है सारा घर।"

('घड़ी')

या

"हर बार पानी में कुछ गिरता है
छपाक्······छपाक्।"

('पानी से घिरे हुए लोग')

... ...

"अन्धकार ! अन्धकार ! अन्धकार !
आती है
कानों में
फिर भी कुछ आवाजें।"

('रचना की आधी रात')

... ...

"और पकना/लौटना नहीं है जड़ों की ओर।"

('रोटी')

या

"वह रोटी में नमक की तरह प्रवेश करता है।"

('सूर्य')

... ...

"कुछ लोग खेत बोते हैं
कुछ चट्टानें ढोते हैं
कुछ लोग सिर्फ होते हैं
इसका क्या मतलब ?"

('यह अग्निकिरीट मस्तक')

या

"ठण्ड से नहीं मरते शब्द
वे मर जाते हैं साहस की कमी से
कई बार मौसम की नमी से
मर जाते हैं शब्द।"

('शब्द')

"केदार जी शब्दों से अद्भुत दूरी तय करते हैं—
चुप रहने से कोई फायदा नहीं
मैंने दोस्तों से कहा और दौड़ा

सीधे खेत की ओर
कि शब्द कहीं पक न गये हों।"

('आवाज')

जनजीवन के लिए 'शब्द के खेत' का प्रयोग, अन्न से शब्द तक की क्रियात्मक दूरी या 'अन्न ही रस है', 'अन्न ही क्रिया है', 'अन्न ही ब्रह्म है', 'शब्द ही ब्रह्म है' को एक साथ 'शब्द कहीं पक न गये हों' कहकर करते हैं। या फिर,

"पर इतना पानी क्यों पीते हैं
आदमी लोग ?"
बाघ ने आश्चर्य से पूछा
"वही दुख—
मैंने कहा न !"
लोमड़ी ने उत्तर दिया।

('बाघ चार')

यह दुख एक झटके में चौथी शताब्दी ईसा पूर्व के 'दुक्ख' के करीब ले जाता है और मुक्ति के इतिहास को उद्भाषित करता है।

परमानन्द श्रीवास्तव कहते हैं कि त्रिलोचन काव्य व्यापार में शब्द की सत्ता पर अत्यन्तिक बल देते हैं।...त्रिलोचन ने शब्द की सत्ता की अनोखी पहचान का प्रभाव देते हुए उसमें जो जीवन भरा वह एक अलग ढंग की चीज है।

और त्रिलोचन जी की शब्दों के बारे में राय है कि—

"शब्दों में भी हाड मांस है जीवन धर कर
वे भी जीवधारियों के स्वर यन्त्र संभाले
स्फुट अस्फुट दो धाराओं में प्रवाहमान हैं
रात और दिन—द्यावा पृथ्वी में विचरण कर
झलकाते हैं दुनिया के सब खेल निराले।"

और केदार जी जीवन स्थितियों को बतलाने के लिए दुनिया के सब खेल निराले झलकाने के लिए, शब्दों को जीवधारी बनाते हैं, उन्हें पूरी क्रियात्मकता के साथ सामने लाते हैं—

"अभी कल ही की बात है
अन्धेरी सड़क पर

मुझे अचानक घेर लिया
पांच-सात स्वस्थ सुन्दर शब्दों ने।" ('शब्द')

लगता है शब्द और जीवन यही आधार बिन्दु है जहां त्रिलोचन और केदार एक साथ हैं। जहां से विश्वास आता है।

सिर्फ शब्द संवेदना या भाषिक संरचना ही नहीं उनका जीवन विवेक भी बहुत संवेदनशील है। उनकी कविताओं में जीवन का हल्का सा स्पन्दन भी रेखांकित होता चलता है। उनकी चिन्ता में कम होते घोड़ों, विस्मृति में जाते पक्षियों, व्यस्तता में खोते जाते साथियों, गति से अलग पड़े ट्रकों की स्मृति भी शामिल है। कल्पना की उड़ान नहीं बल्कि जीवन की जमीन पर चलती कल्पना सापेक्ष कल्पना और बिम्बों के साथ विचारों का संगठन केदार जी को एक विशिष्ट ऊंचाई प्रदान करता है।

एक बात और दिखती है केदार जी की कविताओं में सीधी राजनीतिक कविता का अभाव है। वे जीवन की स्थितियों को रखते हैं, प्रश्न उठाते हैं। बूढ़े मछुआरे, बूढ़े किसान से पूछते हैं 'रास्ता किधर है' और अपनी तरफ से बिना कुछ कहे वे उस रास्ते चलते रहते हैं जो गाय के जाने से अभी-अभी बनी है। परिवर्तन के लिए दार्शनिक की तरह हस्तक्षेप। इस तरफ से वे बहुत स्पष्ट, बहुत सतर्क हैं।

अन्त में फिर परमानन्द श्रीवास्तव को उद्धृत करना चाहूंगा कि "त्रिलोचन की शब्द संवेदना से परिचित होने के लिए विविध छन्दों तथा रूप प्रकारों में भाषिक बनावट पर ध्यान देना चाहिए। शब्द की सार्थकता प्रयोग की विशिष्टता नहीं उसमें धड़कते जीवन की परख या पहचान में है। छन्द और लय, उक्ति और अर्थ के भेद के बावजूद भाषा पर त्रिलोचन की पकड़ जिन्दगी पर पकड़ का ही उदाहरण है।" मुझे लगता है यह केदार जी के लिए कही गई है, इसे देखा जाना चाहिए। मैं तो इससे थोड़ा और आगे कहना चाहूंगा कि सबके बावजूद त्रिलोचन में जो जीवन ज्यों का त्यों सब समेटता अनगढ़-सा आता है केदार जी के यहां कलात्मक भी है। यहां जीवन और कला एक है। अतः केदार जी की कविता जीवन से गहरा प्रेम और कला से आत्मीय रिश्ता की मांग करती है।

"अब हो गई शाम
अच्छा भाई पानी
राम! राम!"

('मैंने गंगा को देखा')

केदारनाथ सिंह

जन्म; 1934। जन्मस्थान : चकिया, जिला बलिया (उत्तर प्रदेश)। आरम्भिक शिक्षा गांव में पायी। बाद की शिक्षा—हाईस्कूल से एम० ए० तक वाराणसी में। सन् 1964 में 'आधुनिक हिन्दी-कविता में बिम्ब विधान' विषय पर पी-एच० डी० की उपाधि प्राप्त की।

विधिवत् काव्य लेखन 1952-53 के आस-पास शुरू किया। सन् 1954 में पाल एलुअर की प्रसिद्ध कविता **'स्वतन्त्रता'** का अनुवाद किया, जिसके जरिये नयी सौन्दर्य-दृष्टि और समकालीन काव्य-चेतना से पहला परिचय हुआ। कुछ समय तक बनारस से निकलने वाली अनियतकालिक पत्रिका **'हमारी पीढ़ी'** से सम्बद्ध रहे। पहला कविता-संग्रह सन् 1960 में छपा। 1960 में ही प्रकाशित **'तीसरा-सप्तक'** के सहयोगी कवियों में से एक। पेशे से अध्यापक। कार्यक्षेत्र का प्रसार महानगर से ठेठ ग्रामांचल तक। शिक्षा-संस्थाएं जिनसे सम्बद्ध रहे—उदय प्रताप कॉलिज, वाराणसी; सेण्ट एण्ड्रूज कॉलिज, गोरखपुर; उदित नारायण कॉलिज, पडरौना तथा गोरखपुर विश्वविद्यालय, गोरखपुर। सन् 1976 से जवाहरलाल नेहरू विश्वविद्यालय, नयी दिल्ली में कार्यरत। सन् 1980 में केरल के 'कुमारन आशान' कविता-पुरस्कार से सम्मानित। **'अकाल में सारस'** कविता संग्रह के लिए 1990 के साहित्य-अकादमी पुरस्कार से सम्मानित।

प्रकाशित पुस्तकें : **'अभी बिल्कुल अभी'**, **'जमीन पक रही है'**, **'यहां से देखो'** और **'अकाल में सारस'** (कविता-संग्रह) **कल्पना और छायावाद**, **आधुनिक हिन्दी कविता में बिम्ब-विधान** (आलोचना एवं शोध)।

केदारनाथ सिंह की ताजा कविताएं

सोचता रहा आदमी

दिन निकला
मुर्गे के कंठ से नहीं
सोये हुए आदमी का मस्तक फाड़कर
आदमी उठा
और डाक्टर के पास गया
डाक्टर ने उसकी नब्ज पर हाथ रखा
और कहा—'महाशय, आपको कोई रोग नहीं
उम्र के पकने के अलावा।'
आदमी घर लौटा
तो बुजुर्गों ने कहा—
'अभी और पकाओ
अभी पकने दो वक्त की धीमी-धीमी आंच पर
अभी पकने दो उम्र को
जैसे कलेजी पकाई जाती है'
सोचता रहा आदमी
यह कैसी आंच है कि बरसों-महीनों
पकाया मैंने इतना
पर ठीक-ठीक पका नहीं कुछ भी
न मेरी उम्र
न मेरा चावल
न मेरे पड़ोसी की चुरती हुई दाल
पकने के नाम पर
साल दर साल
सिर्फ पकते रहे मेरे बाल !

पंचनामा

उस भयानक हादसे के कोई छह घंटे बाद
उस गीले कछार में आ गई पुलिस
भोंपू बजाती हुई।

उतनी देर लाशें इन्तजार करती रहीं
उतनी देर ठप्प रहा सारा कामकाज
उतनी देर स्वर्ग और नरक सब प्रतीक्षा करते रहे
पुलिस के आने की

और जब वह आ गई
तो शुरू हुई लाशों की पहचान
और चकित था मैं कि बस थोड़ी-सी पूछताछ के बाद
हर लाश को
कितनी आसानी से मिल जाता था एक घर
मिल जाता था एक गांव
एक मां एक पिता उसे फिर से मिल जाता था
कितनी आसानी से !

इस तरह
हर लाश का फिर से जन्म होता था
फिर से नामकरण !

जो लाशें अधिक भाग्यशाली थीं
उन्हें तुरत-फुरत मिल गया उनका नाम
उनका पता

पर जो जरा कम भाग्यशाली थीं
उन्हें लम्बा इन्तजार करना पड़ा
कड़ी धूप में।

और जब गिनती पूरी हुई
तो अन्त में बच गई एक अन्तिम लाश
जो पहचान से बिल्कुल परे थी
पुलिस ने आवाज दी—
"है कोई जो पहचान ले
इस अन्तिम लाश को ?"

पुलिस की आवाज
मानो उस अन्तिम लाश को ढाढ़स बंधाती हुई
देर तक गूंजती रही हवा में

पर उत्तर न पूरब से आया
न पच्छिम से
दक्खिन से आने का सवाल ही नहीं था !

अब दोष किसे दूं
पुलिस को
कि लाश को ?

पुलिस को तो अन्त तक उम्मीद थी
कि भीड़ को ठेलता हुआ
अचानक कोई आयेगा
और कहेगा
"यह मेरी लाश है।"

अंधरे मोड़ पर

ठंड बढ़ चली थी
मछली बाजार से घर लौटते हुए
गली के अंधेरे मोड़ पर
मुझे अचानक दिख गए मैक्सिम गोर्की।
भई वाह!
मैंने मन ही मन कहा।
वही आकृति
वही मोटी-मर्दाना नाक
वही धारदार बड़ी-बड़ी मूंछें
फिर लगभग चीखते हुए मैंने पूछा—
"दादा कैसे हो!
कैसे हैं ताल्सताय
चेखब कैसे हैं
क्या मास्को से आते हैं फोन
वहां कैसा चल रहा है आजकल ग्लासनोस्त
क्या होती है बात कभी लेनिन से
क्या मां की चिट्ठियां आती हैं।"
एक ही सांस में
मैं जल्दी-जल्दी पूछ गया इतने सवाल
फिर होश आया—गोर्की!
मेरे मुहल्ले में
और वह भी सन् 1989 में मैक्सिम गोर्की!
मैं हंसा ठठाकर
फिर देर रात तक अपनी ही गली में
ढूंढ़े नहीं मिला
मुझे अपना ही घर!

आधुनिक

नहीं
सिर्फ हमीं नहीं
जो दिल्ली में रहते हैं
और अन्याय सहते हैं
बल्कि वे भी
जो बकरियां चराते हैं
और चराते-चराते इतना समय हुआ
कि भूल गये हैं अपने सारे गाने
वे भी वे भी वे भी
आधुनिक हैं।

केदारनाथ सिंह द्वारा अनूदित दो कविताएं

कविता के अनुवाद के बारे में

ज़िग्निउ हरबर्ट

एक अनाड़ी भौंरे की तरह
वह जाकर बैठ जाता है फूल पर
कोमल डंठल झुक जाता है
नीचे की ओर
पंखड़ियों के बीच जो कि होती हैं
शब्दकोश के पत्रों की तरह
वह बना लेता है अपना रास्ता
और पहुंचने की कोशिश करता है वहां
जहां छिपी रहती हैं गन्ध और मिठास
और हालांकि वह खा गया है ठण्ड
और उसने खो दी है अपनी स्वाद की चेतना
लेकिन फिर भी वह उस दुराचार से
तब तक बाज नहीं आता
जब तक उसका सिर
पीले पुष्परज से टकरा नहीं जाता
और यहां खत्म होता है सारा खेल
क्योंकि असल में कोई पहुंच ही नहीं सकता
एक फूल की पंखड़ियों से
उसकी जड़ों के पास तक
इसलिए भौंरा निकल आता है बाहर
दर्प के साथ गुंजार करता हुआ
मानो घोषित करता हुआ
कि वह फूल के अन्दर से आ रहा है
और वे जो उस पर विश्वास नहीं करते
वह उन्हें दिखाता है अपनी नाक
जिस पर लगा होता है
पराग का पीला धब्बा।

पोलिश कविता, अंग्रेजी से अनुवाद।

गन्दा हाथ

कार्लोस द्रमन्द अन्द्रादे

मेरा हाथ गन्दा है
मुझे जरूर इसे काटकर फेंक देना चाहिए।
इसे धोना बेकार है
क्योंकि पानी भी गन्दा है
और साबुन भी।
न जाने कितने-कितने बरसों से
गन्दा है मेरा हाथ।
कोई जानता भी कैसे
क्योंकि शुरू में मैंने इस हाथ को छिपा रखा था
अपने पैंट की जेब में।
अपना हाथ बढ़ाते हुए
लोग मुझे बुलाते थे
और मैं अपनी पूरी ताकत से
कह देता था 'ना'।
मुझे डर था कि अगर छिपा हुआ हाथ
बाहर निकला तो वह गन्दगी फैलायेगा।

उससे काम लेना
या छिपाये रखना
मुझे दोनों से नफरत थी।

आह, कितनी-कितनी रातों में घर लौटकर
मैंने इस हाथ को धोया
रगड़ा
पोंछा
हद तो यह है कि मैंने कई बार चाहा
कि इस हाथ को एक चमकती हुई मणि
या हीरे में बदल दूं
या अगर कुछ नहीं

तो इसे बदल दूं एक सीधे-सादे स्वच्छ हाथ में ही
एक ऐसे हाथ में
जिसे तुम पकड़ सको
और छुआ सको अपने होंठों से
जकड़ लो इस हाथ को
या फिर
उन विरल क्षणों में
दो लोग पास-पास
जब बिना किसी शब्द के
अपने पाप स्वीकार करते हैं।
इस असाध्य हाथ ने
जब अपनी अंगुलियां खोलीं
मैंने देखा उनमें घिनौनी मैल थी
वह मैल न तो मिट्टी की थी
न कोयले की
वह खाज की भी नहीं थी
न काम से लौटे पर कमीज के पसीने की।
वह एक अजब-सी उदास मैल थी
जो मेरी त्वचा से पैदा हो गई थी
अपने आप।
नहीं वह मैल काली भी नहीं थी
बल्कि वह एक पवित्र कालिमा थी
एक उजली-सी चीज में
एक भूरी-भूरी मैल
भूरी और सुस्त
बहुत कुछ भटकटैया की तरह
बेकार है इस गन्दे घृणित हाथ को
मेज पर पड़े हुए देखना।
जल्दी करो-जल्दी करो
इसे काटकर फेंक दो समुद्र में
फेंक दो इस उम्मीद से
कि वहां फिर से उग आयेगा एक नया हाथ
और आकर चुपचाप
तुम्हारी बांह से जुड़ जायेगा
पवित्र और पारदर्शी।

ब्राजील की कविता (पुर्तगाली भाषा में) अंग्रजी से अनुवाद।

केदारनाथ सिंह की कुछ टिप्पणियां

एक स्तम्भ का अकेलापन

यह एक छोटा-सा कस्बा है। देश के विशाल नक्शे में इसके लिए कोई जगह नहीं है। पर यह है और सदियों से उसी तरह घिसट रहा है। यहां मैं किसी काम से नहीं खड़ा हूं। सच्चाई यह है कि मजबूरी से मैं खड़ा हूं। जिस बस में यात्रा कर रहा था, उसे यहीं आकर खराब होना था। सामने कुछ दूर पर एक ऊंचा सा स्तंभ दिखाई पड़ रहा है। उसे पहले भी कई बार आते-जाते देख चुका हूं। स्तम्भ की बनावट मुझे आकर्षित करती है। सो, उसी दिशा में चल पड़ता हूं। पास जाकर देखता हूं, वह एक बड़ा-सा सुन्दर स्तम्भ है—लाल-लाल लाहौरी ईंटों से—बना हुआ। कई सवाल मेरे मन में उठते हैं। क्यों है यह स्तम्भ ? कस्बे के बाहर उस झाड़-झंकाड़ के बीच वह इस तरह क्यों खड़ा है—उपेक्षित और अकेला ? इस कस्बे से उस स्तम्भ का रिश्ता क्या है ? ये सारे सवाल मैं एक साथ पूछना चाहता हूं—यदि कोई मिल जाये।

इस कस्बे का नाम मैं नहीं जानता। पर इससे कोई फर्क नहीं पड़ता। भला अपने ही मुहल्ले के कितने लोगों के नाम मैं जानता हूं। फिर भी कहता हूं कि वह मेरा मुहल्ला है, जैसे-जैसे अन्दर धंसता हूं, कस्बा अपने भेद खोलने लगता है। चार कदम अन्दर जाने के बाद कस्बा मेरे लिए अपरिचित नहीं रह जाता। लगता है, इसे वर्षों से जानता हूं। वही गुड़, मटर, चना, आलू और सब जैसे मिट्टी के तेल की एक अदृश्य गन्ध में डूबे हुए। और हां, वही लोग भी जो एक साथ दुखी भी दिखते हैं और सुखी भी। सुख और दुख का ऐसा दुर्लभ सहअस्तित्व सिर्फ एक हिन्दुस्तानी चेहरे पर ही देखा जा सकता है।

यह छोटा-सा कस्बा एक नदी के किनारे बसा है। नदी का कोई-न-कोई नाम जरूर होगा। पर मैं नदी के रहस्य से बचना चाहता हूं। वह एक अलग दुनिया है। अभी तो वह स्तम्भ ही मेरे लिए चुनौती है। हां नदी के किनारे बालू की एक बड़ी टाल है, जहां कुछ ट्रक खड़े हैं और दो-तीन बैलगाड़ियां भी। उन सब पर बालू लादा जा रहा है। पूछने पर पता चलता है, इस कस्बे का सारा अर्थतन्त्र बालू के

व्यवसाय पर ही टिका है। बालू पर ही टिका अर्थतन्त्र—है न अद्भुत! कितनी दूरगामी व्यंजना है इस रूपक में। नावें दूर-दूर से बालू लादकर लाती हैं और तट पर उतार देती हैं। फिर वहां से ट्रक और बैलगाड़ियां उसे लाद कर आगे ले जाती हैं। कुछ दूर तक दोनों साथ-साथ जाते हैं। उसके बाद ट्रक सीधे शहर की ओर चले जाते हैं और झरते हुए बालू की लीक बनाती हुई बैलगाड़ियां चुपचाप मुड़ जाती हैं—सुदूर गांवों की ओर।

एक आदमी दिखता है। वह बकरियां चरा रहा है। सोचता हूं, उस स्तम्भ के बारे में पूछूं। पर अटपटा लगता है। इसलिए चुप रह जाता हूं। फिर एक और आदमी दिखता है। वह पहलवान जैसा लगता है। सोचता हूं, इससे क्या पूछना? दया आती है—पता नहीं खुद पर या उस पहलवान जैसे आदमी पर? जो अगला आदमी मिलता है, वह जरा भरोसे का दिखता है। सुर्ती का गट्ठर पीठ पर बांधे वह बाजार की ओर लपका जा रहा है। इन्तजार करता हूं कि वह रुके तो पूछूं। पर वह रुकता नहीं, इसलिए मैं आवाज देता हूं—"भाई साहब! मुझे आपकी मदद चाहिए।" आदमी रुक जाता है। उसे लगता है, मैं किसी मुसीबत में हूं। जब नजदीक जाकर उससे उस स्तम्भ के बारे में पूछता हूं तो वह हंसने लगता है। जाहिर है, उसे इस तरह के सवाल का सामना पहली बार करना पड़ रहा है। वह बताता है कि वह लाल ईंटों वाला खम्भा बहुत पुराना है। वह 'खम्भा' ही कहता है—स्तम्भ उसकी भाषा का शब्द नहीं। पर दुनिया मेरे लिए सिर्फ भाषा का सवाल नहीं है। इसलिए इस शब्द-परिवर्तन को चुपचाप स्वीकार कर लेता हूं। मुझे उन लोगों से ईर्ष्या होती है, जो दुनिया के सारे सवालों को भाषा के सवालों में घटा लेते हैं। वह खम्भा कितना पुराना है, यह पूछने पर वह कुछ सोच में पड़ जाता है। जहां काल का अनन्त प्रवाह हो, वहां दिन, महीना, साल और सदियां कैसी? उसे कुछ भी याद नहीं। हां, इतना वह जरूर बताता है कि उस लाल ईंटों वाले खम्भे को किसी अंग्रेज अफसर ने बनवाया था—शायद अपनी मृत पत्नी की याद में। तब से वह वहां उसी तरह खड़ा है—इस कस्बे की स्मृति में गहराई तक धंसा हुआ।

जो भी हो, देखता हूं कि स्तम्भ जगह-जगह से क्षत-विक्षत हो जाने के बाद भी सुन्दर है। शायद यही बात उसे बचाये हुए है। हमले उस पर कई हुए—सिर्फ आंधी-तूफान और भूकंम्प के हमले ही नहीं। लोगों की क्रुद्ध भीड़ के हमले भी। सन् 42 में उस पर जनाक्रोश का पहला हमला हुआ। पर न जाने कैसे वह बच गया। शायद उसकी सुन्दरता ने ही उसे बचा लिया हो। दूसरा हमला अभी कोई 15-20 साल पहले हुआ था, जब युवकों की एक टोली ने निश्चय किया कि उसे हथौड़ियों से क्षत-विक्षत कर डाला जाय—क्योंकि वह इस कस्बे को बार-बार अपनी गुलामी के दिनों की याद दिलाता है। पर इस बार स्तम्भ की सुन्दरता नहीं, स्वयं कस्बे के लोग बीच में आ गये। उन्होंने युवकों से कहा—"भैया, इसे क्यों तोड़ते हो। बस चुपचाप खड़ा ही तो है। किसी का कुछ बिगाड़ता तो नहीं।"

इस तरह स्तम्भ फिर बच गया। अबकी लोगों के भीतर की सुन्दरता ने उसे बचाया।

सो स्तम्भ टूटने से बच गया। बच गया, इसलिए खड़ा है। अब इस कस्बे में वह उसी तरह है, जैसे नदी बह रही है, बकरियां चर रही हैं, और लोग अपनी गठरियां लिए घर वापस जा रहे हैं। कस्बे की यह नागरिकता जो उसे मिली है वह यों ही नहीं मिल गयी है। लम्बे समय तक कस्बे के बाहर उसे एक टांग पर खड़े रह कर इसका इन्तजार करना पड़ा है—जैसे एक कलाकृति को कालजयी होने के लिए गहरी पीड़ा और अपार धैर्य के साथ लम्बा इन्तजार करना पड़ता है।

नावें बालू उतारकर वापस जा रही हैं। स्तम्भ को कहीं नहीं जाना है। वह यहां की मिट्टी और हवा को छोड़कर जा भी कहां सकता है? हां, मेरी बस जाने के लिए तैयार जरूर हो गयी है। मुझे भी जाना होगा।

जब बस में बैठता हूं तो स्तम्भ का उठा हुआ मस्तक फिर दिखाई पड़ता है। मुझे उस दुकानदार के शब्द याद आते हैं—

"भैया, दुकानदार आदमी हूं। इतिहास—पुराना नहीं जानता। पर आते-जाते वह लाल-लाल इंटों वाला खम्भा दिख जाता है तो अच्छा लगता है।"

जो अच्छा लगता है, वह चुपचाप वहां रहे, इसमें हर्ज क्या है?

['पूर्वग्रह' से साभार]

प्रतिबद्धता केवल विचार नहीं है

प्रतिबद्धता का प्रश्न नया नहीं है। पिछले दस-पन्द्रह साल से इस पर विचार होता रहा है। शुरू में 'प्रतिबद्धता' शब्द के प्रति कहीं कोई झिझक रही भी हो तो अब वह लगभग समाप्त हो गई है। यह इस बात का सबूत है कि पिछले डेढ़-दो दशकों में हमारे सोचने-विचारने के तरीक़े में महत्वपूर्ण परिवर्तन हुआ है। इस परिवर्तन का सीधा असर हमारी सोचने की भाषा पर पड़ा है। प्रतिबद्धता उसी बदली हुई भाषा का एक रूप है—लेकिन वह सिर्फ भाषा का एक रूप नहीं है। अन्य बातों को छोड़ भी दें तो इतना साफ है कि प्रतिबद्धता का वही अर्थ नहीं है जो सामान्यतः हम 'आस्था' शब्द से लेते हैं। ये दो अलग-अलग ऐतिहासिक सन्दर्भों से जुड़े हुए मूल्य हैं, जो एक-दूसरे के पर्याय नहीं हो सकते। आस्था एक विश्वास-मूलक प्रत्यय है, जबकि प्रतिबद्धता एक ऐसी बौद्धिक अवधारणा, जिसका रुख कर्म की ओर है। कृष्ण या राम के प्रति सूर या तुलसी के प्रेम की जो एकनिष्ठ घोषणा है, उसे अलंकारिक रूप में चाहे कोई प्रतिबद्धता कह ले, पर इस शब्द को जो एक ऐतिहासिक अर्थ मिल गया है, उसके अनुसार वह प्रतिबद्धता नहीं है।

आज के सन्दर्भ में एक लेखक या कलाकार के निकट प्रतिबद्धता उसकी कला का राजनीतिक आयाम है। यह कला पर लगाया जाने वाला कोई अंकुश या 'सेंसर' नहीं, बल्कि हमारे समय के यथार्थ की ओर खुलने वाला एक ऐसा दरवाजा है जो कला की अन्तर्निहित शक्ति और उसकी सम्भावना को विशालतर बनाता है। एक ऐसे समय में जब मानव विरोधी शक्तियों और पूरी व्यवस्था की महीन मार कला को धीरे-धीरे निष्क्रिय और निष्प्राण बना देने पर तुली हो तो उसको बचाये रखने का शायद यह एकमात्र तरीका है। हां, यह जरूर है कि एक प्रतिबद्ध लेखक की रचनात्मक चुनौतियां कई गुना बढ़ जाती हैं। क्योंकि अन्ततः उसकी प्रतिबद्धता आकार पाती है शब्द के द्वारा और शब्द से सामना होते ही लेखक एक बिल्कुल नये किस्म के संघर्ष में प्रवेश करता है जिसकी हार या जीत का निर्माता वह स्वयं होता है। इसका मतलब यह हुआ कि केवल प्रतिबद्ध होना कला की—उत्कृष्टता की गारंटी नहीं है। पर वह आज के विशेष सन्दर्भ में एक सृजनात्मक

दबाव जरूर है, जो कला को प्रेरित करता है कि वह चीजों के बदलते हुए सम्बन्धों के बीच अपनी नयी सार्थकता और संगति तलाश करे।

ऊपर जो कहा गया है, उसका एक सीधा अर्थ यह हुआ कि प्रतिबद्धता का कोई एक सार्वभौम अर्थ नहीं हो सकता। लेखक जिस खास आर्थिक, राजनीतिक और सांस्कृतिक परिवेश में रचना कर रहा है, उसकी प्रतिबद्धता का अर्थ उसी के द्वारा निर्धारित होगा। ऐसी स्थिति में अमूर्त—'मानव' या कोरी रचना के प्रति प्रतिबद्धता का कोई अर्थ नहीं रह जाता। एक भारतीय लेखक की प्रतिबद्धता भारतीय जन की मुक्ति के लिए होने वाले संघर्षों में ही अपना आकार खोज सकती है। यह तीसरी दुनिया के लेखक की एक ऐसी नियति है, जिससे आंख बचाकर वह नहीं निकल सकता। यह अकारण नहीं है कि आज पूरे विश्व में कला (खास-तौर से कविता) अपने परम्परागत केन्द्रों से हटकर, उन देशों और समाजों में अपने लिए नये केन्द्र खोज रही है, जहां संघर्ष की गति अधिक तेज है—जैसे लैटिन अमेरिका या अफ्रीका के कुछ देश। भारत की स्थिति उन देशों से बहुत भिन्न नहीं है। इसलिए यहां के लेखक को भी कला के नये तत्वों की तलाश के लिए मुक्ति के लिए होने वाले वृहत्तर प्रयासों से किसी-न-किसी स्तर पर जुड़ना होगा। जाहिर है, लेखक जिस स्तर पर किसी वस्तु से जुड़ता है, उसका सबसे विश्वसनीय आधार उसकी संवेदना है। इसलिए इस तथ्य को अच्छी तरह समझ लेना चाहिए कि साहित्य में सच्ची प्रतिबद्धता वहीं जन्म लेती है, जहां कला लेखक की संवेदना और उसके वैचारिक झुकाव को एक विलक्षण जादुई सन्तुलन में बदल लेती है।

['अभिरुचि' से साभार]

अवध की मिट्टी और बनारस का गंगाजल

कवि त्रिलोचन से मेरी पहली भेंट कब हुई ठीक-ठीक याद नहीं। पर शायद यह तब की बात है जब मैं सातवीं या आठवीं में पढ़ता था। पर उनके निकट सम्पर्क में तब आया जब मैं इंटरमीडिएट का विद्यार्थी बना। यही वह समय था जब मैंने गीतों से हटकर मुक्तछन्द की अपनी पहली कविता लिखी थी, जिसे पहली बार त्रिलोचन को ही सुनाया। उस कविता पर उनसे पहली बार दाद मिली और साथ ही कुछ सुझाव भी। मेरे लिए उनके वे आरम्भिक सुझाव उस समय तो उपयोगी थे ही बाद के जीवन में भी मैं निरन्तर उनसे आलोक पाता रहता हूं। यहीं से त्रिलोचन लगभग मेरे काव्यगुरु बन गए। लेकिन अपने परिचय के इस आरम्भिक दौर का जिक्र एक विशेष प्रयोजन से कर रहा हूं। यह वही समय है (सन 40-41 के आस-पास) जब 'धरती' के कवि त्रिलोचन सॉनेट की ओर मुड़ते हैं। उन्हीं दिनों उन्होंने लिखा था—'इधर त्रिलोचन सानेट के ही पथ पर दौड़ा।' जिस गहरे आन्तरिक दबाव और भावोद्वेलन की अवस्था में उस दौर के सॉनेट लिखे गये थे, उसके लिए लिखना शब्द नाकाफी है। वस्तुतः यदि पुराने मुहावरे का इस्तेमाल करें तो कहना चाहिए कि वे 'उन' पर उतर आए थे। यह वह समय था, जब त्रिलोचन ने अंग्रेजी में एम० ए० करने का निश्चय किया था, जिसे वे पूरा न कर सके। पूरा न कर सकने के अनेक कारण थे—ठोस भौतिक कारण। पर इतने दिनों बाद मुझे लगता है कि शायद उसका सबसे बड़ा कारण त्रिलोचन का सॉनेट के पथ पर दौड़ पड़ना ही था। सॉनेट ने उन्हें उस बीच इस तरह से आविष्ट कर लिया था कि और कुछ सम्भव ही नहीं था।

मुझे उदय प्रताप कालेज के प्रथम छात्रावास की वह सुबह आज भी अच्छी तरह याद है, जब एक दिन अचानक साइकिल दनदनाते हुए शास्त्री जो पहुंचे थे। उनका इस तरह पहुंचना सर्वथा अप्रत्याशित नहीं था—आना तो उनका थोड़े-थोड़े अन्तराल पर अक्सर होता रहता था और हर बार एकदम निष्प्रयोजन। पर उस दिन व कुछ थके-थके से लग रहे थे—जैसे सारी रात जागकर आए हों। पूछने पर पता चला कि असलियत यही है। उन्होंने बताया कि वे लगभग भावावेश की अवस्था में सारी रात लिखते रहते थे और सुबह तक एक ही प्रवाह में बत्तीस

सॉनेट लिखे जा चुके थे। उनमें से अधिकतर सानेट 'उस जनपद का कवि हूं' नामक संग्रह में संकलित हैं। मुझे यदि आज भी चुनना हो तो त्रिलोचन के उन तीस-बत्तीस सॉनेटों को उनके लगभग एक हजार सॉनेटों के क्रम में सबसे ऊपर रखना चाहूंगा। इन्हीं सॉनेटों में से आठ चुने हुए सॉनेट अज्ञेय ने मासिक 'प्रतीक' में प्रकाशित किए थे। जहां तक मैं जानता हूं, व्यापक स्तर पर हिन्दी पाठकों का त्रिलोचन के सॉनेट के साथ यह पहला परिचय था या कहें तो पहली मुठभेड़।

त्रिलोचन के व्यक्तित्व में जितना अवध है उससे कम बनारस नहीं है। उनके व्यक्तित्व का जो स्थापत्य है, उसे आकार देने में अवध की मिट्टी और बनारस के गंगाजल दोनों का योगदान है। पर विडम्बना यह है कि बनारस के साहित्यिक माहौल में वे जब तक रहे, हमेशा एक अजनबी की तरह रहे। यह अपने ही घर में अजनबी होने की तरह था। सच्चाई यह है कि त्रिलोचन ने बनारस को घर की तरह प्यार किया है—एक ऐसे घर की तरह जिसमें उन्हीं के लिए जगह नहीं थी। सानेट के विस्फोट के जिस दौर का मैंने ऊपर उल्लेख किया है, भौतिक दृष्टि से वह त्रिलोचन के जीवन का सबसे संघर्षपूर्ण दौर भी था। इस संघर्ष का सबसे ठोस दस्तावेज तो स्वयं उनकी डायरी है, परन्तु उसकी सबसे तीव्र और तिलमिला देने वाली झलक उनके उस काल के सानेटों में ही मिलती है। 'भीख मांगते उसी त्रिलोचन को कल देखा' जैसी पंक्ति में कथ्य की जो निर्मम चोट है, उसमें केवल अनुभूति की प्रखरता ही नहीं, एक विलक्षण कलात्मक साहस भी है जो उस समय हिन्दी के लिए एक नई चीज थी।

त्रिलोचन के उन आरम्भिक सॉनेटों का उस समय क्या प्रभाव पड़ा था, इसका कोई लिखित साक्ष्य आज उपलब्ध नहीं है। पर एक बात अपने अनुभव से जानता हूं कि भाषा की जिस नई भंगिमा के साथ त्रिलोचन के वे सॉनेट आए थे, उसने उस काल के बहुत से नए कवियों को प्रभावित किया था। सॉनेट विधा की विजातीयता के बारे में बहुत कुछ कहा-सुना गया है। परन्तु जिस रोला छन्द में त्रिलोचन के सॉनेट ढाले गए हैं, उसकी ठेठ जातीयता या हिन्दीपन की ओर कम ध्यान दिया गया है। मुझे याद है कि जब मैंने पहली बार वे सानेट सुने थे तो एक नई सौन्दर्य दृष्टि के अलावा जिस चीज ने मुझे सबसे अधिक प्रभावित किया था, वह था रोला छन्द का सहज संगीतमय प्रवाह। शायद उसी सहज संगीत का जादू था कि मैंने त्रिलोचन के सॉनेटों के प्रभाव में स्वयं कुछ सानेट रच डाले थे—और यह सब कुछ बिल्कुल अनायास हुआ था। बिना इस पूर्वकल्पना के कि जो लिख रहा हूं वह सॉनेट है। मेरे वे सॉनेट 'तीसरा सप्तक' में संकलित हैं। अगर मैं भूलता नहीं तो उस समय कुछ सानेट नामवर जी ने भी लिखे थे, जिनमें से एक या दो 'कवि' पत्रिका में छपे भी थे। फिर मुझे यह भी याद है कि त्रिलोचन की उस नई काव्य सृष्टि ने पुराने और प्रतिष्ठित कवियों को भी अछूता नहीं छोड़ा था। कविवर सुमित्रानन्दन पन्त से जो मेरी पहली भेंट हुई थी, शायद 1943 में—तो उन्होंने बनारस की चर्चा के क्रम में त्रिलोचन के सॉनेटों का ही सबसे पहले उल्लेख किया था। उन्होंने एक

सॉनेट की दो पंक्तियों का खासतौर से उल्लेख किया था जो उन्हें याद रह गई थीं। 'स्त्री के लिए जान दे दी' इस पंक्ति से शुरू होने वाले उस सॉनेट की वे दो पंक्तियां इस प्रकार हैं—

"ऐसी भी क्या बात कि नारी यह बलि पाए
उसमें क्या है उसमें क्या है उसमें क्या है !"

पन्त जी की बात आई तो यहीं त्रिलोचन के आदर्श कवि निराला का भी जिक्र कर दूं। पन्त जी से मिलने के कुछ समय बाद मैं कवि त्रिलोचन के साथ दोबारा प्रयाग गया था। हम गए तो किसी और प्रयोजन से थे पर पाया कि निराला से भी मिलते चलें। जब हमने दारागंज वाली उस कोठरी में प्रवेश किया, जहां निराला रहते थे तो वहां लगभग अंधेरा था। महाकवि एक कोने में बैठकर चुपचाप इस तरह भोजन कर रहे थे, जैसे पूजा कर रहे हों। देर तक कोई बात नहीं हुई। जब वे भोजन कर चुके तो त्रिलोचन की ओर मुड़े और बड़े स्नेह से पूछा—'कब आए।' याद नहीं कि त्रिलोचन ने क्या उत्तर दिया। पर इतना याद है कि आजकल क्या लिख रहे हैं, यह पूछने पर त्रिलोचन ने सॉनेट का जिक्र किया था। उत्तर सुनकर महाकवि की आंखों में एक चमक आ गई थी—इतना स्पष्ट याद है।

त्रिलोचन के एक संग्रह का नाम है 'अरघान'। इस अरधान शब्द से मेरी पहली मुठभेड़ महाकवि की उस कोठरी में हुई थी। उसी भेंट के समय, जिसका जिक्र मैंने ऊपर किया है। वहां फर्श पर 'ज्योत्स्ना' नाम की पत्रिका पड़ी थी, जिसके प्रथम पृष्ठ पर निराला की कविता छपी थी। पहली पंक्ति थी 'अरघान की फैल।' मेरे लिए यह शब्द नया था और मैंने सोचा—क्यों न महाकवि से ही पूछ लूं। मैंने वही किया और उस पर कवि की जो फटकार सुनने को मिली, उसके शब्दों की गूंज कानों में अब तक भरी है। निराला जी का कहना था कि यह शब्द मेरी बोली यानी भोजपुरी में है, इसलिए मुझे जानना चाहिए। मैंने निवेदन किया कि 'अरघान' शब्द भोजपुरी में है ही नहीं। मैंने समर्थन के लिए जब त्रिलोचन की ओर देखा तो वे चुप। डांट खाकर जब मैं बाहर निकला तो उनसे पूछा कि आप इस तरह चुप्पी क्यों साध गए? बोले 'महाकवि से कौन हुज्जत करे। वैसे मैं जानता हूं, यह शब्द भोजपुरी में नहीं है। 'अरघान' ठेठ अवधी का शब्द है। इतने दिनों बाद मैंने त्रिलोचन के नए काव्य संकलन का नाम जब 'अरघान' देखा तो मुझे महाकवि की डांट याद आ गई और साथ ही त्रिलोचन की वह व्यंग्य भरी चुप्पी भी जिसने मुझे महाकवि की फटकार के सामने इस तरह निहत्था छोड़ दिया था।

त्रिलोचन की चर्चा बहुत हुई है, उनकी कविता पर बात कम। उनके समय ने, पता नहीं अपने-आप या जानबूझकर उनके कवि व्यक्तित्व को अब तक किंवदंतियों की ओट में ही रहने दिया है। उनकी कृतियों की सूक्ष्म ध्वनियों में निहित

जीवन-मूल्यों के आलोक में उसे देखने-परखने और विश्लेषित करने की कोशिश नहीं के बराबर हुई है। मुझे कभी-कभी आश्चर्य होता है कि इस विषम परिस्थिति में भी वह कौन-सी भीतर की ऊर्जा है, जो त्रिलोचन को निरन्तर रचनाशील बनाए रख सकी है ? जीवन के प्रति त्रिलोचन का गहरा राग शायद इस रहस्य को जानने की सबसे बड़ी कुंजी है। इसी के साथ पूरी भाव सम्पदा के समानान्तर आत्म-लोचन की एक गहरी और प्रखर दृष्टि का होना त्रिलोचन के कृतित्व की दूसरी विशेषता है, जो उन्हें बाहर और भीतर दोनों के आघातों से बचाती रही है। किसी भी व्यूह से त्रस्त न होने वाला कवि व्यक्तित्व ही इस तरह की निर्मम पंक्तियां लिख सकता है :

"नहीं हूं किसी का भी प्रिय कवि मैं
जरा देर से ही सही मुझे यह ज्ञात हुआ
आज मैं कृतज्ञ हूं
जाने-अनजाने हर किसी का
और यह हर किसी का व्यूह
मुझे त्रासता नहीं है।"

बात मैंने त्रिलोचन के जीवन में सॉनेट के विस्फोट के जिक्र से शुरू की थी। यहां इतना और जोड़ दूं कि अपने एक आरम्भिक सॉनेट में उन्होंने स्वयं अपने सॉनेट के फार्म की जैसी धज्जियां उड़ाई हैं, वैसा कोई कठोर-से-कठोर आलोचक नहीं कर सकता। मैं इसे त्रिलोचन को बहुत बड़ी ताकत मानता हूं। यही ताकत एक ओर उन्हें अदम्य साहस देती है तो दूसरी ओर अद्‌भुत वाक्-संयम और गहरी मानवीय करुणा भी। इसी के चलते सत्तर के होने पर भी वे चिरयुवा हैं। उनकी रचना और उनके व्यक्तित्व में जीवन का एक ऐसा छन्द है, जिससे नई पीढ़ी का हृदय छन्द कहीं-न-कहीं मिलता है।

['जनसत्ता' से साभार]

नये नाम के अनवरत अन्वेषण में

नामवर सिंह

केदारनाथ सिंह की कविताओं का संकलन 'अभी, बिल्कुल अभी' वहां खत्म होता है जहां से "न रास्ता कहीं मुड़ता है, न सड़कें कहीं जाती हैं।" और आलोचना वहीं से शुरू होती है, जहां कविता खत्म होती है।

कविता सड़क नहीं है। हो भी तो फिलहाल मुझे कहीं जाने की जल्दी नहीं है। चौराहे पर तैनात भी नहीं हूं कि रास्ता बताने की चिन्ता हो। लेकिन 'अभी, बिल्कुल अभी' की कविताएं हैं कि रह-रहकर उस चौराहे पर ले जाती हैं जो "मन की सारी राहें विवश छीन लेता है।" आगे 'प्रश्न-भरी मुद्रा का कुहासा' दिखायी पड़ता है जिसमें 'बहुत-से अधूरे पथ' हैं; लक्ष्यहीन मोड़ हैं; आकाश में उड़ती हुई 'दिशाहीन चिड़िया' है। इस पूर्व-परिचित चौराहे का इतिहास यह है कि यहीं से 'दिग्विजय का अश्व' भी गया है किसी अनजान पथ की ओर और 'झुटपुटे में' फिर कहीं बिला गया। फिर भी केदार के साथ यहां हम उस 'अनागत' की प्रतीक्षा करते हैं 'जो न आता है, न जाता है।' लेकिन यहां तक भी जो हम आ गये तो कौन ले आया ? प्रश्न, संशय, दुविधा, अनिश्चय, अस्पष्टता आदि का मिला-जुला बोध जगाना भी कुछ होता है या नहीं ? केदार की कविताएं यदि यह युग-बोध जगाती हैं तो यह भी एक उपलब्धि है। सार्थकता का एक सोपान यह भी है।

'लक्ष्यहीन मोड़', 'अनदेखी छापहीन राहें', 'अजन्मे पुल' वगैरह देखकर प्रायः कविताओं को अस्पष्ट कह दिया जाता है। शायद केदार की कविताएं भी कहीं-कहीं अस्पष्ट कही गयी हैं। स्वयं कहने वालों के मन में अस्पष्टता का अर्थ कितना स्पष्ट है, मुझे नहीं मालूम; किन्तु इतना तो स्पष्ट किया ही जा सकता है कि अस्पष्टता का बोध जगाना अस्पष्टता नहीं है। इसके बाद भी यदि अर्थ अस्पष्ट रह जाता है तो कविता के गद्यार्थियों (विद्यार्थियों नहीं) से निवेदन है कि चित्रों के

'अभी, बिल्कुल अभी' (कविता-संग्रह) : केदारनाथ सिंह

आनयन के लिए थोड़ा प्रयत्न करना पड़ता है—समझ में आने से पहले कविता श्रवण में आती है और नयन में भी !

कविता के लिए श्रवण हो तो शब्दों का संगीत भी अर्थपूर्ण हो सकता है और नेत्र हों तो अस्पष्ट लगने वाले चित्र की सूक्ष्म रेखाएं भी आकार धारण कर सकती हैं।

केदार के अस्पष्टता-बोधक चित्रों में ऐसी अनेक सूक्ष्म रेखाएं हैं जो बोध को विशेष अर्थ प्रदान करती हैं। उनके लक्ष्यहीन मोड़ों पर खिंचे हुए रोली के हलके इशारे हैं। 'दिशाहीन चिड़िया' के पर में 'आकांक्षा के जीवित रेशे' हैं। अनागत है तो 'हाथ उसके हाथ में आकर बिछल जाते' हैं। पुल अजन्मे हैं लेकिन हवाओं में तैरते हैं। अर्थ यदि भविष्य है तो केदार के लिए वह कोई काल्पनिक स्वप्न नहीं बल्कि वर्तमान के बीच उद्भासित होने वाली रेखा है। इस अनिश्चय में भी उन्हें इतना निश्चय तो है ही कि वह आस-पास यहीं-कहीं है—यहां तक कि 'हर नवागन्तुक उसी की तरह लगता है।'

इस प्रकार केदार का युग-बोध अनिश्चयवादियों से भिन्न है। अनिश्चयवादी संकट का नारा लगाते हैं, संक्रान्ति की घोषणा करते हैं, मूल्यों के अनिश्चय का प्रचार करते हैं। उनकी अस्पष्टता दूसरे प्रकार की है। वे अपनी दिमागी उलझन को सारे जमाने के नाम से चालू करना चाहते हैं, उन कविताओं में अस्पष्टता का पर्याय उलझन है : दिमागी उलझन जो शिल्प की सपाटता के बावजूद उलझन ही बनी रहती है। यह उलझन जो 'दर्द' पैदा करती है, पाठक में सिर-दर्द और कवि में दिल का दर्द। क्रमशः यह दर्द शब्दों की हद के पार चला जाता है और रहस्यवाद बन जाता है। यह मौन की अस्पष्टता है और, पाठक तो दूर किनार, स्वयं कवि के लिए भी अबूझ है।

इस मौन से केदार का मौन भिन्न है। वह सूर्योदय है जो किसी के लिए खाली गुलदस्ता है, तो किसी के लिए आघातहीन ताजा समाचार, लेकिन निस्सन्देह वह एक 'हलका-सा उत्तर है।' यह हलका-सा उत्तर इतना हलका है कि 'चुप' का भ्रम हो जाता है, लेकिन यह रहस्यवाद नहीं है। यह मौन अर्थपूर्ण होते हुए भी इतना सहज है कि बच्चे सुनते हैं, क्योंकि बच्चे इस जमाने के नये इन्सान हैं और इसलिए सचाई को सहज ही समझते हैं। बच्चों को इस मौन में भी शब्द सुनाई पड़ते हैं। इस प्रकार इस मौन में भी 'हर शब्द किसी नये ग्रहलोक में जन्मान्तर' है। कहां दर्द का रहस्यवादी मौन और कहां सूर्योदय के जन्मान्तर के शब्द !

अस्पष्ट यह हो सकता है लेकिन जमाना ही कुछ ऐसा है कि दो टूक साफ बात ही पहेली बन जाती है। सीधी बात का सामना करने के लिए नैतिक साहस की जरूरत होती है। सचाई कभी इस तरह सामने आती है कि एकबारगी सिर चकरा जाता है। बादलों से सहसा निकलकर सूरज आंखों को चौंधिया देता है। कविता में एक अस्पष्टता वह भी होती है जिसे बच्चे भी समझ लेते हैं और गहन विद्वान् चकरा जाते हैं, जैसे कि अंगरेजी के कवि ब्लेक तथा हिन्दी के कवि कबीर की कुछ

कविताएं !

केदार की कविताएं इतनी सहज नहीं हैं, क्योंकि वे नये कवि हैं; किन्तु नयी कविता के अर्थ-पथ पर कुछ दूर तक चलने वाले देख सकते हैं कि वे अपनी अस्पष्टता में भी सबसे अलग है; वैसे इस विषय पर अभी और विचार करने की आवश्यकता है।

नये भाव-बोध के नाम पर एक अरसे से खास तरह की 'दर्द की अनुभूति' का हवाला दिया जा रहा है, लेकिन नयी पीढ़ी की कविताओं के आलोक में दर्द की वह अनुभूति भी पुरानी हो गयी—यही नहीं बल्कि उनका 'परायापन' भी क्रमशः स्पष्ट होता जा रहा है। नवीनता का निरूपण भविष्य के सन्दर्भ में ही हो सकता हैं। नयी पीढ़ी के कवियों ने भविष्य के सन्दर्भ में वर्तमान का जो चित्र उपस्थित किया है, वह नवीन भाव-बोध की नयी परिभाषा है। हिन्दी कविता में यह पीढ़ी केदारनाथ सिंह के साथ है और इसमें केदार का योग सर्वाधिक है।

अपनी पीड़ा को अभिव्यक्त करना आसान है; अपने परिवेश में अपनी पीड़ा को व्यक्त करना कठिन है; और भविष्य के सन्दर्भ में अपने परिवेश के साथ अपनी पीड़ा का चित्रण करना उससे भी कठिन है। दायरे के विस्तार के साथ कवि-कर्म की जटिलता भी बढ़ती जाती है। इस आत्म-संघर्ष में नये-नये अनुभव होते हैं; नयी स्थितियों से साक्षात्कार होता है। अनुभूतियों के दायरे बदलते हैं; दायरे बनते हैं, टूटते हैं और फिर नये बनाने पड़ते हैं। समझौते भी किये जाते हैं और तोड़े जाते हैं। ये सब नवीन भाव-बोध के ही विविध पहलू हैं। कविता की सीमा में केदारनाथ सिंह ने इस अनुभव के कई चित्र उपस्थित किये हैं।

एकाकी कवि कभी अपने 'कमरे के दानव' से लड़ता है तो कभी झरोखे-रोशनदान और द्वार खोलकर 'अन्धड़ की प्रतीक्षा' करता है; कहीं 'जीने का दैनिक शर्तों पर हस्ताक्षर' करता है तो कभी क्रमशः सभी ओर से लौटकर 'अन्तरतम के किसी कोण पर झुका हुआ' समुद्री दस्तक सुनता है। ये तमाम चित्र उस मनःस्थिति के सूचक हैं जो अपने दायरे को तोड़कर व्यापक वास्तविकता का सामना करने की आकुलता जगाती है। यह सही है कि चित्रों का सौन्दर्य आंखों को आगे बढ़ने से रोक देता है और लोग मानने लगते हैं कि कवि में तीव्र अनुभूति की कमी है। लेकिन इन चित्रों की तह में वह धड़कती हुई धमनी है, शिराएं उप-शिराएं हैं जिनमें एक 'नीला पत्थर' छटपटा रहा है। इस दर्द के बाद भी कवि गाता है तो यह दर्द पर विजय है। पीड़ा की 'अभिव्यक्ति' पीड़ा पर विजय है। लेकिन कविता पीड़ा को 'व्यक्त' करने में है, 'अभिव्यक्त' करने में नहीं। परिपक्वता और भावुकता में यही अन्तर है। भावुक कवि पीड़ा को अभिव्यक्त करते हैं, प्रौढ़ कवि चित्रों में उसे व्यक्त करते हैं जो पाठक को अनुभूति-विकल कर देते हैं।

केदार की कविताओं को मासिक 'कवि' में प्रस्तुत करते हुए मैंने लिखा था कि केदार मद्धिम संवेगों के कवि हैं; लेकिन यह मेरा भ्रम था। वस्तुतः जैसा कि

वैलरी ने एक प्रसंग में कहा है, "कवि का कार्य काव्यात्मक स्थितियों को स्वयं अनुभव करना नहीं बल्कि दूसरों में उन्हें उत्पन्न करना है।" केदार में अनुभूति की जो कमी दिखायी पड़ती है वह इसलिए कि वे अपने विषय में यही आभास देते हैं और यह आभास उत्पन्न करना उनके काव्य-संयम का सूचक है। स्वयं को अनुभूति हीन दिखलाते हुए भी वे अभिप्रेत अनुभूति का प्रभाव उत्पन्न कर ले जाते हैं। इस प्रभाव का साधन है चुना हुआ यथातथ्य बिम्ब या चित्र। केदार भाव को अभिव्यक्त नहीं करते, बल्कि चित्र में व्यक्त करते हैं, जो आचार्य शुक्ल के शब्दों में 'विभावन व्यापार' है तथा इलियट की प्रसिद्ध संज्ञा 'ऑब्जेक्टिव कोरिलेटिव।'

केदार को यदि अपनी बेचैनी प्रकट करनी है तो वह यह नहीं कहेंगे कि मैं बेचैन हूं। वे एक बेचैन गति-चित्र प्रस्तुत करेंगे। जैसे—

"मुट्ठी में प्रश्न लिये
दौड़ रहा हूं वन-वन
पर्वत-पर्वत
लाचार!"

घबराहट, बेचैनी और आकुलता के चित्रों की संख्या केदार में सबसे अधिक है, जो उनकी मानसिक स्थिति को व्यक्त करने के साथ ही सम्भवतः इस युग की सामान्य 'बेचैनी' को भी चित्रित करती है। यह बेचैनी उनकी काव्य-लय के माध्यम से व्यक्त होती है जिससे लय को एक विशिष्ट गति प्राप्त हो गयी है और जो कहीं भी पहचानी जा सकती है।

इस बेचैनी की विशेषता यह है कि यह रचनात्मक है। पर्वत-पर्वत वन-वन दौड़ने वाले शिशु की बेचैनी यह है कि "मैं अपना नन्हा गुलाब कहां रोप दूं।" यहां भी केदार की बेचैनी दर्दवादियों की निरर्थक बेचैनी से भिन्न है।

रचनात्मक आकांक्षा की विशेषता यह है कि दर्द के आत्मघाती प्रभाव से कवि को बचाती है। इससे कवि का सौन्दर्य-बोध कुण्ठित नहीं होने पाता और जीवन तथा प्रकृति की रूप-तरंगों तक उसकी दृष्टि का अबाध प्रसार सम्भव होता है। आकस्मिक नहीं जो केदार ने नयी कविता को प्रकृति के इतने अछूते सौन्दर्य-चित्र दिये। उनकी कविता में 'पहले बौर की गन्ध' है, 'फलों पर चढ़ते सुनहरे रंग' हैं, 'चिड़ियों के धूप गन्धी पंख' हैं, 'अभी-अभी धुले नये चावल का गन्ध भरा पानी' है, 'हल्दी के पानी-सी फैली जल हंसी' है, 'बनसुग्गों की पांखें' हैं; और 'धूप का गुच्छा' जो उन्होंने फेंका है उसे तो बहुतों ने अपना आभूषण ही बना लिया है।

ये चित्र विकसित सौन्दर्य-बोध के सूचक हैं और इनकी सामर्थ्य उसी कवि में हो सकती है जो "खुली संवेदना से दिशाओं को सूंघकर पहचान" सकता हो।

केदार के सौन्दर्य-चित्रों में एक ओर ताजगी और टटकापन है तो दूसरी ओर सूक्ष्म सौन्दर्य-बोध-सूचक पंख-जैसे हलके हाथों की कला है। शुरू में रंगों की शोखी

जरूर ज्यादा थी और शायद रंग भी कई आते थे लेकिन धीरे-धीरे रंग हलके होने लगे और रेखाओं में बारीकी आ गयी। चित्र क्या है कि "ओस भरे कांपते गुलाब की टहनी पर तितली के पंखों-सी सटी हुई धूप !" केदार झकझोरते नहीं बल्कि "हमको हलके कंपाते हैं।" एक हलका कम्प, एक हलका स्पर्श—यही उनकी अभिरुचि है और शायद यही उनका 'मिजाज !'

केदार की यह सुरुचि शब्दों के चयन और काव्य-संगीत में प्रकट हुई है। सुघड़ शब्द-योजना और लोचयुत लय—शब्द-योजना-द्वारा निर्मित लय तथा लय-द्वारा निर्धारित शब्द-योजना—उनकी विशिष्टता है। ऐसी शिल्प-सिद्धि नये कवियों में कम को ही प्राप्त हुई है। एक हद तक परम्परागत रूप-विधि का अनुशासन मानते हुए भी केदार ने नये रूप-प्रयोग का प्रयत्न किया है। गीत और मुक्त छन्द में समान सफलता केदार ही दिखला सकते हैं। लोक-बोली के शब्द भी उनके रचे-पचे आते हैं। "दूरगन्धी तिथि" और "जल-हंसी" जैसे नवनिर्मित शब्द भी अटपटे नहीं लगते। अर्थ, सन्दर्भ, अस्तित्व, सम्भावना, ध्वान्त—जैसे गद्यक्षेत्रीय शब्दों को भी अनुभूतियों के सन्दर्भ में रखकर केदार ने काव्यात्मक रूप दिया है। जैसे—

"इस छोट जीवन के
अनगिनती
अनाघ्रात अर्थों तक
जाना है।"

अथवा

"सन्दर्भ से छूटे हुए
ये साथ मेरे तैरते से
घर, मुहल्ले, गांव।"

केदार उन दो-तीन कवियों में हैं जिन्होंने नयी कविता को चलने योग्य नये शब्द दिये हैं और जिन्हें सचमुच ही समकालीनों ने अपना लिया ! और अपनी पीढ़ी को शब्द देना मामूली बात नहीं है।

'अभी, बिल्कुल अभी' की कुछ कविताओं से पता चलता है कि केदार किसी नये मोड़ की ओर उन्मुख हैं। परन्तु 'अभी, बिल्कुल अभी' में इस परिवर्तन की रचना-प्रक्रिया-सम्बन्धी मानसिक स्थिति ही व्यक्त हुई है। "रचना की आधी-रात", "आत्मचित्र" आदि रचनाएं सूचित करती हैं कि कवि 'आत्म-सजग' हो गया है और अपने भीतर रूप-ग्रहण करने वाली रचना की एक-एक बारीकी का निरीक्षण कर रहा है। चाहें तो कह लें कि यह भी अनुभूति का एक आयाम है—बल्कि नया आयाम। परन्तु आत्म-सजगता के खतरे भी हैं; यदि आत्म-सजग कवि देर तक अन्तर्मुखी रह गया तो कविता नया मोड़ लेने की जगह अन्दर ही एक

दायरे का चक्कर लगाती रह सकती है। 'अर्थ-परिवर्तन की अबूझ प्रक्रिया' में जाकर कवि स्वयं अपने लिए तथा पाठकों के लिए भी अबूझ बन सकता है ! लेकिन मुझे पूरी आशा है कि केदार की 'आत्म-सजगता' जल्द ही यह दायरा भी तोड़ देगी। क्योंकि उन्होंने 'अपनी छोटी बच्ची के लिए' ही नहीं बल्कि व्यंजना-से नयी कविता तथा नयी वास्तविकता के लिए भी 'इससे भी सीधे, और इससे भी प्यारे, और इससे भी अर्थ-भरे किसी नये नाम के अनवरत अन्वेषण में', सारी आयु चुक जाने की प्रतिज्ञा की है !

['विवेक के रंग' से साभार]

"मनुष्य के लिये कबिता इतनी प्रयोजनीय वस्तु है कि संसार की सभ्य-असभ्य सभी जातियों में, किसी-न-किसी रूप में, पाई जाती है। चाहे इतिहास न हो, विज्ञान न हो, दर्शन न हो पर कविता का प्रचार अवश्य रहेगा। बात यह है कि मनुष्य अपने ही व्यापारों का ऐसा सघन और जटिल मण्डल बांधता चला आ रहा है जिसके भीतर बंधा-बंधा वह शेष सृष्टि के साथ अपने हृदय का सम्बन्ध भूला-सा रहता है। इस परिस्थिति में मनुष्य को अपनी मनुष्यता खोने का डर बराबर बना रहता है। इसी से अन्तःप्रकृति में मनुष्यता को समय-समय पर जगाते रहने के लिये कविता मनुष्य जाति के साथ लगी चली आ रही है और चली चलेगी। जानवरों को इसकी जरूरत नहीं।"

☐ आचार्य रामचन्द्र शुक्ल

जो मेरे यकीन को अब भी बचाये हुए हैं

विजय कुमार

केदारनाथ सिंह के पिछले संग्रह 'जमीन पक रही है' और अब 'यहां से देखो' की कविताएं पढ़कर यह स्पष्ट रूप से महसूस होता है कि कवि का मूलभूत रूमानी काव्य व्यक्तित्व बदली हुई परिस्थितियों में उसकी कमजोरी बनकर नहीं, बलिक एक ऐसी ताकत बनकर आया है, जिसके तहत वह मनुष्य की अपने चारों ओर की दुनिया में सहज दिलचस्पी, वस्तुओं में रचने-बसने की गहन रसिकता और इन्द्रिय संवेदना के भरपूर इस्तेमाल के रास्ते निकाल लेता है। 'जमीन पक रही है' की कविताओं में कवि ने इसी ऐन्द्रिकता के सहारे वस्तुओं और प्रकृति से साधारण मनुष्य के सम्बन्धों को इतना अधिक चमकदार और कसमसाहट से भरा हुआ दिखाया कि बहुतों को यह महसूस हुआ (स्वयं इन पंक्तियों के लेखक को भी प्रारम्भ में यही लगा था) कि केदार जी रोजमर्रा के परिचित संसार के रूखड़ यथार्थ.को कम, उसके विस्मय को अधिक रूपायित करते हैं। यूं यह शंका प्रथम दृष्टि में बहुत उचित भी है कि कहीं यह रागातमकता मनुष्य और उसके संघर्ष को ढक तो नहीं दे रही ? पर जरा गौर से विचार किया जाय और यह सवाल अपने आपसे पूछा जाय कि इधर की कविता में प्रगतिशीलता की एक बहुत ठोस और विश्वसनीय चेतना के विकसित हो जाने के बाद भी क्या अभी भी हम कविता में सामाजिक संलग्नता और वस्तुगत यथार्थ के उस आतंक से पूरी तरह मुक्त हो सके हैं, जहां यह लगभग मान लिया गया था कि समकालीनता का अर्थ मात्र सतही राजनीतिक यथार्थ और एक ऐसी तात्कालिकता है जहां स्थूल कार्य कारण भाव ही काव्यबोध है। सच कहा जाय तो केदारनाथ सिंह ने बीस वर्षों की अपनी काव्य साधना में इस इकहरे यथार्थ और एकरसता के खतरे का संभवत: अपने दूसरे किसी भी समकालीन कवि की अपेक्षा अधिक सजग रूप से सामना किया है, क्योंकि कविता में निरन्तर एक ऐन्द्रिक संसार को घटित करने के अपने खतरे हैं और यह कहना बड़ा मुश्किल होता है कि कवि कब इस ऐन्द्रिकता के सहारे इस दिन-प्रतिदिन के संसार के बीच रहने की हमारी मूलभूत शक्ति को अधिक तीव्र करेगा और

कब इस संसार की कठोर सच्चाइयों के प्रति हमारे बोध में एक मोहकता बिछा देगा।

केदार जी की इन कविताओं में यदि खालिस ऐन्द्रिकता होती तो कोई महत्व-पूर्ण बात न थी (इस खालिस ऐन्द्रिकता का एक 'रैटारिक' इधर की ढेर सारी युवा कविता में विकसित हुआ है), पर उन्होंने इस ऐन्द्रिकता से वस्तु और मनुष्य के सम्बन्धों के बीच एक ऐसी नाटकीयता निर्मित की जो गतिशील है, और जो दैनंदिन जीवन की साधारण-सी दिखती क्रियाओं को आज के मनुष्य के अस्तित्व की समस्त जटिलताओं से जोड़ती है। इन कविताओं में 'रोटी' या 'बैल' या 'आग' का अर्थ मनुष्य की समस्त भावशीलता, कर्म और स्वप्न संसार से आकर जुड़ता है। आज की जिस शोषक समाज व्यवस्था में हम जी रहे हैं वहां नियामक शक्तियां वस्तु के मात्र एक अर्थ-उपभोग को ही मौजुद रहने दे रही हैं और यह उपभोग वस्तु श्रमजीवी मनुष्य के काम की सामाजिक प्रकृति को छिपा रही है। उपभोग मूलकता उत्पादकों और उनके श्रम की समष्टि के बीच के रिश्तों को ऐसे सामाजिक संबंध के रूप में उपस्थित कर देती है जिनका अस्तित्व उनके अपने बीच से नहीं, बल्कि उनके उत्पादनों के बीच हो। यहां विस्तार से बताने की आवश्यकता नहीं कि वस्तु के मात्र विनिमय मूल्य के महत्वपूर्ण रह जाने से श्रमजीवी मनुष्य का भी पदार्थी-करण होता है और श्रम की समूची प्रक्रिया में उससे एक बाहरी वस्तु जैसा व्यवहार किया जाता है। उत्पादन की प्रक्रिया में स्वयं को एक वस्तु मान लेना और इस दी हुई समझ का शिकार बनते हुए अपने ही संसार से एक कामचलाऊ और 'पैसिव' किस्म का रिश्ता बनाते चले जाना—यह एक ऐसी विसंगति है, जिससे भिड़ने का हर समर्थ कवि का अपना-अपना विशिष्ट तरीका होता है। स्वभावगत कोई भी प्रवृत्ति स्वायत्त रूप से प्रासंगिक या अप्रासंगिक नहीं होती, महत्वपूर्ण यह जानना होता है कि रचनाकार ने उसका इस्तेमाल कर किस प्रकार का काव्यबोध उपलब्ध किया है। केदारनाथ सिंह ने 'जमीन पक रही है' की कविताओं में दैनन्दिन जीवन की साधारण वस्तुओं का जो 'आश्चर्यलोक' उपस्थित किया है उसे यदि इस सन्दर्भ में देखा जाय तो हमें पता चलता है कि रूमानियत का भी आज के सन्दर्भ में कैसा सार्थक इस्तेमाल किया जा सकता है।

कवि के सद्य प्रकाशित संग्रह 'यहां से देखो' में एक कविता 'टूटा हुआ ट्रक' कुछ इसी प्रकार की है, जिसमें वस्तु की भौतिक सत्ता के कामचलाऊ अर्थ को पहली दो पंक्तियों में ही बहुत पीछे छोड़ दिया गया है। यहां भाषा एक गजब का व्यवहार करती हैं। तमाम साधारण चीजों की हरकतें कैसे एक बड़े दृश्य फलक में अपना हिस्सा मांगती हैं, इसे कवि देखता है—

"मैं देख रहा हूं
एक छोटी-सी लतर
स्टीयरिंग की ओर बढ़ रही है
एक जरा-सी पत्ती

भोंपू के पास झुकी है
जैसे उसे बजाना चाहती हो
एक बहुत महीन और बेआवाज-सी ठोंक-पीट
लगातार जारी है समूचे ट्रक में
कोई नट खोला जा रहा है
कोई तार कसा जा रहा है
टूटा हुआ ट्रक
पूरी तरह सौंप दिया गया है
घास के हाथों में।"

('टूटा हुआ ट्रक')

इस कविता को पढ़ने के बाद यह विश्वास और दृढ़ होता है कि काव्यानुभव को कोई एक चीज समकालीन नहीं बनाती। इस कविता में हमारे समय के यथार्थ की कोई परिचित भंगिमा नहीं है फिर भी चीजों के देखने और जानने के औसतीकरण से भिड़ना ही यहां एक सार्थक हस्तक्षेप है। कवि अपनी काव्य संवेदना के अनुरूप बहुत बड़े शोर के बीच पिछले दरवाजे से चुपचाप प्रवेश कर शांत चीजों का नोट लेते हुए यथार्थ की एक समानान्तर प्रक्रिया का विस्फोट करता है। ट्रक जब खड़ा है तो यह उपभोगमूलक संस्कृति वाली दुनिया के बीच एक ठहरा हुआ समय है या दूसरे शब्दों में कहें कि यथार्थ जगत की दो स्थूल क्रियाओं के बीच अचानक एक सुरक्षित रह जाने वाला अन्तराल है। केदारजी अक्सर यथार्थ जगत में ऐसे अन्तराल ढूंढ़ते हैं। जिस वस्तु को हम उपस्थित देख रहे हैं उस पर उसके विगत का एक भयावह रूप लदा है। भविष्य में भी पुनः इस्तेमाल किए जाने की प्रक्रिया मे उसका अर्थ संकुचन हो जायेगा पर इन दो परिस्थितियों के बीच ट्रक की एक और सत्ता है। यहां इस ठहरे हुए समय में तमाम चीजों से उसके सम्बन्ध बन रहे हैं, जिनका एक अर्थ है। यहां यदि हम ट्रक को एक प्रतीक के रूप में न भी लें तब भी यह है कि बात एक ऐसी संवेदन-दृष्टि की है जो वस्तुओं से पेश आने की एक दी हुई समझ को 'ट्रासेंड' करती है।

'जमीन पक रही है' की कविताओं में यदि मनुष्य के दैनन्दिन संसार में उसकी अस्तित्वगत जरूरतों और प्रकृति तथा वस्तुओं से बनने वाले गहन सम्बन्धों की दुनिया थी तो 'यहां से देखो' में अपने निकट संसार से सहज, खुला और अनायास संवाद है। अनायास शब्द पर जोर देना चाहूंगा क्योंकि इन कविताओं में अपने आसपास की दुनिया में वस्तुओं और मनुष्यों तक बहुत मुक्त होकर जाने की इच्छा है। मनुष्य की जीवन शक्ति के होने और अन्ततः सभी प्रतिकूलताओं पर उसके विजयी होने में कवि की आस्था इतनी सहज और पुख्ता है कि इस संग्रह की अधिकांश कविताओं में अभिव्यक्ति की उस वक्रता को भी त्याग दिया गया है, जो

पिछले संग्रह की कविताओं में हर जगह है। कवि की आस्था का एक निबन्ध पर साथ ही सधा हुआ और सहज मन को छू लेने वाला स्वर दृष्टव्य है—

"मुझे विश्वास है/यह पृथ्वी रहेगी/यदि और
कहीं नहीं तो मेरी हड्डियों में/यह रहेगी
जैसे पेड़ तने में/रहते हैं दीमक/जैसे दाने
में रह लेता है घुन/यह रहेगी—प्रलय के
बाद भी मेरे अन्दर।"

('पृथ्वी रहेगी')

आज की कविता में यह एक दुर्लभ किस्म का सरल संवाद है। आस्था का यह मर्म यहां जनजीवन से इतने सघन और प्रत्यक्ष जुड़ाव पर खड़ा है कि मात्र उसके आधार पर ही बात को इतने बेसजावटी ढंग से कह देने का साहस जुटाया जा सकता है।

"सचाई यह है कि सारे माहौल में/
सिर्फ यह धूल है/सिर्फ इस धूल का
लगातार उड़ना/जो मेरे यकीन को अब भी
बचाए हुए है/नमक में/और पानी में/और
पृथ्वी के भविष्य में/और दन्तकथाओं में।"

('कस्बे की धूल')

हमारी आधुनिक कविता में इस तरह की कोशिशें बहुत कम हुई हैं जहां साधारण मनुष्य के संसार में, उसके संघर्ष और सुख-दुःख में रचनाकार की मानवीय दिलचस्पी इस हद तक उत्कट और सहज हो जाय कि वैचारिक तत्व इस दिलचस्पी में ही पूर्णतः घुल जाएं, उस पर बोझ बनकर न लदें। 'पानी से घिरे हुए लोग' कविता में कवि का लक्ष्य भारत की शोषित ग्रामीण जनता की विपदा का बखान करना नहीं, बल्कि संघर्ष करने और जिन्दा रहने की उसकी असीम शक्ति में विश्वास प्रकट करना है—

"पानी से घिरे लोग/प्रार्थना नहीं करते
वे पूरे विश्वास से देखते हैं पानी को
और एक दिन/बिना सूचना के/खच्चर
बैल या भैंस की पीठ पर/घर असबाब
लादकर/चल देते हैं कहीं और।"

कवि कविता को ठीक वहां से आरम्भ करता है जहां इस साधारण जन की छोटी-छोटी हरकतें कवि के मन्तव्य को प्रकाशित करती चलें। एक 'पोएटिक आब्जेक्विविटी' में ही सब कुछ स्पष्ट होता चला जाय, कवि अपनी ओर से कविता पर कुछ भी न आरोपित करे। सम्भवत: यही कारण है कि केदारनाथ सिंह के काव्यानुभव में उनके निजी सन्दर्भ न के बराबर होते हुए भी उनका काव्यजगत विश्वसनीय लगता है।

"मगर पानी से घिरे लोग/शिकायत नहीं करते / वे हर कीमत पर / अपनी चिलम के छेद में/कहीं न कहीं बचा रखते हैं/थोड़ी-सी आग" कहना न होगा कि 'आग' केदार जी का सुपरिचित प्रतीक है और यह दूसरी भी बहुत-सी कविताओं में जीवन शक्ति, आस्था और विश्वास की ओर इशारा करता रहता है। इस कविता में आगे पंक्तियां हैं—"वे जला देते हैं/एक टुटही लालटेन/टांग देते हैं किसी ऊंचे बांस पर/ताकि उनके होने की खबर/पानी के पार तक पहुंचती रहे।" यहां युवा कवि अरुण कमल की यह टिप्पणी याद आती है कि "यह कविता सिर्फ जीवन शक्ति ही नहीं, उसके सामाजीकरण की इच्छा को भी व्यक्त करती है ('आलोचना' अक्तूबर-दिसम्बर 1983) केदार जी की इस कविता में एक जन समुदाय की छोटी-छोटी क्रियाओं के रूप इतने ठोस और अर्थगर्भित ढंग से सामने आए हैं कि यहां व्यक्तियों के समूह को एक हद तक जाति वाचक संज्ञा में बदल देने के बावजूद यह समूह अनाम और अरूप भीड़ नहीं बनता।

यहां जानना होगा कि केदार जी इस साधारण जन की जीवन शक्ति में इतनी गहरी आस्था रखने के बावजूद क्रान्ति की किसी भी रूमानी धारणा से साफ बचते हैं। वे जानने हैं कि हमारे समाज में इस वक्त का एक बौद्धिक और एक वास्तविक कार्यकर्ता के बीच सामाजिक बदलाव की धारणा को लेकर कितना बड़ा अन्तराल है—"मुझे थाने से चिढ़ है/मैं थाने की धज्जियां उड़ाता हूं/मैं उस तरफ इशारा करता हूं/जिधर पुलिस कभी नहीं जाती/मैं उस तरफ इशारा करता हूं/वह धीरे से हंसता है/और मेरी मेज पर रखी किताबें/हिलने लगती हैं/मेरे सारे शब्द और अक्षर/हिलने लगते हैं।" बदलाव को लेकर इसी मध्यमवर्गीय असलियत का किंचित विडम्बनापूर्ण चित्रण एक दूसरी कविता में करते हैं—"सुबह हुई/और उसने सोचा/दुनिया बदलने से पहले/मुझे बदल डालनी चाहिए अपनी चादर/जो कि मैली हो गई है।" ('मध्यवर्गीय साखी')

कवि जानता हैं कि वर्तमान स्थितियों में श्रेयस्कर यही है कि समय और परिस्थिति के बारे में अपनी समझ को उन छोटे-छोटे मामूली से दिखाई पड़ने वाले सन्दर्भों से जोड़ा जाय जिनमें व्यापक राजनीतिक आशय और अकथ मानवीय पीड़ा छिपी हुई है। 'सन् 47 को याद करते हुए' नूर मियां का सन्दर्भ एक ऐसा ही पीड़ाजनक सन्दर्भ है। विभाजन की त्रासदी साधारण व्यक्ति के जीवन में किस प्रकार घटित होती है इसका बड़ा संवेदनशील चित्र कविता में उभरा हैं—"तुम्हें याद है मदरसा/इमली का पेड़/इमामबाड़ा/तुम्हें याद है शुरू से आखिर तक उन्नीस

का पहाड़ा/क्या तुम अपनी भूली हुई स्लेट पर जोड़ घटाकर/यह निकाल सकते हो/कि तुम एक दिन अचानक तुम्हारी बस्ती/क्यों चले गए थे नूर मियां।" यह तो एक स्पष्ट-सा सन्दर्भ हुआ। कवि कई कविताओं में स्थितियों के उन गूढ़ार्थों तक भी पहुंचा है, जिनसे जुड़ने की सुविधा आज की जीवन पद्धति और उनसे निकली संवेदना दे नहीं रही है। जीवन में जो छू नहीं पा रहा है, जो क्रमश: छूट जा रहा है उसे स्वाभाविक मान लेने के विरुद्ध कवि की बेचैनी दृष्टव्य है—"जो जरूरी है/उसकी एक अनन्त सूची/रखी है मेरे सिरहाने/क्या मैं उठूं/और जोर-जोर से पढ़ना शुरू करूँ/तीन बजे रात में।" इसी कविता में यह बेचैनी आगे की पंक्तियों में एक मूर्त रूप ले लेती है—"ऐसा क्यों है/कि जब सारा शहर सो रहा है/तो एक अकेला आदमी/सबकी नींद की हिफाजत में/सड़कों पर/गलियों में/सीटी बजाता है।" ('सीटी') असम्बद्ध बना दी गयी चीजों के अन्तसूत्र ढूंढ़ने की यह छटपटाहट दूसरी कविताओं में भी है—"क्या मैं समझ पाऊंगा/बैलगाड़ी और बाजार का/धूल भरा रिश्ता/यह दुनिया मुझे क्यों अच्छी लगती है/क्या यह जानने का कोई उपाय/है मेरे पास" ('कुछ सवाल अपने से')। जड़ होती संवेदना और चीजों के विकृत रूप को स्वाभाविक मान लेने की स्थिति के खिलाफ बेचैनी एक अन्य कविता में दृष्टव्य है—"पूछो/चाहे जितनी बार पूछना पड़े/चाहे पूछने में जितनी तकलीफ हो/मगर पूछो/पूछो कि गाड़ी कितनी लेट है" ('पानी एक रोशनी है')। पूछने की क्रिया पर निरन्तर बलाघात और उसे एक जिद में बदल देने का यह आग्रह देखने लायक है। 'हमले के बाद पैरों को खोजते लहूलुहान जूते', 'थाने पर बुलाया गया एक और कोई चेहरा', 'टुटही लालटेन को किसी ऊंचे बांस पर टांग देने वाले पानी से घिरे लोग', 'तीन बजे रात में सीटी बजाता अकेला आदमी', 'पानी गिरने के डर से भागे जाते लोग', 'रुकी हुई गाड़ी में प्रतीक्षारत लोग', 'कराहती हुई स्त्री', 'मशीन चलाता दर्जी', 'स्कूल जाते नंग-धड़ंग बच्चे', 'रात भर सुई और तागा चलाती बूढ़ी मां', 'शीतलहरी में कोयला ढूंढ़ता बूढ़ा', 'रायगढ़ बाजार में सुर्मा बेचकर सबसे अन्त में लौटने वाले नूर मियां'—ऐसे पचासों बिम्ब इन कविताओं में हैं जिनमें आज के औसत भारतीय जीवन की विडम्बना के सन्दर्भ हैं साथ ही इस विडम्बना को सहज स्वाभाविक मान लेने की समझ के खिलाफ कवि की बेचैनी भी।

प्रकृति केदारनाथ सिंह के लिए अलग से देखा जाने वाला अनुभव संसार नहीं है, बल्कि इस संसार में प्रवेश करना परिवेश और मनुष्य के रिश्ते की 'हारमनी' को ढूंढ़ना या उसे न पाने की करुणा को जानना है। प्रकृति अलग-अलग तरह से कई कविताओं में आई है। "मेह बरसने के बाद खेत में एक टूटे हुए हल को चिड़िया द्वारा बार-बार अपनी चोंच से उठाने की कोशिश" कवि के लिए एक अद्भुत दृश्य है। यह एक आश्वासन है कि जनहित में हर जगह एक कोशिश जारी है, कहीं कुछ सार्थक और रचनात्मक घट रहा है। बिना आस्था के इस तरह का सूक्ष्म सौन्दर्य-बोध पकड़ पाना असम्भव है।

इसके विपरीत 'वापसी' कविता में शहर में एक पक्षी का नाम याद न रख पाने जैसी स्थिति का भान एक 'शॉक' है। यह इस आतंक को जानना है जो अपनी ही जमीन से कटते चले जाने के आकस्मिक एहसास से पैदा होता है। "क्या नाम है उसका/खंजन/टिटहरी/नीलकंठ/मुझे कुछ भी याद नहीं/मैं कितनी आसानी से भूलता जा रहा हूं/पक्षियों के नाम/मुझे सोचकर डर लगा।" 'बसन्त का आगमन भी शहर में पटरी पर चलते हुए बहुत सारे बरस गंवा देने के दुःखद एहसास को तीव्र करता है। प्रकृति की स्वाभाविक, धीमी, अर्थगर्भित लय को एक समूचे लोक जीवन के मिजाज में वे 'बनारस' कविता में बड़ी कुशलता से पकड़ते हैं—"इस शहर में धूल/धीरे-धीरे उड़ती है/धीरे-धीरे चलते हैं लोग/धीरे-धीरे होती है शाम।"

'बनारस' एक बड़े कैनवस की कविता है जो वस्तुगत और मिथकीय दोनों प्रभावों को एक ही समय में इतने सुगुम्फित रूप में ढोती है कि उसकी अनायास लयात्मकता कविता के सामान्य पाठक को भी घेर सकती है। एक जाति की समग्र जीवन पद्धति, उसके अन्तर्विरोधों, उसके विश्वासों और स्मृतियों को काल और 'स्पेस' की अनन्तता में गहन अनुभूति से पकड़ने वाली इस कविता में इतना संवेग है कि पाठक अर्थ की गहनता तक शायद तुरन्त न भी पहुंचे, पर कविता में पंक्ति दर पंक्ति फैलते वातावरण की विशिष्ट लय से आविष्ट हो जाता है—

"कभी सई सांझ/बिना किसी सूचना के/घुस जाओ इस
शहर में/कभी आरती के आलोक में/इसे अचानक देखो/
अद्भुत है/इसकी बनावट/यह आधा जल में है/आधा शव
में/आधा नींद में है/आधा शंख में/अगर ध्यान से
देखो/तो यह आधा है/और आधा नहीं है।"

इस कविता की एक विशेषता यह है कि मनुष्यों का प्रत्यक्ष हवाला न देकर भी मनुष्यों से भरे एक स्थान विशेष की अन्दरूनी धड़कन को वहां उपस्थित तमाम वस्तुओं और प्रसंगों समेत पकड़ लिया गया है। किस तरह ये तत्व परिवेश में डिजाल्व होते हुए एक समग्र प्रभाव रचते हैं—इसे देखना बहुत दिलचस्प अनुभव है। केदारजी ऐसी विषय वस्तु में रमने की पूरी छूट लेते भी दिखते हैं पर आश्चर्य है कि इस स्वभाव की कविता उनके यहां और नहीं है।

जैसा कि हमने प्रारम्भ में भी कहा केदारजी की इन सभी कविताओं की एक बड़ी विशेषता उनका असाधारण रूप से खुला होना है। यद्यपि सामान्य-सी हरकतों और प्रसंगों में एक बड़ा काव्यार्थ पैदा करने के लिए वे अब भी अपनी पंक्तियों में जहां-तहां कुछ अप्रत्याशित अन्तराल छोड़ते हुए उसे नाटकीय बनाते हैं पर फिर भी 'जमीन पक रही है' की कविताओं के शिल्प की तुलना में ये कविताएं सहज संवाद की ओर उन्मुख हैं। इसके लिए कवि ने अनेक जगहों पर परम्परागत छन्द और लय का भी इस्तेमाल किया है। ये कविताएं आज की अधिकांश कविता के सम्मुख यह सवाल उठाती हैं कि क्या अति साधारण और निरायास होकर आज के जीवन की जटिलता को बांधा नहीं जा सकता? इस विचार से कविता संग्रह का शीर्षक बड़ा अर्थपूर्ण लगता है।

['पहल' से साभार]

प्रश्नवाचक वाक्य

राजेन्द्र धोड़पकर

किसी भी कवि की कविताओं को पढ़ते समय हम पाते हैं कि उन कविताओं में, चाहे वे किसी भी समय की हों, कवि के समूचे रचनात्मक अतीत की छाप होती है; उन कविताओं के सूत्र उस समूचे कालखण्ड में होते हैं, जो कवि की रचनात्मक सक्रियता का होता है। **केदारनाथ सिंह** के कविता संग्रह **यहां से देखो** (1983) को पढ़ते समय यह बात खासतौर पर इसलिए याद आती है क्योंकि वे एक ऐसे कवि हैं जिन्होंने नई कविता के बाद हिन्दी में आये अनेक मुहावरों, अनेक शैलियों को अर्जित करने या ग्रहण करने और विकसित करने में महत्त्वपूर्ण योगदान दिया है, जिनका संश्लेषण उनकी इन कविताओं में हैं, एक तरह से वे साठ के बाद की हिन्दी कविता के प्रतिनिधि कवि हैं, उसकी सारी खूबियों और कमजोरियों के साथ।

यह स्पष्ट है कि आधुनिक हिन्दी कविता का विकास उन सारी परिस्थितियों से अलग नहीं है जिनमें हिन्दी भाषी क्षेत्र में बीसवीं शताब्दी में महत्वपूर्ण परिवर्तन हुए और स्वाभाविक ही उनकी गति बेहद तीव रही है। इन परिस्थितियों में समकालीन यथार्थ से हुई अन्तर्क्रिया में हिन्दी कविता को जो संघर्ष, जो दुविधाएं जो सफलताएं और असफलताएं झेलनी पड़ीं, उनको केदारनाथ सिंह की कविताएं बेहद पारदर्शी रूप में व्यक्त करती हैं।

आधुनिक समय में भारतीय कवियों, को जिनकी एक समृद्ध और हजारों वर्ष पुरानी दृढ़ परम्परा है, लगभग अचानक पाश्चात्य आधुनिकता से मुठभेड़ करनी पड़ी। इस मुठभेड़ में कुछ टूटा, कुछ बना, बहुत सारी चीजें बहुत उलझी हुई और धुंधली बनी रहीं, इन सबके बीच में एक स्पष्ट भारतीय आधुनिक कविता अर्जित करने की कोशिश एक आधुनिक भारतीय कवि की रही है। इस सन्दर्भ में मैं केदारनाथ सिंह की कविताओं पर बात करना चाहूंगा, एक आलोचक की तरह नहीं, एक युवा कवि की तरह जिसे अपनी भाषा की कविता के साथ अतीत के

संघर्ष को विश्लेषित करने की विनम्र कोशिश करना है; एक वरिष्ठ कवि के सहारे।

केदार जी की कविता पर बात करते हुए पहले में एक उद्धरण देना चाहूंगा:

"जो है वह सुगबुगाता है
जो नहीं है वह फेंकने लगता है पचखियां
आदमी दशाश्वमेध पर जाता है
और पाता है घाट का आखिरी पत्थर
कुछ और मुलायम हो गया है
सीढ़ियों पर बैठे बन्दरों की आंखों में
एक अजीब सी नमी है
और एक अजीब सी चमक से भर उठा है
भिखारियों के कटोरों का खालीपन
तुमने कभी देखा है
खाली कटोरों में बसन्त का उतरना।"

'बनारस' कविता के इस उद्धरण को पढ़ते हुए एक चीज खासतौर पर कौंधती है। इसमें हर वाक्य एक स्वतंत्र बिम्ब है। पहले बिम्ब के शब्दों का हल्का सा आधार लेकर अगला बिम्ब खड़ा होता है जो सामान्यत: किसी तर्क का आधार न होकर शब्दों या ध्वनियों कै आधार है। यानी बसन्त का रूपक एक-रेखीय तर्क का सहारा न लेकर प्रत्यक्षत: असंगत तथ्यों के संयोजन से खड़ा होता है। इन असंगत लगते हुए वाक्यों को एक साथ रखने से जो चमक पैदा होती है वह केदार जी की कविता की बड़ी खूबी है। केदार जी सचेत रूप से तर्क को तोड़ते हुए अपनी कविता खड़ी करते हैं। यदि उनके यहां तार्किक रैखिकता का इस्तेमाल होता है तो वह एक तरह की अनर्गलता (एब्सर्डिटी) की ओर ले जाने वाले एक उपकरण की तरह होता है जैसे 'सामना' या 'धूप में घोड़े पर बहस' जैसी कविताओं में। उल्लेखनीय है कि यह विशेषता उनके समकालीन कवि श्रीकान्त वर्मा की कविताओं में भी है जहां प्रत्यक्षत: ध्वन्यात्मक आधार पर कविता का तर्क विकसित होता है।

दूसरा तत्व है जो केदारनाथ सिंह की कविताओं में स्पष्ट है वह है उनकी कल्पना का अतियथार्थवादी स्वभाव। मुक्तिबोध के बाद अतियथार्थवादी कल्पना का स्पष्ट स्वरूप केदार जी में ही है।

इन तत्वों की उपस्थिति केदारनाथ सिंह की कविता की बहुत बुनियादी चिन्ताओं की ओर इशारा करती है। तार्किक असंगति की बुनावट के साथ उनकी कविताओं में जीवन व्यापार के अनेक चित्र हैं, अनेक चीजों की संदेह उपस्थिति है और अतियथार्थवादी कल्पना बहुत सामान्य चीजों की ओर बहुत भिन्न कोणों को

इंगित करती है। इनका घुलामिला चित्र एकायामी लगते यथार्थ के अन्दर की बहुत सारी रंगतों और विभिन्नताओं का कोलाज लगता है। वैसे यह कहा जा सकता है कि कविता सदैव से इन उपकरणों का इस्तेमाल करती रही है, या कि ये कविता के बुनियादी तत्त्व ही हैं लेकिन मेरा जोर इस बात पर है कि केदारनाथ सिंह इनका बेहद सचेत और स्पष्ट रूप से उपयोग करते हैं, और उसके निश्चित कारण होना जरूरी हैं। जैसे कि हम पहले चर्चा कर चुके हैं, आधुनिक भारत के लैण्डस्केप में, उन परिस्थितियों में, इस कविता का विशिष्ट रूप प्रकट होता है; इस लैण्ड-स्केप की चर्चा यहां अप्रासंगिक न होगी।

सन् साठ और उसके बाद का सारा दौर भारत में, एक नैतिक संकट का युग है, जो विभिन्न स्तरों पर अपने-अपने ढंग से प्रकट हुआ। इसका कारण बुनियादी रूप में यह था कि जो सामाजिक, राजनैतिक, सांस्कृतिक मूल्य स्वीकार किये गए थे उनमें; और उन मानवीय मूल्यों में, जो उनसे जुड़े थे, एक खाई चौड़ी और गहरी होती जा रही थी। जिस औजार से जो रचने की कामना हमने की थी, वह उससे ठीक उल्टा बना या बिगाड़ रहा था। मसलन देश के दलितों, वंचितों के लिए जो कार्यक्रम बनाए गए थे वे उन्हें ज्यादा बुरी गुलामी में ढकेल रहे थे, या शिक्षा प्रणाली बौद्धिक सांस्कृतिक दरिद्रता की वाहक हो गई थी। यूं तो इस नैतिक संकट की शुरुआत एक शताब्दी पीछे ही हो गई थी लेकिन गांधीजी और आजादी का संग्राम, इन दोनों तत्त्वों ने उसे इस कदर उभरने नहीं दिया था। लेकिन स्वतंत्रता प्राप्ति के बाद ये सवाल तेजी से सताने लगे और आजादी के लगभग दस बरस बाद यह संकट आधुनिक भारत का सबसे बड़ा संकट बन गया। इसीलिए दोगलापन, कथनी और करनी का फर्क इस युग का सबसे बड़ा चरित्र बनता गया।

इसका कारण, जिन पश्चिमी मूल्यों कों हमने अपनाया था, उनमें और भारतीय यथार्थ के बीच का टकराव था। दूसरे, एकायामी पश्चिमी चिन्तन का मुलम्मा द्वितीय विश्वयुद्ध के बाद टेकनोलॉजी की खरोचों से उखड़ना शुरू हो गया था और इसका सबसे बुरा प्रभाव नव स्वतंत्र देशों पर ही पड़ा था।

तो इस वक्त भारतीय साहित्य को जिस यथार्थ से सामना करना था वह यह था। यह विश्वासों के टूटने का समय था। इसके पहले के लेखक किसी आदर्श में आस्था रख सकते थे। उनकी जड़ें एक समेकित आदर्शवाद में इतनी गहरी थीं, कि वे इस टूटन से बहुत प्रभावित नहीं हो पाए। लेकिन इस वक्त में युवा होते हुए लेखक के लिए यह संकट आसन्न था, उनके समकालीन यथार्थ का सबसे अहम् पहलू था, जिससे प्रतिकृत उन्हें होना ही था अपने-अपने तरीके से।

मसलन अकविताइयों ने इस समूचे यथार्थ को ही नकार दिया। उन्होंने सामाजिक राजनैतिक और मानवीय सारे मूल्यों को नकार कर छुट्टी पा ली। इसलिए वे केवल पोर्नोग्राफी ही रच पाए क्योंकि मानवीयता से रहित, मानवीय मूल्यों से रहित कोई भी व्यापार केवल अश्लील ही हो सकता है। लेकिन गम्भीर लेखकों ने कम ज्यादा इस समस्या का सामना किया। इसलिए इस स्थिति के प्रति

उनमें गहरा संशय उत्पन्न हुआ क्योंकि तमाम मानवीय मूल्यों और जीवन में उनकी आस्था थी और आधुनिक भारतीय जीवन की दोगली मूल्यव्यवस्था के प्रति उनमें गहरा मोहभंग था। केदारनाथ सिंह, रघुवीर सहाय, विजयदेव नारायण साही, श्रीकान्त वर्मा, कुंवरनारायण इसी तरह के कवि हैं, हालांकि सबकी निजी अभिव्यक्तियां भिन्न-भिन्न हैं। मसलन श्रीकान्त वर्मा में इस दोगलेपन के खिलाफ तेज गुस्सा और घृणा हैं जो उस घोर अलगाव से उपजता है जो भारत के लगातार बंजर और दरिद्र हो जाने से उपजता है।

केदारनाथ सिंह आधुनिकता की एकायामी और दम्भी मूल्य-व्यवस्था के खिलाफ कविता का एक ऐसा ढांचा रचते हैं जिसके समग्र जीवन बिम्ब में बहुत सारी छोटी-छोटी हकीकतें, छोटे-छोटे सत्य अपने अस्तित्व को प्रकट करते हैं, यह उस बहुलता के जनतंत्र की ओर लौटना है जिसे आधुनिकता नष्ट करने पर तुली है। इसीलिए उनकी कविताओं के सन्दर्भ में हमने जिनकी पहले चर्चा की वे तत्व प्रधान होते हैं। यह भारतीय जीवन की ओर लौटकर एक भारतीय आधुनिकता की तलाश है, जिसमें पश्चिम के आधुनिक साहित्य के उपकरण वे सहज ग्रहण करते है। मसलन ऐसे लैण्डस्कैप में, जहां साफ तारों भरी रात में या असहनीय तेज धूप में यथार्थ और भ्रम, सत्य और असत्य और सचाई समय के अनेकों स्तर घूलमिल जाते हैं यथार्थ का स्वरूप स्वयं अतियथार्थवादी हो जाता है, केदार जी का काव्य मुहावरा उस यथार्थ का सामना करते हुए विकसित हुआ है :

"मैं देख रहा हूं
सामने की चट्टान पर
एक तीर सी तनी लकीर
एक जंगली भैंसें का पीछा कर रही है

भागता हुआ भैंसा
घने जंगलों में छिप जाने से पहले
मुड़कर देख लेता है स्वामीनाथन को
अम्बादास भैंसे की आंखें निकाल लेना चाहते हैं
अपनी रंगों की कटोरी में।"

'भीम बेटका के गुफा चित्रों को देखते हुए'

यह दरअसल राज करने वाली एकायामी मूल्यव्यवस्था के बरक्स भारतीय जीवन के बहुआयामी यथार्थ को खड़ा करना है जिसमें एक साथ बहुत सारी जीवन पद्धतियां, विश्वास गतिशील हैं और जिनकी अंतक्रिया से हमारा जीवन और समाज बना है। और इस जीवन में उस मूल्यव्यवस्था के हस्तक्षेप के खिलाफ एक काव्यात्मक प्रतिरोध भी है जो एक तरह की एब्सर्ड, सिनिकल अभिव्यक्ति को जन्म देता है :

"जहां तक मुझे याद है
उस समय मैं
अपने बिस्तरबन्द के बारे में सोच रहा था
बल्कि यह कहना ज्यादा सही होगा
कि एक बिस्तरबन्द को
इतिहास में रख देने से
जो लहरें पैदा होती हैं
उनके बारे में।"

('सामना')

इसी सन्दर्भ में केदारनाथसिंह की कविता की एक और विशेषता पर ध्यान जाता है। 'यहां से देखो' पढ़ते हुए एक बात नोट की जा सकती है कि इन कविताओं के लगभग एक तिहाई वाक्य प्रश्नवाचक हैं। संयोग नहीं कि संग्रह की शुरुआत ही इस कविता से होती है—'कविता क्या है' ?

यह प्रश्नवाचकता क्या उस उत्सुकता से नहीं उपजती, जो एक ऐसे वक्त में अप्रासंगिक बना दी गई है, जब सारे सवालों के समाधान खोजे जा चुके हैं, जब एक केन्द्रीय बड़े सत्य में सारे छोटे-छोटे सत्यों के बिला जाने की घोषणा कर दी गई हो ? यह सन्देहात्मकता फिर-फिर से जीवन के रहस्यों का स्वीकार है जिनसे जीवन की उत्सुकता और सार्थकता बनी रहती है। और यह उस अंधविश्वास का नकार है जो जीवन के सारे रहस्यों को सुलझा चुकने का दावा करता है। यह सन्देह दरअसल उस गहरी आस्था और विश्वास से उपजता है जो जीवन और कविता के मूल्यों के स्वीकार से प्राप्त होते हैं।

लेकिन इस विश्वास की सीमाएं हैं। एक कविता 'उस आदमी को देखो' की शुरुआत की पंक्तियां हैं :

"उस आदमी को देखो जो सड़क पार कर रहा है
वह कहां से आ रहा है
मुझे नहीं मालूम
कहां जाएगा
यह बताना कठिन है।"

इन पंक्तियों में दो प्रश्न हैं जिनमें बहुत सारी आहटें हैं, बहुत सारे प्रश्न हैं, बहुत सारे स्तर हैं। लेकिन कविता आगे जो रास्ता अपनाती है उसमें एक प्रत्याशित और सीमित अर्थ है, इसी कविता के शब्दों में कहें तो वह सड़क है 'जो हमेशा वहीं पड़ी रहती है।'

इस सड़क पर इन प्रश्नों के स्तर घिसते जाते हैं; वे इकहरे होते जाते हैं और कविता निश्चय ही चुस्ती से एक चमकदार रूढ़िबद्ध मुहावरे पर खत्म होती है :

"मुझे आदमी का सड़क पार करना
हमेशा अच्छा लगता है
क्योंकि इस तरह
एक उम्मीद सी होती है
कि दुनिया जो इस तरफ है
शायद उससे कुछ बेहतर हो
सड़क के उस पार।"

इसमें दो तत्व हैं—एक तो बिम्ब का बेहद प्रत्याशिता (स्वाभाविकत: प्रचलित सामान्य तर्क के आधार पर) विकास और फिर शुरू के प्रश्नों का एक सपाट और घिसा हुआ उत्तर।

ये दोनों ही तत्व उन बातों के ठीक विरोधी हैं, जो हमने शुरू में केदार जी की कविताओं के सन्दर्भ में की थीं। यानी कविता के अपने बहुआयामी सत्य पर अविश्वास और उसे सामान्य तर्क के फ्रेम के अनुरूप काटना और कविता और जीवन के रहस्यों का एक रूढ़िबद्ध उत्तर देने की चेष्टा। केदारनाथ सिंह की कविताएं इन दोनों अन्तर्विरोधों के बीच झूलती रहती हैं।

यही तत्व केदार जी में एक दूसरे रूप में भी आता है। एक उदाहरण 'शीत लहरी में एक बूढ़े आदमी की प्रार्थना' से :

"मुझे कहां मिलेगा वह कोयला
जिस पर इंसानियत का खून गरमाया जाता है
एक जिन्दा
लाल
दहकता हुआ कोयला
मेरी अंगीठी के लिए जरूरी
और हमदर्द कोयला।"

इसमें पहला वाक्य प्रमुख वाक्य है, बाकी आगे के सारे विश्लेषण एक किस्म का स्पष्टीकरण तैयार करते हैं। केदारनाथ सिंह की कविताओं में इस तरह स्पष्टीकरण पर पंक्तियां बहुत सारी हैं। कविता में स्पष्टीकरण देना एक तरह से उस मुहावरे के अर्थ को सीमित कर देना है। एक खास अर्थ की ओर इंगित करना कविता की बुनियादी ताकत को नष्ट करना है, एक सरलीकरण की ओर से जाना है।

ये तत्व केदारजी की कविता को वह उड़ान लेने नहीं देते जो उसे एक विराट ऊर्जावान कविता बनाते हैं। क्योंकि ये तकनीकें दरअसल कविता को रूमानी बनाती हैं। यह प्रश्नवाचकता अन्ततोगत्वा—'इस पार प्रिये तुम हो मधु है, उस पार न जाने क्या होगा।' किस्म की हो जाती है, जिसमें एक औसत, भौतिक सोच को प्रश्न का रूप देकर थोड़ी रहस्यात्मक और दार्शनिक गरिमा देने की कोशिश होती है।

जैसा कि मैं अर्ज कर चुका हूं केदारजी के सहारे मैं उस बीहड़ में भटकने की कोशिश कर रहा हूं जिसमें से अपना रास्ता ढूंढ़ने की कोशिश आधुनिक हिन्दी कविता ने की है, जिस कविता के युवतम प्रतिनिधियों में से मैं हूं; यह मेरी परम्परा को विश्लेषित करने की कोशिश है। और मुझे लगता है कि जिस अन्तर्विरोध तक हम पहुंचे हैं वह आधुनिक हिन्दी कविता का प्रमुख अन्तर्विरोध है।

बीसवीं शताब्दी में एक लगभग नई और शक्तिशाली क्षमता से मुठभेड़ में आधुनिक काल का जो एक जटिल और उलझाव भरा चित्र खड़ा होता है उसमें एक स्वाभाविक कोशिश होती है समन्वय की। चूंकि इस मुठभेड़ में वह अनिवार्य अवधि नहीं मिलती, जो प्राकृतिक रूप से दो सभ्यताओं की अन्तर्क्रिया के लिए आवश्यक है; एक सतही समन्वय की कोशिश सबसे आसान होती है जिसका सबसे बुरा संस्करण वह दोगलापन है जिसकी चर्चा हमने पहले की है। दूसरे चूंकि पाश्चात्य सभ्यता विजेता की तरह आई थी और हमारे भारतीय बुद्धिजीवी की शिक्षा-दीक्षा उसी के तहत हुई है, वह उन मूल्यों से कहीं-न-कहीं आक्रान्त आवश्यक रूप से होता है। चूंकि सारा परिदृश्य इस कदर उलझाव भरा है, आधुनिक भारतीय बुद्धिजीवी में यह अन्तर्विरोध पैदा होता है। उसे सुसंगत व्यवस्थित और भविष्य का भव्य चित्र दिखाने वाले मूल्य मोहते भी हैं और दूसरी ओर का यथार्थ भी दीखता है। केदारजी जैसे कवि की यात्रा इसी अन्तर्विरोध से होकर है जो बाद तक की हिन्दी कविता में और कठिन होता जाता है। केदारनाथ सिंह का सबसे अधिक प्रभाव आठवें दशक के कवियों पर है और उनकी उपलब्धियों को स्वीकार करते हुए भी यह दिखता है कि एक समन्वयवादी कविता हासिल करने की कोशिश में उन्होंने जीवन के वे तीव्र, चटख और गहरे रंग छोड़ दिए जिनसे कविता बनती है। एक धुंधले रंगों वाली कविता वे हासिल कर पाए।

इसीलिए यह आश्चर्यजनक नहीं कि आधुनिक हिन्दी कार्यान्वयन के केन्द्र में कोई कवि या काव्य परम्परा नहीं बल्कि एक आलोचना दृष्टि है, यह आलोचना दृष्टि है आचार्य रामचन्द्र शुक्ल की। वे एक महान प्रतिभा थे और अपने समय के जातीय स्वाभिमान और पुनरुत्थान के मूल्यों को स्थापित करते हुए उन्होंने अद्‌भुत दृष्टि के साथ एक काव्य चिन्तन विकसित किया। लेकिन आगे के हिन्दी साहित्य ने उनके समन्वयवाद को केन्द्र में रखकर ही आगे कदम बढ़ाया और कविता में लगातार एलियिनेशन की प्रक्रिया जारी रखी। हिन्दी की अधिकांश कविताएं, मुझे लगता है, आचार्य शुक्ल को सम्बोधित हैं कि देखिए

कितनी समन्वयवादी कविताएं हैं, इसमें तीव्र रहस्यवाद भी नहीं है, राजनीति भी नहीं है, सब बड़ा संयत मामला है। संयोग नहीं कि 'कविता क्या है ?' में केदारजी को रामचन्द्र शुक्ल ही याद आते हैं। क्या रामचन्द्र शुक्ल के हिन्दी साहित्य के केन्द्र में रहने का कारण एक तार्किक विचार प्रणाली के प्रति अन्यादर और काव्य परम्परा, उसके बहुआयामी, अक्सर धुंधले लेकिन जीवनाधारित सत्य के प्रति सन्देह ही नहीं है ?

जहां केदार जी कविता को अपने बीहड़ रास्ते पर चलने की छूट दे पाते हैं वहां वे 'टूटा हुआ ट्रक', 'बनारस' या 'पृथ्वी रहेगी' जैसी कविताएं रचते हैं 'टूटा हुआ ट्रक' जैसे एक बहुत कौतुक भरी कल्पना से उपजती है लेकिन सहज ही आगे वह उस कल्पना के अन्दर स्थित रहते हुए भी एक अजीब अतियथार्थवादी प्रतिध्वनि भी देने लगती है, एक आदिम क़िस्म का अकेलापन और भय, जहां सारी चीजें मानव की पकड़ के बाहर हैं, एक प्राकृतिक आतंक जैसा किसी जंगल में या तेज बारिश में महसूस होता है। इसी तरह 'पृथ्वी रहेगी' का आशावाद कोई थोपा हुआ आशावाद न रहकर सहज जिजीविषा का आशावाद बन जाता है उतना ही सच्चा, भोला और वध्य और पवित्र।

इसीलिए केदारनाथ सिंह की कविताएं हमारे लिए मूल्यवान हैं कि वे हमारे वक्त में सक्रिय एक ईमानदार कवि के संघर्ष को पारदर्शी रूप में दिखाती हैं। उन फिसलनों और भटकावों की खरोंचों को भी हम महसूस कर सकते हैं जो रास्ते में आए हैं। और ये कविताएं नहीं होती तो :

"कितना मुश्किल था यह जानना
कि यह मेरा शहर है
और ये मेरे लोग
और वो वो
मेरा घर।"

('टूटा हुआ ट्रक')

['पूर्वग्रह' से साभार]

'अच्छी कविता' के प्रचलित ढर्रे से बाहर जाने की कोशिश

राजेश जोशी

'अकाल में सारस' केदारनाथ सिंह का चौथा संग्रह है। उनके पाठकों के लिए इसमें बहुत कुछ परिचत होते हुए भी, कुछ अपरिचित भी है और नया भी। इस संग्रह में केदारजी की कविता की कई परिचित विशिष्टताएं कम होती लग सकती हैं, लेकिन यहाँ कविता का रास्ता ज्यादा खुलता हुआ दिखता है। ज्यादा विस्तृत होता हुआ। केदारजी की ही कविता के सन्दर्भ में देखें तो कहा जा सकता है कि इस संग्रह में उनकी कविता के चिरपरिचित स्वभाव के विरुद्ध कई कविताओं का मुहावरा उतना चुस्त और चमकदार नहीं है जैसा अक्सर उनकी कविता का रहा है। आशय यह नहीं कि कविता के उनके उपकरण एकाएक, एकदम बदल गए हैं। नहीं, उनकी कविता के सभी परिचित तत्त्व इस संग्रह में भी मौजूद हैं, फिर भी उनमें कुछ परिवर्तन स्पष्ट रूप से लक्ष्य किया जा सकता है।

केदारजी की कविता अपने प्रस्तुत पाठ में, भाषा, कथ्य और बिम्बों के टटके और उजलेपन से जितने खुलेपन का आभास देती है, अपनी संरचना में वस्तुतः वह उतनी खुली और उन्मुक्त होती नहीं। उसके पूरे रचाव पर हर जगह कवि के स्वभाव की एक स्पष्ट छाप हमेशा देखी जा सकती है। कोई विचार, भाव या आवेग कवि के स्वभाव का अतिक्रमण नहीं कर सकता। कोई पंक्ति अचानक कवि के अनुशासन को धत्ता दिखाती बहुत मुखर हो जाये या कोई अनचीह्नी ढीली-ढीली पंक्ति बिन-बुलाये अतिथि की तरह आकर कविता के बीच ठस जाये, ऐसा वहां सम्भव नहीं। विषम संवेगों के लिए केदारजी की कविता में बहुत ज्यादा जगह नहीं है।

दिनों-दिन जटिल होते जा रहे जीवन में शुद्ध प्रगीत ने कविता की वसुन्धरा पर पहले ही अपनी नागरिकता लगभग खो दी है। प्रगीतात्मकता और प्रबन्धात्मकता का वैसा शुद्ध विभाजन भी आज सम्भव नहीं रहा, जो कुछ बरस पहले

तक सम्भव था। प्रगीत-तत्त्व ने इन बीस-पच्चीस बरसों में अनेक अन्य तत्त्वों से अपने को जोड़कर, कविता की कई नई भंगिमाओं को उजागर किया है। 'अभी बिल्कुल अभी' में जो गीतात्मक तत्त्व मौजूद था, केदारजी ने उसे अनेक नये तत्त्वों से संपृक्त करते हुए अपनी कविता के कई नये धरातल उजागर किये हैं। कई नई लयों को आविष्कृत किया है। वस्तुतः उनकी कविता का गीतात्मक तत्त्व हमेशा ही भारतीय जन के अन्तर संसार की जटिलताओं और उसके आत्मिक वैभव की विविधता को अभिव्यक्त करता रहा है।

नई कविता में पचास-पचपन के आसपास जब केदारनाथ सिंह और उनके समकालीनों ने प्रवेश किया था तो कविता में मुख्य जोर "नवीन बिम्बों के परिचय" द्वारा "हमारी ऐन्द्रिक चेतना को वृहत्तर यथार्थ के साथ संपृक्त" करने पर था। यहां तक कि इस कविता पर लगे दुरूहता और अस्पष्टता के आरोप का कारण बताते हुए केदारजी ने लिखा कि यह "उसके सर्वथा नए अपरिचित, सघन बिम्बों की अधिकता" के कारण है। चरित्र की तरह बिम्ब का साधारणीकरण आसान नहीं था। क्योंकि वह "कवि के रागात्मक अनुबन्धों पर आधारित" था। लेकिन साठ का वर्ष बीतते न बीतते सघन बिम्बों की अधिकता का यह रास्ता अवरुद्ध होने लगा। यथार्थ के साथ उनका रिश्ता टूटने लगा और कविता में सघन बिम्बों की अधिकता के विरुद्ध सपाटबयानी पर जोर दिया जाने लगा। शायद ऐसा करना उस समय की कविता की मुक्ति के लिए आवश्यक भी था। इस बदलाव का परिणाम यह हुआ कि कविता एकाएक बहुत मुखर और वाचाल हो गई। लेकिन इस मुखरता के साथ ही साथ एक परिवर्तन और हुआ, "सुन्दर जीवन की अभिलाषा" और भविष्य की आशा का स्वर मन्द पड़ गया। निराशा और निषेध का स्वर केन्द्रीय हो गया। कविता ने एक गुस्सैल मुद्रा अख्तियार कर ली और उसकी निगाह केवल विद्रूप और विसंगत पर आकर कुछ इस प्रकार अटकी, कि सब कुछ से एक चिढ़ और सब कुछ के नकार को ही कविता ने सबसे ज्यादा अर्थवान मान लिया। कविता के परिदृश्य में हुए इस बदलाव में सबसे विकट और दुविधाजनक स्थिति केदारजी की ही दिखाई पड़ती है।

अपने पूर्व में अर्जित उपकरणों को तिलांजलि देकर, सब कुछ को तोड़-फोड़कर बाहर निकल आने की जैसी उत्कट बेचैनी और हड़बड़ाहट केदारजी के अन्य समकालीनों में नजर आती है, वैसी उनके यहां सिरे से नदारत है। वहां एक दुविधा है। बेचैनी भी है, लेकिन संयम और विवेक को खोती हुई नहीं। वे इस सारी स्थिति को शंकित मन से देखते हैं। उन्होंने इस बदलाव को बहुत उत्साह के साथ स्वीकार नहीं किया। इसके कुछ तात्कालिक नुकसान हो सकते हैं, उन्हें कुछ हद तक हुए भी। लेकिन इसके चलते ही अपनी आस्था, अपने विश्वास और अपनी पहले की कविता को नकारने की वैसी आवश्यकता उन्हें कभी नहीं पड़ी, जैसी श्रीकान्त वर्मा, रघुवीर सहाय या सर्वेश्वरजी के लिये आवश्यक हुई। उन्होंने न तो अपनी "वृहत्तर यथार्थ से सम्पृक्ति" की आस्था को छोड़ा और न कभी उसका

पश्चात्ताप ही किया।

कविता-परिदृश्य में हुए इस बदलाव के, शायद इसीलिए, सबसे धीमे स्वर केदारजी की ही कविता में सुनाई पड़ते हैं। "फर्क नहीं पड़ता" वस्तुतः इस पूरे परिदृश्य पर एक टिप्पणी भी है। इस तरह की कुछ गिनी-चुनी कविताओं में उन्होंने सपाटबयानी का सफल उपयोग किया है। लेकिन बहुत मुखर वे यहां भी नहीं होते। सपाटबयानी के साथ-साथ लगभग आधुनिकतावाद के अनुकरण में चली आई अनास्था का बहुत धीमा स्वर भी यहां सुनाई दे सकता है। बहुत दूर तक लेकिन यह राग उनके स्वभाव के साथ मेल नहीं खाता। शायद यही कारण है कि जब उनके समकालीनों के एक ही वर्ष में दो-दो संग्रह प्रकाशित हो रहे थे, केदारजी ने कविता में लगभग चुप्पी-सी साध ली थी। उनमें इस नये स्वर में स्वर मिलाने की मुखरता नहीं थी, लेकिन इसके गलत मूल्यों का विरोध करने की मुखरता भी नहीं थी। वे इस आस्थाहीन और वाचाल काव्यदृश्य के मुखर नहीं, एक चुप प्रतिपक्ष हैं।

कभी-कभी यह देखकर बहुत आश्चर्य होता है (पता नहीं इसके सांस्कृतिक कारण क्या हैं?) कि पचास-पचपन के आसपास नई कविता में आई इस पीढ़ी के हर कवि में, अलग-अलग अनुपात में ही सही, मगर एक अजीब किस्म की आत्म-मुग्धता है। अपने या अपनी कविता के सन्दर्भ में वैसी तीक्ष्ण और बेबाक विश्लेषणात्मक क्षमता इस पूरी पीढ़ी में नजर नहीं आती, जैसी मुक्तिबोध के यहां संभव हुई। समाज के बदलाव को लेकर वैसी अदम्य आशा भी यहां नहीं है। लेकिन इसे लक्ष्य किया जाना चाहिए कि केदारजी के समकालीनों में निराशा और नकार का भाव लगातार बढ़ा है, जबकि केदारजी ही अपनी पीढ़ी के अकेले ऐसे कवि हैं जिनमें गहरी करुणा और अवसाद के बीच भी मनुष्य, उसके दैनन्दिन जीवन और सामान्य जन की मानवीयता में एक आशा लगातार बनी रही है। एक ज़िद की तरह उन्होंने इस आशा को बचाये और बनाये रखा है। चाहे यह किसी को बहुत महत्त्वपूर्ण न लगता हो, लेकिन भारतीय कविता का यह एक अत्यन्त महत्त्व-पूर्ण गुण है।

"अभी, बिल्कुल अभी" (1960) के बीस वर्ष बाद 1980 में केदारजी का दूसरा संग्रह प्रकाशित हुआ था। इस बीच की लम्बी चुप्पी का कारण तलाशने के साथ ही उनकी इस पुनः सक्रियता को भी लक्ष्य किया जाना चाहिए। कविता में उनकी इस पुनः सक्रियता में ही शायद उनकी चुप्पी के रहस्य भी छिपे हैं। त्रिलोचनजी की एक कविता-पुस्तक पर लिखते हुए केदारजी ने इसे रेखांकित किया कि कई घुमावदार रास्तों और भटकावों के बाद आठवें दशक में कविता पुनः अपनी मूल धारा की ओर लौट आई है। (इस कथन के शब्द कुछ और हो सकते हैं, लेकिन उनका आशय यही है।) केदारजी के पुनः सक्रिय होने और प्रगतिवाद के लगभग भुला दिये गये हमारे सबसे समर्थ कवियों की पुनः प्रतिष्ठा के राजनीतिक, सामाजिक और सांस्कृतिक कारण जो हों, लेकिन इतना तो स्वीकारना ही होगा

कि कविता-परिदृश्य के इस परिवर्तन में आठवें दशक की कविता ने आक्सीजन का काम किया। कविता का अपने मूल स्वभाव और मूल धारा की ओर लौटना निश्चय ही एक महत्त्वपूर्ण घटना है। आठवें दशक की कविता ने एक बार पुनः जीवन के साथ जुड़े बिम्बों का सृजन किया। एक बार पुनः इस कविता में हमारे आसपास के जन-जीवन के चित्र प्रकट हुए। लोक-तत्त्व के साथ रिश्ते बनाते हुए इस कविता ने अपने राजनीतिक परिदृश्य के साथ एक अर्थवान साक्षात्कार की कोशिश की। वस्तुतः केदारनाथ सिंह और रघुवीर सहाय आठवें दशक की कविता और प्रगतिवाद के बीच की सबसे अर्थवान कड़ी हैं। सामान्य जीवन के प्रति गहरा लगाव इसका पुल है।

केदारजी के बिम्ब बेहद चुस्त और चमकदार हैं लेकिन अपरिचित नहीं। वे केदारजी के आत्मिक सृजन में रचे ऐसे बिम्ब हैं जिनका मूल स्रोत हमारा वस्तु संसार है। उनमें हमारे आसपास का जन-जीवन, उसकी चीजों और संघर्ष का रस, गन्ध और सौन्दर्य है। उसमें दूर की कौड़ी खोजकर लाने का हठयोग नहीं। असंबद्ध बिम्बों को आसपास रखकर चौंकाने वाली नाटकीयता या स्वांग भी उनका स्वभाव नहीं। "अकाल में सारस" संग्रह से पहले "जमीन पक रही है" और कुछ हद तक "यहां से देखो" की कविताओं में केदारजी कविता के मुख्य बिम्ब और उसके साथ आये बिम्बों के बीच एक अन्तराल का उपयोग करते हैं। इस तरह कविता की निरन्तरता में जो अवरोध, एक सुचिन्तित अवरोध पैदा होता है वह उनके हर बिम्ब की एक सापेक्ष स्वायत्तता भी निर्मित करता है :

"उसकी आरी कई बार लकड़ी की नींद
और जड़ों में भटक जाती थी
कई बार एक चिड़िया के खोते से
टकरा जाती थी उसकी आरी
उसे लकड़ी से
गिलहरी की पूंछ की हरकत महसूस हो रही थी
एक गुर्राहट थी
एक बाघिन के बच्चे सो रहे थे लकड़ी के अन्दर
एक चिड़िया का दाना गायब हो गया था।"

('जमीन पक रही है')

यहां बिम्बों के बीच जो अन्तराल है उसे जोड़ने वाली भाषा अनुपस्थित है। बिम्बों के बीच का यह अन्तराल बिम्बों के ऊर्जा कणों से उद्भासित और भरा है। सपाटबयानी या मुखर वाचालता या नाटकीय वक्तव्यों की ओर जाने के बजाय लोकतत्त्व और प्रगीतात्मक तत्त्व के सम्मिलन से केदारजी ने अपने लिए एक अलग मुहावरा अर्जित किया है। "अकाल में सारस" की कविताओं से पहले

इस लोकतत्त्व का स्वरूप सांकेतिक अधिक था। लोककथात्मकता के साथ उसकी वर्णनात्मकता वहां नहीं थी। इसलिए उसमें एक खास किस्म की नाटकीयता का भी अहसास होता था। "अकाल में सारस" की कविताओं में इस अन्तराल का एकदम लोप तो नहीं हुआ है लेकिन यह थोड़ा सिकुड़ गया है। सांकेतिकता कम हुई है और एक बहुत संक्षिप्त-सी वर्णनात्मकता यहां दीख पड़ती है। वे बिम्ब जो पहले अलग-से चमकते और ऊपरी तल पर स्वायत्त-से नजर आते थे, वे अब कविता में घुलमिल-से गये हैं। कथ्य के साथ उनकी अभिन्नता ज्यादा सघन हुई है। इन कविताओं में आई सांकेतिकता ज्यादा मुखर, ज्यादा स्पष्ट है। जरूरी नहीं कि उनकी लोककथात्मकता का तार किसी परिचित-अपरिचित लोककथा से जुड़ा ही हो। कई बार वे स्वयं ऐसी छोटी-छोटी कहानियां कविता में रचते हैं जिसका स्वाद हमें अपनी लोक-परम्परा से जोड़ देता है। उसके ताने-बाने में रची-बसी शायद लोकलय ही हमें उस स्वाद तक ले जाती है :

"अचानक टूट गया था
उसका मिट्टी का बाघ
एक छोटा-सा सुन्दर बाघ
जो तारों से लड़ चुका था
लड़ चुका था चांद और सूरज
और समुद्री डाकुओं से
ठीक उसकी आंखों के आगे
उसके हाथों से गिरा
और खन्न से टूट गया।"

('सड़क पर दिख गये कवि त्रिलोचन')

"मेरे बेटे
कुएं में कभी मत झांकना
जाना
पर उस ओर कभी मत जाना
जिधर उड़े जा रहे हों
काले-काले कौए।"

('कुछ सूत्र जो एक किसान बाप ने बेटे को दिये')

"जब राजा मरा
सोने की एक बहुत बड़ी अर्थी बनाई गई
जिस पर रखा गया उसका शव
शानदार शव जिसे देखकर
कोई कह नहीं सकता
कि वह राजा नहीं है।"

('लोककथा')

वर्णनात्मक शैली, बिम्ब और प्रगीतात्मक तत्त्वों के साथ रची-बुनी यह शैली एकाएक "अकाल में सारस" में ही प्रकट हुई हो, ऐसा नहीं है। वस्तुतः इसके कुछ संकेत "जमीन पक रही है" की टमाटर बेचने वाली बुढ़िया, मांझी का पुल; और "यहां से देखो" संग्रह की एक ठेठ देहाती कार्यकर्त्ता के प्रति, पानी में घिरे हुए लोग, बनारस या दन्तकथा-जैसी कविताओं में भी दिखाई दे जाते हैं। वर्णनात्मकता का उपयोग करने में लेकिन वहां एक हिचक नजर आती है। यह हिचक "अकाल में सारस" की भी कई कविताओं में दिखाई दे सकती है। प्रसंगवश यह कहना जरूरी है कि यह लोकतत्त्व केदारजी की कविता को आत्मीय तो बनाता ही है, लेकिन उसका स्वरूप आधुनिक है और इसकी आड़ में हमारी सामाजिक विडम्बना या जटिलता से बचने की कोशिश नहीं है, बल्कि उसमें ज्यादा गहरे धंसने का रास्ता खोजने की कोशिश है। इन कविताओं में आई विडम्बना एक किस्म की तर्केतर, अन्तःप्रेरित विडम्बना है। लोकतत्त्व के बावजूद इसके चरित्र राजा-रानी, पशु-पक्षी या पुराने योद्धा नहीं, हमारे आज के जीवन के मेहनतकश जन हैं। उनके लोकविश्वास, सगुन-असुगन मौसम और समय को देखने-परखने के उनके उपकरण ही यहां प्रमुखता प्राप्त करते हैं। इस तरह केदारजी की कविता एक साथ हमारे लोकजीवन और नागरीय जीवन के बीच, हमारी स्मृति और यथार्थ के बीच और हमारे आन्तरिक संसार और वस्तु संसार के बीच पुल बनाती कविता है :

"जैसे चीटियां लौटती हैं
बिलों में
कठफोड़वा लौटता है
काठ के पास
वायुयान लौटते हैं एक के बाद एक
लाल आसमान में डैने पसारे हुए
हवाई अड्डे की ओर।"

('मातृभाषा')

"मेरी हड्डियां
मेरी देह में छिपी बिजलियां हैं
मेरी देह
मेरे रक्त में खिला हुआ कमल
क्या आप विश्वास करेंगे
यह एक दिन अचानक
मुझे पता चला
जब मैं तुलसीदास को पढ़ रहा था।"

('रक्त में खिला हुआ कमल')

लोक और सारस्वत रचना की ऐसी ही अनुगूंजें हमारी रचना की मूल परम्परा को रेखांकित कर जाती हैं। यहां त्रिलोचन और केदारनाथ सिंह बहुत आसपास खड़े नजर आते हैं। यह महज संयोग नहीं है कि "अकाल में सारस" की एक बहुत अच्छी कविता है—"सड़क पर दिख गये कवि त्रिलोचन" छोटे-छोटे-से वाक्यों के संवाद और त्रिलोचनजी से किसी मुलाकात को याद करते हुए उसका जिक्र करती यह कविता कई जगह बहुत निजी डायरी-सा आनन्द देती है। एक बहुत मामूली-सी दिखती घटना को लगभग कहानी में रूपान्तरित करते हुए केदारजी संवेदना के अधिक जटिल संसार में धंसने की कोशिश करते हैं। यह कविता त्रिलोचन और केदारजी की समानताओं और फर्क, दोनों को प्रकट करती है। आवेग की रास दोनों ही कवियों के यहां बेहद कसी हुई है। संवेगों में बहुत ज्यादा उतार-चढ़ाव दोनों ही कवियों में बहुत कम है। न तो बहुत उग्रता के लिये जगह है न भावविह्वलता के लिये। त्रिलोचन का जोर लेकिन 'क्रिया' पर है और केदारजी का 'बिम्ब' पर। त्रिलोचनजी की कविता की आन्तरिक लय कविता में कहीं गहरे तल में पैठी होती है, केदारजी की काव्य-लय को कविता में सहज ही पकड़ा जा सकता है। त्रिलोचन की तरह केदारजी में काव्य-लय को गद्य-लय की सीमा तक उठा ले जाने का विकट कौशल नहीं है। वस्तुतः केदारनाथ सिंह नगरीय कवि हैं। लोक के उनके सभी बिम्ब अपनी सारी सहजता के बावजूद न तो अनगढ़ हैं न धूमिल की तरह किसानी ठसक से भरे हुए। "जनपदीय चेतना में रची-बसी भाषा की ऐन्द्रिकता, अर्थ-ध्वनि, मूर्त्तता, गूंज और व्याप्ति" वस्तुतः उनकी स्मृति का ही हिस्सा ज्यादा है। जनपद से उनके लगाव बहुत गहरे और भावनात्मक हैं। अक्सर तो नहीं लेकिन कभी-कभी यह नास्टेलजिया भी लग सकता है। एक अजीब किस्म का विभाजन उनकी कविता में अक्सर दिखता है। यहां शहर अक्सर ही एक पीड़ा की तरह आता है :

"पूछता है एक चेहरा दूसरे से मौन
बचा हो साबूत ऐसा कहां है वह—कौन ?"

('छोटे शहर की एक दोपहर')

"मैं एक-एक से मिला
मैंने एक-एक से बात की
मुझे आश्चर्य हुआ
लोगों को तो लोग
जानते तक नहीं थे !"

('एक और अकाल')

इसके बरक्स गांव का जिक्र जब भी कविता में आता है तो वह अक्सर बहुत

आत्मीयता के साथ आता है। उनकी कविता में शहर या शहरीकरण के उजले पक्ष न देखने की जिद-सी है और दूसरी ओर गांव की विकृतियों, उसके अन्धेरे कोने-कुचालों को भी न देखने की जिद है। इसलिए गांव के सन्दर्भ में वहां अक्सर उसके उजले ही बिम्ब दीख पड़ेंगे। शहर और गांव को लेकर यह दृष्टि कभी-कभी गांधीवादी आदर्शवाद के और करीब पहुंच जाती है :

"अब दृश्य बिल्कुल साफ था
अब हमारे सामने
गाय थी
किसान था
रास्ता था
सिर्फ हमीं भूल गये थे
जाना किधर है !"

('रास्ता')

केदारनाथ सिंह गैर-राजनीतिक कवि नहीं हैं। उनकी राजनीतिक दृष्टि कविता में कथन से ज्यादा आशय में प्रकट होती है। यह पक्ष लेने की राजनीति है। गहरे अर्थ में वर्गीय राजनीति। व्यावहारिक-दलगत राजनीति के चित्र वहां लगभग नहीं हैं। इस व्यावहारिक दलगत राजनीति के परिदृश्य से मुठभेड़ करने की कोशिश उनकी कविता में कम-से-कम रघुवीर सहाय की तरह नहीं है। हालांकि अपने समकालीन श्रीकान्त वर्मा की तरह अति मुखर होकर वे राजनीति को 'सेलीब्रेट' भी नहीं करते। सर्वेश्वरजी की तरह उनके यहां हर राजनीतिक उभार के साथ स्वर में स्वर मिलाने का भावोच्छ्वास भी नहीं। कहना न होगा कि पचास के बाद आई नई कविता के कवियों में रघुवीर सहाय और केदारनाथ सिंह ने ही राजनीति से साक्षात्कार के सबसे ज्यादा अर्थवान रास्ते तलाश किये हैं। केदारजी में शोषित-पीड़ित भारतीय जन के पक्ष में खड़े होने का स्पष्ट और आत्मीय संकल्प है और क्रिया के अर्थ को खोजने की गहरी ललक भी :

"होंठों को बहुत कुछ चाहिए
उन्हें चाहिए 'हां' का नमक
और 'ना' का लोहा
और कई बार दोनों
एक ही समय।''

('होंठ')

"अकाल में सारस'' कई दृष्टियों से महत्त्वपूर्ण संग्रह है। कथात्मक वर्णन-

शैली के अपने खतरे होते हैं। कई बार इसमें ऐसे वर्णन बढ़ने लगते होते हैं जो कविता को आगे बढ़ाने के बजाय व्यर्थ के विस्तार की बोझिलता भी देते हैं और कई बार विवरण मात्र सजावटी भी होने लगते हैं। लेकिन कविता से जब जीवन के चित्रों का लोप होने लगता है, ऐसे जोखिम उठाना बहुत अर्थवान हो जाता है। केदारजी में जो मितव्ययिता है वह उन्हें व्यर्थ के विस्तार से बचाती है और हमारे जनजीवन के अलक्ष्य किये जा रहे चित्रों को एक बार पुनः कविता में स्थापित करती है। इस संग्रह की कुछ असफल कविताएं आने वाले बदलावों के ज्यादा अर्थवान संकेतों को प्रकट करती हैं।

हर वक्त एक 'अच्छी कविता' बने रहना कविता के गुण के बजाय उसका दुर्गुण है और सीमा भी। इस संग्रह में केदारजी 'अच्छी कविता' की मुश्किल से कुछ बाहर आते दिखते हैं। केदारनाथ सिंह में परिवर्तन बहुत एकाएक घटित नहीं होते। एकाएक घटित होने वाले परिवर्तनों की अपनी जोखिम भी है। कई बार ऐसे परिवर्तन बिना किसी आत्मसंघर्ष के, एक किस्म की अवसरवादिता के चलते भी संभव हुए हैं। अकविता के कई कवियों में इसे लक्ष्य किया जा सकता है। केदारजी में इस तरह दृश्य के साथ-साथ अपने को बदल लेने की चालाकी न कभी पहले संभव हुई न आज ही वह संभव है। अकविता के प्रारम्भिक दौर में उनके कई समकालीन 'स्त्री' को लेकर जिस तरह के फैशनेबल पतित मूल्यों के शिकार हुए, वहां केदारनाथ सिंह और रघुबीर सहाय ने कभी उन मूल्यों के साथ अपना स्वर नहीं मिलाया।

कहने का अभिप्राय यह कि केदारनाथ सिंह की कविता में किसी परिवर्तन के बहुत तेजी से घटित हो जाने की आशा नहीं की जानी चाहिए। वह बहुत धीरे उनकी रचना-प्रक्रिया में रच-बसकर ही दृश्य पर प्रकट होगा। उनकी कविता वस्तुतः बिम्बों, प्रतीकों और संकेतों की ऐसी भाषा में आकर लेती है जो अपने समयबोध और गत्यात्मकता के साथ एकलय में निबद्ध होकर ऐसी प्रतिक्रिया को जाग्रत करती है, जो चीजों के रहस्य को जानने, सोचने और समझने के लिये हमसे बतियाती भी है और हमें बाध्य भी करती है। इसलिए मौसम चाहे जितना खराब हो जाए :

"उम्मीद नहीं छोड़तीं कविताएं
वे किसी अदृश्य खिड़की से
चुपचाप देखती रहती हैं
हर आते-जाते की
ओर बुदबुदाती हैं
धन्यवाद ! धन्यवाद !"

('आलोचना' से साभार)

अकाल में सारस : एक क्लोज-अप

अरुण कमल

'सूर्यास्त के बाद एक अंधेरी बस्ती से गुजरते हुए'

पूरी कविता सूर्यास्त से शुरू होकर धीरे-धीरे अंधकार के कई स्तरों का आभास देती चलती है। यह एक गांव की रात है। यह गांव की एक रात के अनेक अंधेरों की कविता है। और अन्ततः, सिर्फ एक गांव नहीं, पूरे मनुष्य के अंधकार-मय जीवन और भासमान जीवट की कविता है।

कविता शुरू होती है : भर लो / दूध की धार की / धीमी-धीमी चोटें

यह पहला विवरण है। गाय दुही जा रही है। खाली बाल्टी की पेंदी में पहली धार पड़ी है और चोट की आवाज आ रही है। यह सूर्यास्त के तुरन्त बाद का समय है। अंधकार का पहला स्तर। यहां समृद्धि का आभास होता है। क्रिया है—भर ला। दूध की धार जो जीवन और उर्वरता का प्रतीक है। अंधकार में भी आशा है, समृद्धि है।

दूसरा विवरण आता है : दीए की लौ की पहली कंपकंपी / आत्मा में भर लो। यह अंधकार का दूसरा स्तर है। सूर्यास्त के कुछ देर बाद जब बची-खुशी रोशनी भी समाप्त हो चुकी है और दीया जलाया जा रहा है। यह दीए की लौ की पहली कंपकंपी है। इसका निष्कर्ष यह कि बत्ती पर्याप्त तेल से पैबस्त है, जिसके बिना पहली कंपकपी सम्भव नहीं। समृद्धि का भाव विद्यमान है। क्रिया है—भर लो। लेकिन कंपकंपी अनजाने ही एक आशंका भी उत्पन्न कर देती है। इस ध्वनि का पूरा स्वाद भिन्न है। अंधकार के दूसरे स्तर के साथ, अंधकार के चढ़ने के साथ पहली आशंका प्रगट होती है।

तीसरा विवरण : भर लो एक झुकी हुई बूढ़ी निगाह के सामने मानस की पहली चौपाई का खुलना और अन्तिम दोहे का सुलगना भर लो। अंधकार का यह तीसरा चरण है। गृह-काज समाप्त हो चुका है और वृद्धा मानस का पाठ करने बैठी है। बूढ़ी निगाह आसन्न अवसान का संकेत करती है, साथ ही पहली चौपाई का खुलना हमें आशावान भी बनाता है। एक अर्थ, सांत्वना और शरण की खोज

में वह वृद्धा मानस का पाठ करने बैठी है। 'अन्तिम दोहे का सुलगना' में सुलगना महत्त्वपूर्ण है । एक तो खुलना के ही विस्तृत अर्थ में—नए अर्थ की प्राप्ति के अर्थ में। दूसरा, अंधकार के सन्दर्भ में—अन्धकार का प्रतिलोम बनकर। अभी तक अन्धकार के समानान्तर प्रकाश-बिम्ब साथ-साथ चल रहे हैं। लेकिन धीरे-धीरे अलंकार बलवान होता जा रहा है। और इसकी पुष्टि बदलते दृश्यों से होती है। अन्धकार और भी गहरा हुआ है—'ताकती हुई आंखों का अथाह सन्नाटा'। अब पूर्ण अन्धकार है जब आंखें खुली हैं, लेकिन कुछ देख नहीं पातीं। इसके बाद शुरू होती हैं 'सिवानों पर स्यारों के फेंकरने की आवाजें' जो रात के पहले प्रहर की समाप्ति का संकेत देती हैं। यह भयावना है, अशुभ भी। अन्धकार और भी गाढ़ा होता है जब अभी तक छिपे हुए बिच्छू बाहर निकलते हैं। उनके उठे हुए डंक अन्धकार के नए स्तर का संकेत देते हैं। हर अगला विवरण अन्धकार के निरन्तर बढ़ते जाते, नए स्तर का संकेत करता है। 'उठे हुए डंक' के तुरन्त बाद 'भूख का हांका' और 'अंधेरा तुम्हें चींथ डाले' ये दो नए संकेत मिलते हैं। अब अंधेरा अपने चरम पर है, इतना ताकतवर कि वह हमें चींथ भी सकता है। पूरे दृश्य की भयावहता को हल्का करने की एक क्षीण कोशिश 'और कवि जी सुनो' कहकर की जाती है—यहां कवि जी कहने भर से यह कोशिश पैदा होती है। लेकिन सिर्फ इतना ही नहीं।

'इसके पहले कि अन्धकार तुम्हें चींथ डाले'—कौन-सा अन्धकार ?—'भर लो इस पूरे ब्रह्मांड को एक छोटी-सी सांस की डिबिया में भर लो'। कौन-सा अन्धकार ? एक बार फिर कविता वापस मुड़ती है—पहली कंपकंपी, झुकी हुई बूढ़ी निगाह, ताकती आंखों का अथाह सन्नाटा, स्यारों के फेंकरने की अशुभ आवाजें, बिच्छुओं के जीवनाशक डंक, भूख का हांका—ये सब एक-एककर मृत्यु के संकेत भी तो हैं। मृत्यु या अन्धकार। अन्धकार के अनेक स्तर हैं, अनेक प्रहर। मृत्यु के अनेक प्रहर हैं। और इस सबके विरुद्ध —जैसा कि शुरू से ही प्रकाश-बिंब गोचर कर रहे थे—छोटी-सी सांस की डिबिया है। मृत्यु के विरुद्ध छोटी-सी सांस की डिबिया। नश्वरता के विरुद्ध कवि की अमरता (यहां आकर हमें लगता है कि 'कवि जी' अकारण नहीं था)। अन्धकार के विरुद्ध प्रकाश।

प्रारम्भिक तौर पर यह पूरी कविता गांव की रात की कविता है। गांव की रात का इतना सूक्ष्म विवरण अपने आप में एक दुर्लभ घटना है। हिन्दी कविता में गांव की रात के ऐसे क्लोज-अप कम ही होंगे। दूसरी बात यह कि यह बात एक मनुष्य के जीवन की रात भी है। मनुष्यता की रात भी अन्धकार का यह जाज्वल्यमान पोर्ट्रेट है।

इस कविता का एक अन्य पक्ष भी है। पूरी कविता एक ही व्यक्ति—कवि जी को सम्बोधित है। पूरी कविता में आग्रह 'भर लो' पर है। दो परस्पर विरोधी तत्वों की एक लड़ी है—दूध की धार की धीमी-धीमी चोटों से लेकर बिच्छुओं के उठे हुए डंकों की बेचैनी तक ये तत्व ही कवि की आत्मा का निर्माण करते

हैं— 'आत्मा में भर लो'। इस स्तर पर यह कविता एक कवि की आत्मा का आलेख है।

इस एक कविता को चुनते हुए मुझे लगा कि इसमें केदारनाथ सिंह के इस संग्रह के सभी प्रतिनिधि स्वर एकत्र हैं। मोटे तौर पर इस संग्रह के तीन प्रतिनिधि तत्व हैं : पहला, गांव के जीवन का नए ढंग से चित्रण। यह संयोग भर नहीं कि संग्रह त्रिलोचन को समर्पित है। दूसरा, जीवन मृत्यु को लेकर इस संग्रह में अनेक कविताएं हैं। यह केदारनाथ सिंह के कवि-व्यक्तित्व का भी एक नया पक्ष है। जीवन और मृत्यु पर इतनी सारी कविताएं, इतने कोणों से, इतनी शिद्दत से लिखी हुई इस संग्रह में संकलित हैं। तीसरे, इस संग्रह में काफी बड़ी संख्या में ऐसी कविताएं हैं जो एक कवि के अन्दरूनी संघर्षों की दास्तान हैं। पहली कविता 'मातृभाषा' से लेकर अन्तिम कविता 'प्रिय पाठक' तक।

इस संग्रह की कविताएं मुख्यत: इन तीन तत्वों की कविताएं हैं। जिस कविता में ये तत्व एक साथ मौजूद हैं, वह कविता यही है—सूर्यास्त के बाद एक अंधेरी बस्ती से गुजरते हुए।

गांव और गांव के सन्दर्भ बिल्कुल नए ढंग से इन कविताओं में आए हैं। गांव पर लिखी कविताएं प्राय: आंचलिक हो जाती हैं, स्वयं भी 'ग्रामीण' लगने लगती हैं। साथ ही साथ एक प्रकार के मोह का भाव भी वहां रहता है। गांव का जीवन प्राय: नॉस्टेल्जिया के साथ कविता में आता है। केदारनाथ सिंह ने इन कविताओं के जरिये गांव को नए ढंग से, आधुनिक तरीके से देखने की कोशिश की है। सम्भवत: यह ऐसी पहली महत्वपूर्ण कोशिश है। इसीलिए उनके गांव पुराने तरह के, 'पारपरिक' गांव नहीं हैं जिनकी स्तुति हिन्दी कविता ने निरन्तर की है। यहां गांव का जीवन कोई पृथक् निर्दोष जीवन नहीं है—कोई स्वायत्त अंचल नहीं है। यह शेष सम्पूर्ण जीवन में ही प्रशस्त है। वास्तव में जीवन एक ही है—एक ही पीड़ा और संघर्ष का विस्तार। 'सूर्यास्त के बाद एक अंधेरी बस्ती से गुजरते हुए' के उपर्युक्त पाठ से यह स्पष्ट है।

इन कविताओं की सबसे बड़ी खूबी है—आंचलिकता से मुक्ति। इस तरह की कुछ अन्य कविताएं हैं—बोझे, पशु-मेला, कुछ सूत्र जो एक किसान बाप ने बेटे को दिए, अकाल में दूब, पर्वस्नान, गंगा को देखकर तथा रास्ता।

इन कविताओं में बहुत ही सूक्ष्म निरीक्षण मिलता है—गहरी आत्मीयता और जीवन के नए अर्थ। 'कुछ सूत्र जो एक किसान बाप ने बेटे को दिए' के प्राय: सारे ब्यौरे बिल्कुल नए हैं—वे ठेठ ग्रामीण जीवन के ब्यौरे होते हुए भी जीवन के वृहत्तर अर्थ व्यंजित करते हैं :

"कभी अंधेरे में
अगर भूल जाना रास्ता
तो ध्रुवतारा पर नहीं

सिर्फ दूर से आने वाली
कुत्तों के भूंकने की आवाज पर
भरोसा करना"

यह एक किसान का तथा एक सामाजिक प्राणी का जीवन-बोध है। 'ध्रुव-तारा' जिसे अटल पथ-प्रदर्शक माना जाता है, यहां निरुपयोगी सिद्ध होता है। पूरा जीवन-बोध ही भिन्न है। यहां ध्रुवतारे से ज्यादा विश्वसनीय है दूर से आने वाली कुत्तों के भूंकने की आवाज जिससे किसी बस्ती के होने का, मानव-समूह के होने का अंदाज मिलता है। यह गहन सामाजिक-बोध को व्यक्त करता है। एक किसान के लिए, और मनुष्यमात्र के लिए, मानव-बस्ती का पता देने वाली आवाजें अंधेरे फसीलों के उधर अपने किसी लश्कर के होने का पता देने वाली आवाजें 'ज्यादा महत्वपूर्ण हैं। ध्रुवतारा दिशा बताता है, रात में कुत्तों के भूंकने की आवाज जीवन का पता देती है। इस तरह बहुत ही सामान्य से विवरण के जरिये एक नया जीवन बोध व्यक्त होता है—किसान-जीवन पर लिखी गई किसी भी कविता के मुकाबले ज्यादा सूक्ष्म और प्रामाणिक।

किसान-जीवन के जीवट को बहुत ही शक्ति से व्यक्त करने वाली कविता है 'अकाल में दूब'। लेकिन यह जीवट सिर्फ एक किसान का जीवट नहीं है, यह मनुष्यमात्र का जीवट है। 'भयानक सूखा है'—सीधे-सीधे कविता शुरू होती है। सूखे की विभीषिका के एक पर एक कई नक्शे आते-जाते हैं। लगता है, जैसे जीवन लुप्त हो गया है। लेकिन तभी 'शीशे के बिखरे हुए टुकड़ों के बीच' नजर आती है एक हरी पत्ती :

"है—अभी बहुत कुछ है
अगर बची है दूब"

और किसान की जीवनी-शक्ति इसी दूब की तरह है। अनेक जगहों पर इस जीवन-शक्ति की अभिव्यक्ति हमें मिलती है, जैसे 'रास्ता' कविता में। जब रास्ता नजर नहीं आता तो एक बूढ़ा किसान ढेला फेंकता है और :

"जिधर ज्वार की लटकी हुई थैलियों को चीरती
चली जा रही थी गाय
उधर रास्ता था
उधर घास में
धंसे हुए खुर की तरह
चमक रहा था रास्ता"

जहां रास्ता नहीं है वहां भी रास्ता निकल आता है। जिधर से गाय गई है,

वही पथ है। यहां पशुओं का साथ जैसे मानव-संग की तरह है, अपना और विश्वसनीय। यह एक अखण्ड जीवन है, अपनी समस्त दुर्बलताओं और पीड़ा के बावजूद। केदारनाथ सिंह की इन कविताओं में जानवर और पक्षी अपनी पूरी गरिमा और स्नेह-शक्ति के साथ विराजमान हैं। चाहे वह 'पशुमेला' हो या 'पांच पिल्ले', या 'छोटे शहर की एक दोपहर' का कौआ, या 'घुलते हुए गलते हुए' की पानी में खड़ी सन्तुष्ट भैंस। गांव का जीवन नए तरीके से इन कविताओं में व्यक्त हुआ है। केदारनाथ सिंह ने बड़े ध्यान से, बड़े प्यार से इस जीवन को आत्मा में भरा है—दूध को धार की और बिच्छुओं के उठे हुए डंक को। एक-दो स्थलों का जिक्र और करना चाहता हूं जैसे कि 'बोझे' कविता। पूरे प्रसंग का विवरण इतना सूक्ष्म और विस्तृत है कि बोझे बांधने का दैनंदिन काम एक घटना में बदल जाता है—जीवनी-शक्ति और विपुलता की राशि का संचयन। 'न होने की गन्ध' कविता में श्मशान से लौटने का प्रसंग आता है और सादे ढंग से यह विवरण :

"हमारे आने पर भूंका नहीं
एक भी कुत्ता
क्योंकि कुत्तों को सब मालूम था"

यहां कुत्तों का न भूंकना ही मृत्यु की सम्पूर्ण व्यथा को व्यक्त करता है और कुत्तों के चरित्र का यह विवरण जीवन की अनश्वर अखंडता को।

इस संग्रह में जो दूसरा सबसे महत्वपूर्ण विषय है, वह है जीवन-मृत्यु का द्वन्द्व। ग्रामीण जीवन की कविताओं में भी यही विषय प्रमुख है। केदारनाथ सिंह के पूरे काव्य-जीवन में यह एक बड़े परिवर्तन को लक्षित करता है। जीवन और मृत्यु का द्वन्द्व प्रायः सभी कवियों में कभी-न-कभी, किसी-न-किसी स्तर पर जरूर ही व्यक्त हुआ है। केदारनाथ सिंह ने जीवन और मृत्यु को एक साथ रखकर उनके विभिन्न संयोगों को देखा है। एक तरफ 'अड़ियल सांस' है :

"मृत्यु से खेलते
और पंजा लड़ाते हुए
तुच्छ
असह्य
गरिमामय सांस"

यह कविता जीवन की 'एक लम्बी और अकेली सांस' का क्लोज-अप है। एक रोमांचक खेल-क्षण की तरह, स्लो मोशन टेकनीक में, केदारनाथ सिंह ने इसका वर्णन किया है, बहुत विस्तार से पूर्ण स्वर-संयम के साथ, उद्वेग-शून्य लय में। दूसरी तरफ कविता है 'पर्वस्नान'। जहां 'अड़ियल सांस' में सारे अतिरिक्त अंश

छांट दिए गए हैं, वहां इस कविता में बिना कुछ छोड़े सम्पूर्ण स्थिति का चित्रण है जहां जीवन है, मृत्यु भी और दोनों के सह-अस्तित्व से उत्पन्न द्विधा और तनाव भी। कविता जीवन और मृत्यु को एक साथ रखती है :

"रेत पर
एक लाश रखी थी
एक पके तरबूज की खुशबू
फैली थी रेत पर"

यहां जीवन की पूर्णता में मृत्यु का आभास भी है। अमरता की खोज में किया जा रहा यह पर्वस्नान मृत्यु के कितना पास है :

"ऊपर कौए मंडरा रहे थे
और नीचे—
कांपते हुए जल में
अमरता की छपाछप होड़ थी"

बहुत सारे लोगों द्वारा जल को पीटते हुए नहाने का सटीक चित्र है 'कांपते हुए जल में अमरता की छपाछप होड़ मची थी' और ऊपर मंडराते हुए कौए तथा नीचे अमरता की होड़ का अंतर्विरोध प्रारम्भिक द्वन्द्व को ही गहरा करता है। हालांकि अन्तिम बन्द में, 'लाश टुकुर-टुकुर देख रही थी जीवन का एक अद्‌भुत उत्सव' अमरता की होड़ को व्यर्थ और वीभत्स बना देता है। अड़ियल सांस की जिद एक चीज है और अमरता की छपाछप होड़ बिल्कुल दूसरी। एक जीवन का जोर है तो दूसरा मृत्यु के सामने जीवन का अप्रत्यक्ष समर्पण। एक सामान्य मनुष्य की इच्छा सिर्फ यही है कि :

"बची रहे धूप
और बचा रहे दोना भी"

('जन्मदिन की धूप में')

जीवन सम्पन्न हो, जीवन का दोना धूप से भरा रहे। 'एक दिन कोई उसे उठाकर फेंक देना बाहर', लेकिन जब तक वह दोना है जीवन का तब तक :

"उसी को लेकर अपने दोनों हाथों में
मैं सूर्य से भी ज्यादा सम्पन्न हूं
इस पृथ्वी पर"

और यह दोना एक कवि का दोना है।। 'हालांकि सच कहूं तो पचास वर्ष हुए मैं आज भी इस पृथ्वी पर चलना सीख रहा हूं।' यह एक कवि का विनम्र आत्म-स्वीकार है, जो अपनी प्रौढ़ता के बावजूद यह महसूस करता है कि अभी वह चलना सीख ही रहा है। इस संकलन में कवि और कविता को लेकर अनेक कविताएं हैं। इस संग्रह की कुछ सर्वाधिक महत्वपूर्ण कविताएं इसी कोटि की हैं। पहली कविता 'मातृभाषा' से शुरू करके अन्तिम कविता 'प्रिय पाठक' तक—कविता और कवि इस संकलन का एक मुख्य विषय है। एक कवि का घर, एक कवि की अंतिम शरण-स्थली उसकी मातृभाषा ही है जैसे चींटियों के लिए बिल और वायुयान के लिए हवाई अड्डा। और कविता उस मूल स्वप्न की खोज, जैसा कि वह स्वप्न वस्तु में बदल जाने के पहले था :

"तब से कितना समय बीता
हम अब भी चल रहे हैं
आगे-आगे कवि त्रिलोचन
पीछे-पीछे में
एक ऐसे बाघ की तलाश में
जो एक सुबह
धरती पर गिरकर टूट जाने से पहले
वह था"

कविता उसी आरम्भ की खोज है, मकान की नहीं, मकान बनने से भी पहले रचित मकान के नक्शे की खोज है—वह नक्शा जो स्वप्न की तरह अजर है। और इसके लिए जो है उसे पार कर, उसे छोड़कर पुनः जीवन की आदिमता में प्रवेश करना पड़ता है। कवि को इसी यात्रा के लिए साहस जुटाना पड़ता है। शब्दों की खोज वास्तव में नई जीवन-स्थितियों की खोज है :

"ठंड से नहीं मरते शब्द
वे मर जाते हैं साहस की कमी से"

'ठंड से नहीं मरते शब्द' कविता शब्दों के साथ कवि के गहरे, अंतरंग ताल्लुक का बयान करती है। यहां शब्दों के अनेक रंग हैं :

"कोई चटक रंगों वाला रोएंदार शब्द
बढ़ा आ रहा है मेरी तरफ
....
एक खूबसूरत शब्द को दे मारा पत्थर

जब धान के पुआल में
वह सांप की तरह दुबका था।"

कविता रचने की, शब्दों के सहकर्म की यह बहुत ही संवेदनयुक्त कविता है। कवि का बचाव करने अन्ततः आया है 'एक खून से लथपथ छोटा-सा शब्द,' जब उसे 'पांच-सात स्वस्थ सुन्दर शब्दों ने अचानक घेर लिया था,' और बोला : 'चलो, पहुंचा दूं घर'। यह एक भिन्न प्रकार की सौन्दर्य-दृष्टि है। जो क्षुद्र और विकृत है वही एक कवि का प्राणरक्षक है—मातृभाषा के हांफते हुए, खून से लथपथ शब्द जो वैसी ही जीवन-स्थितियों के बिंब हैं। केदारनाथ सिंह की इन कविताओं की भाषा पहले के मुकाबले ज्यादा देशज है। सिर्फ ऐसे शब्दों का प्रयोग नहीं, कविता अपनी पूरी काठी में पहले से ज्यादा देशज हुई है। समकालीन कविता की भाषा के बारे में प्रायः यह कहा जाता है कि यह अनुवाद की भाषा है। इस आलोक में यदि हम इन कविताओं को देखें तो लगता है कि इनका स्वभाव ज्यादा देशी है। केदारनाथ सिंह ने इन कविताओं में अनेक लयों का इस्तेमाल किया है। गद्यनुमा कविता मुख्यतः बोलचाल की नाटकीयता पर ही टिकी रहती है। लेकिन इधर आकर एक बार ऐसा लगने लगा है कि लय अधिकांशतः एकरस होती जा रही है। हिन्दी भाषा की जो छटा है, वह लुप्तप्राय है। केदारनाथ सिंह ने एक बार फिर कुछ पुरानी लयों को पुनर्जीवित किया है। एक कविता निराला को याद करते हुए उन्हीं की जमीन पर लिखी गई है। 'छोटे शहर की एक दोपहर', धीरे-धीरे हम', 'काली मिट्टी' में एक सुनिश्चित लय-पद्धति अथवा छन्द है। यहां तक कि 'सड़क पर दिख गए कवि त्रिलोचन' तथा अन्य कविताओं में भी सहसा एक भूली हुई लय वाली पंक्ति आती है :

"आगे-आगे कवि त्रिलोचन
पीछे-पीछे मैं।"

और फिर पूर्ववत गद्यात्मक पंक्ति : 'एक ऐसे बाघ की तलाश में जो एक सुबह धरती पर गिरकर टूट जाने से पहले वह था'।

मातृभाषा की अंतरंगता के बिना सामान्य पाठक तक कविता को पहुंचना असम्भव है। यह ठीक है कि वर्तमान समाज में जहां सामान्य रुचि लगातार भ्रष्ट की जा रही है, कविता का पाठक तक पहुंचना दुश्वार है। लेकिन एक कवि की तृष्णा पाठक तक पहुंचाना ही है, चाहे वह 'अगले जन्म' में ही क्यों न फलीभूत हो :

"वर्ना कौन कवि होता है इतना भाग्यशाली
जो अपने घर से चले
और सीधे पहुंच जाए
उस दुर्लभ-अदृश्य नगर के
उस दुर्लभ-अदृश्य द्वार पर
जो हमेशा एक पाठक का होता है ।"

यह संकलन हिन्दी कविता की कुछ भावी प्रवृत्तियों का ब्लूप्रिंट है ।

['आलोचना' से साभार]

शमशेर के बाद हिन्दी का दूसरा विशिष्ट कवि

नन्दकिशोर नवल

केदारनाथ सिंह के कविता-संग्रह 'जमीन पक रही है' की अन्तिम कविता है—'सादा पन्ना'। इस कविता के अन्त में उन्होंने कहा है—'कविता यही करती है/यही सीधा मगर जोखिम भरा काम/कि सारे शब्दों के बाद भी/आदमी के पास हमेशा बचा रहे/एक सादा पन्ना।' यह 'सादा पन्ना' क्या है ?कवि बहुत ही मोहक रूप में उसकी विशेषता बतलाता है—'सादा पन्ने पर/सुबह होती है न शाम/हमेशा एक आधी रात का सूरज/गोलार्द्ध के दूसरी तरफ चमकता रहता है/सादा पन्ने पर।' इससे यह स्पष्ट है कि 'सादा पन्ना' केदार के लिए वस्तु नहीं, प्रतीक है। यह उनके लिए उन्हीं मूल्यों का प्रतीक है, जिन मूल्यों का प्रतीक शमशेर के लिए 'व्योम' है—'मानवी व्योम/कवि केवल कवि···'। 'तीसरा सप्तक' के अपने वक्तव्य में केदार ने कहा था—'समाज के प्रगतिशील तत्त्वों और मानव के उच्चतर मूल्यों की परख मेरी रचनाओं में आ सकी है या नहीं, मैं नहीं जानता। पर उनके प्रति मेरे भीतर एक विश्वास, एक लालसा, एक लपट जरूर है, जिसे मैं हर प्रतिकूल झोंके से बचाने की कोशिश करता हूं, करता रहूंगा।' यह मूल्य-चेतना ही उनकी कविता का प्रेरक तत्त्व रही है और इसी के सहारे आधुनिकतावादी कवियों से वे अपने को अलग करते रहे हैं।

केदार की कविता 'दुनिया किन चीजों से बनी है ?' इसका पता हमें उनकी 'सूर्य' शीर्षक कविता बहुत ठिकाने से देती है। उनकी कविता की दुनिया में रोटी और नमक है, भूखा आदमी है, पिता की चाय के लिए नुक्कड़ की दुकान तक दूध खरीदने के लिए जानेवाला बच्चा है, तम्बाकू के खेत हैं और लकड़हारे हैं। यह न आधुनिक शहरों की दुनिया है, न शुद्ध गांवों की। यह वह दुनिया है, जो शहर और गांव दोनों के मेल से बनी है। कवि ने इसे 'मेरी बस्ती' कहा है, लेकिन यह वस्तुतः कस्बे की दुनिया है। केदार इस दुनिया के लोगों से बेहद प्यार करते हैं, उनकी हालत से भीतर ही भीतर तड़पते रहते हैं और 'यह जानते हुए कि लिखने से कुछ नहीं होगा' उनकी 'मुक्ति' के लिए कविता लिखते रहते हैं। उनकी मूल्य-चेतना

उन्हें किस तरह की कविता लिखने की प्रेरणा देती है, यह उन्होंने इन पंक्तियों में कहा है—

मैं लिखना चाहता हूं 'पेड़' / यह जानते हुए कि लिखना पेड़ हो जाना है/मैं लिखना चाहता हूं 'पानी' / 'आदमी' 'आदमी'—मैं लिखना चाहता हूं एक बच्चे का हाथ/एक स्त्री का चेहरा।

'पेड़', 'पानी', 'बच्चे का हाथ' और 'स्त्री का चेहरा'—ये सभी मानव-मूल्यों के प्रतीक हैं और इनके पीछे 'आदमी' स्थित है, जो कवि के मन को बेचैन रखता है। 'यह जानते हुए कि लिखना पेड़ हो जाना है' और 'मुक्ति का जब कोई रास्ता नहीं मिला / मैं लिखने बैठ गया हूं' केदार के इन कथनों से ऐसा लग सकता है कि कविता को वे एक निरर्थक चीज मानते हैं, और वह उनके लिए समरस्थल न होकर शरणस्थल है। लेकिन बात ऐसी नहीं है। कविता के प्रति उनकी निराशा, उनकी बेचैनी के कारण हैं, जो लोगों की हालत बदलने के लिए उनके मन में है। उन्होंने कहा है—'मैं पूरी ताकत के साथ/शब्दों को फेंकना चाहता हूं आदमी की तरफ/यह जानते हुए कि आदमी का कुछ नहीं होगा।/मैं भरी सड़क पर सुनना चाहता हूं वह धमाका/जो शब्द और आदमी की टक्कर से पैदा होता है।' केदार कविता को निरर्थक नहीं मान सकते, क्योंकि वे जानते हैं कि 'इस कोरे कागज पर तुम जो कुछ लिख रहे हो/उसमें पेड़ों की यातना भरी चुप्पी भी शामिल है' ('पेड़') जो कविता 'पेड़ों की यातना-भरी चुप्पी' को अंकित करती है, वह निरर्थक नहीं हो सकती है। 'पेड़ों की यातना-भरी चुप्पी' का अंकन गहरे मानव-प्रेम का सूचक है। विद्रोह की भावना इस 'चुप्पी' से ज्यादा उत्पन्न होती है, शोर-शराबे से कम। केदार की कविता में शोर-शराबा नहीं है, इसका यह मतलब नहीं है कि उनकी कविता में विद्रोह नहीं है। यहां प्रसंगवश यह निवेदन कर दें कि ऊपर उद्धृत की गई पंक्तियों में जिस 'धमाके' का जिक्र है, वह उग्र वामपंथियों की 'पिस्तौल' या 'बम' का धमाका न होकर 'शब्द और आदमी की टक्कर' का धमाका है, जिसका सम्बन्ध गोली-बारूद से न होकर कविता के प्रभाव से है, जिसे बहुत ही सशक्त ढंग से केदार ने व्यक्त किया है।

प्रस्तुत संग्रह की कुछ कविताएं हैं—'रोटी', 'बैल', 'फर्क नहीं पड़ता', 'एक प्रेम कविता को पढ़कर', 'नंगी पीठ', 'दीवार', 'बारिश' और 'टमाटर बेचनेवाली बुढ़िया।' ये सामाजिक वस्तुवाली कविताएं हैं। 'रोटी' में कवि ने कहा है—'वह पक रही है/और आप देखेंगे—यह भूख के बारे में/आग का बयान है/जो दीवारों पर लिखा जा रहा है।' रोटी का महत्त्व किसके लिए है और भूखा कौन है? केदार के इस संग्रह की कई कविताओं में रोटी और बहुत ही तेज भूख का वर्णन है। उदाहरण के लिए, 'सूर्य' शीर्षक कविता में भी वे कहते हैं—'ताखे पर रखी हुई रात की रोटी/उसके आने की खुशी में जरा-सा उछलती है/और एक भूखे आदमी की नींद में गिर पड़ती है।' 'रोटी' रोटी के प्रति तीव्र ललक को लेकर लिखी गई ऐसी कविता है, जैसी अन्यत्र कठिनाई से मिलेगी। 'रोटी' की

तरह ही विलक्षण कविता है 'बैल'। इसमें भी 'डूबते हुए सूरज की तंदूरी रोटी' हाजिर है, लेकिन यह आदमी पर बैल के बहाने लिखी गई कविता है इसलिए इसमें 'वह जरा-सा हूंफता है/उसके कान खड़े हो जाते हैं/यह भूसे की खुशबू है—वह अपने आपसे कहता है/और एक नई उम्मीद के साथ/अपने पूरे शरीर को/बस्ती की नन्द और गरमाहट पर छोड़ देता है।' लेकिन इस 'बैल' की नियति क्या है? 'अचानक उसे चरागाहों की याद आती है। वह पूंछ उठाता है/और बस्ती के इक्कीस चक्कर लगाने के बाद/पाता है—वह ठीक अपने हल के/सामने खड़ा है।' 'फर्क नहीं पड़ता' केदार की यथास्थिति की स्वीकृति की नहीं, बल्कि उसे तोड़ने के लिए उनके मन में जो बेचैनी है उसकी कबिता है। इसमें उन्होंने बड़ी आजिजी से कहा—"सच तो यह है कि यहां या कहीं भी फर्क नहीं पड़ता/तुमने जहां लिखा है 'प्यार'/वहां लिख दो 'सड़क'/फर्क नहीं पड़ता।' यह फर्क सत्य को समझने और उसे स्वीकार करने से ही पड़ेगा, लेकिन हालत यह है कि—'चीजें एक ऐसे दौर से गुजर रही हैं/कि सामने की मेज को/सीधे मेज कहना, अपराध है।' इस कविता को अपने देश के सन्दर्भ में रखकर देखना चाहिए, जहां लगता है कि यथास्थिति टूटी, लेकिन वह टूटती नहीं है।

'रोटी' और 'बैल' कविताओं-जैसी ही विलक्षण कविता है 'एक प्रेम-कविता को पढ़कर', जिसमें एक स्त्री के क्रमशः प्रेमवंचित होते जाने का वर्णन है। स्त्री प्रेम-कविता से धीरे-धीरे बाहर हो जाती है। उसे लेकर प्रेमी कवि जो मोहक वितान रचता है, वह धीरे-धीरे छिन्न-भिन्न हो जाता है। अब सामने स्त्री का ठोस, यथार्थ और सामाजिक रूप होता है जो प्रेम-कविता को विस्फोटक लगाकर उड़ा देता है—'उसके आगे कोई पंक्ति नहीं थी/कोई शब्द नहीं था कविता में उसके आगे/सिर्फ स्त्री थी/सिर्फ उसके कन्धे/उसकी पीठ/उसकी आवाज/सिर्फ स्त्री थी जो पूरी की पूरी/अब कविता के बाहर खड़ी थी/और कविता को ध्वस्त कर रही थी।' 'नंगी पीठ' में एक जाता हुआ आदमी है, जिसकी नंगी पीठ धूप में चमकती है। कवि का कहना है कि—'आदमी की नंगी पीठ/उसके चेहरे से ज्यादा दिलचस्प होती है/ज्यादा तर्क-संगत', क्योंकि वह उसके दर्द की दास्तान ज्यादा बेहतर और मौजूं ढंग से कहती है। सामाजिक परिदृश्य की संपूर्ण बदसूरती को उघाड़ने वाली कविता है 'बारिश'। केदार में भावावेश पर संयम तो है ही, वे अनेक बार अपनी संवेदना में उपहास और व्यंग्य मिलाकर उसे अभि-व्यक्त करते हैं जिससे उसके प्रभाव में वृद्धि हो जाती है। प्रस्तुत कविता में एक पिटता हुआ आदमी है, जिसका चित्र कवि ने यों अंकित किया है—'जो पिट रहा था/उसे देखना मुश्किल था/सिर्फ उसकी पीठ से खून गिर रहा था/सिर्फ उसके जूते सड़क पर पड़े थे/और बारिश पूरी मुस्तैदी के साथ/उसकी निगरानी कर रही थी/जूते/बारिश में भीगकर एक अजब ढंग से खूबसूरत लग रहे थे।' इस पूरी घटना का साक्षी एक गधा है, जिसके पास 'सिर्फ जबड़े थे जो पूरी ताकत के साथ/बारिश और सारी दुनिया के खिलाफ/बन्द कर लिए गए थे।' इसके बाद कवि ने

लिखा है—'यह सामना करने का/एक ठोस और कारगर तरीका था/जो मुझे अच्छा लगा।' इससे केदार की तड़प और उनकी अभिव्यक्ति की धारदारता को समझा जा सकता है। 'दीवार' शीर्षक कविता में उन्होंने 'दीवार' को मानव-विरोधी व्यवस्था के प्रतीक के रूप में प्रयुक्त करते हुए बहुत ही दृढ़ शब्दों में कहा है—'एक फावड़े की तरह उसके पीठ टिकाकर/एक समूची उम्र काट देने के बाद मैं इस नतीजे पर पहुंचा हूं/कि लोहा नहीं/सिर्फ आदमी का सिर उसे तोड़ सकता है।' यहां हमारा ध्यान उनकी 'टमाटर बेचने वाली बुढ़िया' कविता की ओर जाता है, जिसमें टमाटर बेचनेवाली बुढ़िया का 'टमाटरों की रोशनी में लहकता हुआ चेहरा' उन्हें गोर्की की 'मां' की याद दिलाता है। गोर्की की 'मां' के क्रान्तिकारी रूपांतरण और उसके क्रान्ति से सम्बन्धित कार्यों की चर्चा करने की यहां आवश्यकता नहीं है।

केदार ने अनेक ऐसी कविताएं लिखी हैं, जिनसे पता चलता है कि वे कुछ नए सामाजिक आर्थिक मूल्यों को स्वीकार कर ही कविता लिखनेवाले कवि नहीं हैं, बल्कि मूलतः वे कोमल मानवीय संवेदनाओं के कवि हैं और उनके प्रसार के लिए ही व्यवस्था में परिवर्तन चाहते हैं। कवि ने सोचा, 'चुप रहने से कोई फायदा नहीं' इसलिए वह शब्द की तलाश में दौड़ा। उसे वैसा शब्द चाहिए था, जो चक्की में दाने के पिसने से निस्सृत होना है। उसने 'आवाज' शीर्षक अपनी कविता में कहा है—'पत्थरों की रगड़ और आटे की गन्ध से/धीरे-धीरे छन रही थी/मां की आवाज/फिर मैं सो गया/कब और कहां मुझे याद नहीं।' इस तरह इस कविता में जिस आवाज को कैद किया गया है, वह अत्यन्त कोमल और अत्यन्त मानवीय आवाज है। इसी तरह 'बिना नाम की नदी' शीर्षक कविता में केदार ने नदी के वर्णन के माध्यम से पाठकों के मन में एक बहुत ही कोमल भावना जगाई है, जिसे नाम देना कठिन है, पर जो हमारे सांस्कृतिक विकास का चरम फल है। इस कविता का एक स्थल है—

> सूरज निकलने के काफी देर बाद/आती हैं भैंसें/नदी में नहाने के लिए/नदी कहीं गहरे में हिलती है पहली बार/फिर आते हैं झुम्मन मियां/हाथ में लिए हुए बंसी और चारा/नदी में पहली बार एक चमक आती है/जैसे नदी पहचान रही हो झुम्मन मियां को।

इस कविता को पढ़कर पाठक अपने मन की गहराई में उसी प्रकार का प्रकम्पन अनुभव करते हैं, जिस प्रकार का प्रकम्पन नदी में होता है, और उनके भीतर उसी प्रकार एक भावना चटख उठती है जिस प्रकार एक नदी के चेहरे पर आ जाती है। केदार में चूंकि विनोद-भाव भी है, इसलिए वे अन्त में यह कहकर चुटकी लेते हैं कि—'क्या सुबह से शाम तक/नदी के किनारे/नदी के लिए किसी नाम की तलाश में/एकटक बैठे रहते हैं झुम्मन मियां? इससे कविता में रसभंग नहीं होता, बल्कि एक नया रस आ जाता है।

'बढ़ई और चिड़िया' एक अन्य विलक्षण कविता है, जिसमें बढ़ई लकड़ी

चीरता है, तो—'उसकी आरी कई बार लकड़ी की नींद/और जड़ों में भटक जाती थी/कई बार एक चिड़िया के खोंते से/टकरा जाती थी उसकी आरी/उसे लकड़ी में/गिलहरी की पूंछ की हरकत महसूस हो रही थी/एक गुर्राहट थी/एक बाघिन के बच्चे सो रहे थे लकड़ी के अन्दर/एक चिड़िया का दाना गायब हो गया था।' आरी और लकड़ी के संयोग से ऐसी कोमल भावनाओं की उत्पत्ति निश्चय ही आधुनिक हिन्दी कविता में एक दुर्लभ घटना है। टमाटर को लेकर केदार ने क्रान्तिकारी अन्तर्यवाली कविता लिखी है, जबकि आलू को लेकर उन्होंने एक बहुत ही सुकुमार कविता बनाई है। आलू के साथ किसान परिवार से आनेवाले लोगों की अनेक स्मृतियां जुड़ी हैं जो शहर में रहते हैं, उन्हें आलू, उनके घर की याद दिला देता है। 'जाड़ों के शुरू में आलू' शीर्षक कविता में केदार कहते हैं—'मैं देर तक उसकी गोलाई के चारों ओर घूमता हूं/और अन्त में उसके सामने खड़ा हो जाता हूं/मैं छूता हूं किले की तरह ठोस उसकी दीवारें/मैं उसका छिलका उठाता हूं/और झांककर पूछता हूं—मेरा घर/मेरा घर कहां है ?' इस आलू की विशेषता यह है कि इसमें टूटन नहीं, जुड़ाव है—'जहां बहुत-सी चीजें लगातार टूट रही हैं/वह हर बार आता है/और पिछले मौसम के स्वाद से जुड़ जाता है।' केदार कैसे मालूमी चीजों से कविता बनाते हैं और कैसे उसे मूल्य-स्तर तक उठा देते हैं, यहां दृष्टव्य है, 'मैदान में बच्चे' में बच्चों के प्रति कवि के अपूर्व स्नेह की अभिव्यक्ति हुई है—'वे आए और मेरे भीतर खड़े हो गये/मैंने महसूस किया/मैं घास भरे मैदान की तरह फैलता जा रहा हूं।' 'बीमारी के बाद' एक ऐसी कविता है, जिसमें कवि के बाहर जाने की छटपटाहट देखते ही बनती है। 'बाहर' उसके लिए स्वतन्त्रता और सौन्दर्य का मूल्य बन जाता है—

> कई दिनों बाद मैंने बाहर देखा है/('बाहर'—इस शब्द में कितनी आंच है/कितनी उत्तेजना।)/क्या धूप को 'बाहर' कहते हैं पानी को ?/आसमान को ?/चोंच में कीड़ा दबाए हुए चिड़िया को ?

'मांझी का पुल' शीर्षक कविता केदार के इस संग्रह की ही नहीं, बल्कि आधुनिक हिन्दी कविता की एक उपलब्धि है, जिसमें मांझी का पुल मानवीय भावनाओं का बेहद खूबसूरत प्रतीक बन गया है। इस कविता में केदार कहते हैं—

> मैं जानता हूं मेरी बस्ती के लोगों के लिए/यह कितना बड़ा आश्वासन है कि वहां पूरब के आसमान में/हर आदमी के बचपन के बहुत पहले से/चुपचाप टंगा हुआ है मांझी का पुल/मैं सोचता हूं और सोचकर कांपने लगता हूं/उन्हें कैसा लगेगा अगर एक दिन अचानक यह पता चले/वहां नहीं है मांझी का पुल।

मानववादी कवि जैसे मनुष्य को प्यार करता है, वैसे ही प्रकृति को भी, क्योंकि वह जानता है कि प्रकृति के बिना मनुष्य अधूरा है। स्वभावतः केदार ने भी प्रकृति की कविताएं लिखी हैं, यथा 'जब वर्षा शुरू होती है' और 'सूर्यास्त'। पहली कविता में उन्होंने वर्षाकालीन दृश्य का बहुत ही सटीक वर्णन किया है...'जब वर्षा शुरू होती

है/तब कहीं कुछ नहीं होता/सिवा वर्षा के/आदमी और पेड़/जहां पर खड़े थे वहीं पर खड़े रहते हैं/सिर्फ़ पृथ्वी घूम जाती है उस आशय की ओर/जिधर पानी के गिरने की क्रिया का रुख होता है।' दूसरी कविता में वे पानी को देखकर कहते हैं —'मैंने देखा पानी/सुन्दर साफ चमकता हुआ पानी / मैंने देखा / और मैंने खुद से कहा / पानी का अर्थ है बोलना / आदमी का खड़ा होना पानी का अर्थ है / सिर्फ पेड़ का हरा होना/ पानी का अर्थ कदापि नहीं है।' इससे यह स्पष्ट है कि केदार ने पानी को कितना गहरे जाकर देखा है।

केदार ने 'तीसरा सप्तक' के अपने वक्तव्य में यह भी कहा था कि 'कविता में मैं सबसे अधिक ध्यान देता हूं बिम्ब-विधान पर' और 'प्रकृति बहुत शुरू से मेरे भावों का आलंबन रही है···खुले कछार, मक्का के खेत और दूर-दूर तक फैली पगडंडियों की छाप आज भी मेरे मन पर उतनी ही स्पष्ट है···।' इससे उनके सम्बन्ध में गलतफहमियां पैदा हुई हैं। एक तो यह कि वे बिम्बधर्मी कवि हैं और दूसरी यह कि वे रूमानी कवि हैं। इसमें कोई सन्देह नहीं कि केदार बिम्बों के माध्यम से काव्य-रचना करते हैं (कवि के पास इससे अधिक प्रभावशाली माध्यम और क्या है?) पर इसका यह मतलब नहीं है कि वे बिम्बधर्मी या बिम्बवादी कवि हैं। उन्हें बिम्बवादी मान लेने का दुष्परिणाम यह हुआ है कि उनकी कविता के सामाजिक और मानवीय सन्दर्भों को अनदेखा कर दिया गया है। जहां तक रूमानियत की बात है वह 'तीसरा सप्तक' और उसके तुरत बाद प्रकाशित उनके कविता-संग्रह 'अभी, बिल्कुल अभी' की कविताओं में भरपूर मात्रा में है, पर उनके प्रस्तुत कविता-संग्रह में हमें उसकी जगह ठोस और परिपक्व यथार्थ-बोध देखने को मिलता है। डॉ॰ नामवर सिंह ने कभी शमशेर के प्रसंग में कहा था कि छायावाद में जो कविता फेन तथा फूल थी, उसे उन्होंने तराशकर हीरे की तरह कठोर बना दिया।' ठीक यही बात केदार के नए संग्रह की कविताओं के बारे में कही जा सकती है। इन कविताओं में उनके रूमानी बिम्ब हीरे की तरह कठोर हो गये हैं। ऐसी स्थिति में उनकी कविताओं का उनकी आरम्भिक कविताओं का बढ़ाव समझना गलत है।

केदार आधुनिक हिन्दी कवियों में सर्वाधिक तीक्ष्ण संवेदना के कवि हैं। उनकी एक छोटी-सी प्रेम-कविता है 'जाना', जो कि इस प्रकार है—

> मैं जा रही हूं—उसने कहा/जाओ—मैंने उत्तर दिया/यह जानते हुए कि जाना/हिन्दी की सबसे खौफनाक क्रिया है।

इसमें प्रेमिका के जाने की त्रासद पीड़ा को, 'जाना' को 'हिन्दी की सबसे खौफनाक क्रिया' बतलाकर व्यक्त किया गया है। कहने का ढंग तीक्ष्ण संवेदना की ही देन है, पर यहां हम केवल कवि की संवेदना पर ध्यान केन्द्रित करें, तो पाएंगे कि उसमें जो तीक्ष्णता है, वह हिन्दी की प्रेम-कविता में पहले नहीं दिखलाई पड़ी। केदार की तीक्ष्ण संवेदना ने ही उनकी भाषा और बिम्बों को तीक्ष्ण बनाया है। कोई भी प्रसंग हो, वे बड़ी सावधानी से थोड़े-से शब्द चुनते हैं और उनके संयोजन से ऐसे

बिम्ब बनाते हैं, जो 'लहक' से भरे हुए होते हैं। 'तम्बाकू के खेतों से उठनेवाली खूंखार चमक', 'ताजा बुरादे की ठंडी खुशबू', 'चुपचाप बहने वाली पतली-सी नदी', पहले से ज्यादा गोल और खूबसूरत/पहले से ज्यादा सुर्ख और पकी हुई रोटी', 'पत्तियों से सिप्-सिप् सिप्-सिप् गिरनेवाली धीमी गुनगुनाहट' 'टमाटरों की रोशनी में लहकता हुआ चेहरा', 'सिवानों में सूर्यास्त तक चमकते उठे हुए सींग', 'लकड़ी में गिलहरी की पूंछ की हरकत,' 'स्त्री के कन्धों पर छनकर पड़नेवाली हल्की-सी धूप', 'नए आलूओं से बाजार का सुलगना', 'जाते हुए आदमी की धूप में चमकती हुई पीठ', 'आपस में टकराती हुई/एक महान समुद्र की लहराती हुई वस्तुएं', 'सड़क के तमाम पेड़ों पर टंगी हुई नीले आकाश से फूटनेवाली एक पतली सी नदी', 'एक विशाल फूल की तरह खिलता हुआ शहर' और 'पूरब के आसमान में सारसों के झुंड की तरह डैने पसारे हुए धीरे-धीरे उड़नेवाला तथा बैलों के सींगों के बीच दिख जानेवाला मांझी का पुल' ये कुछ उनके बिम्ब हैं। ये बिम्ब पूरी कविता में रचे हुए हैं इसलिए अलग से इनका महत्व नहीं है, बावजूद इसके अलग से भी ये अत्यन्त सुन्दर और प्रभावशाली हैं। कविता के भीतर ये बिम्ब और अधिक 'लहकते' हुए दिखलाई पड़ते हैं। ये पारदर्शी इस अर्थ में हैं कि ये हमें सपने में उलझाते नहीं हैं और हमें कविता की संप्रेष्य वस्तु तक ले जाते हैं। केदार में जो मानववाद है, उनमें जो तीक्ष्ण संवेदना हैं, उनमें शब्दों की जो मितव्ययिता है, उनमें बिम्बों का जो रचाव है, वह उन्हें शमशेर के बाद हिन्दी का दूसरा अत्यन्त विशिष्ट-कवि बनाता है। शमशेर की तरह ही उनकी कविताएं हिन्दी आलोचना के लिए चुनौती है। उनकी कविताओं का विश्लेषण कर निश्चय ही हिन्दी आलोचना विकसित होगी। केदार में हमें दो शैलियों की कविताएँ मिलती हैं। पहली शैली की कविताओं में प्रायः शब्दों का आपस में सम्बन्ध नहीं दिखलाई पड़ता है और वह अर्थ का सूत्र पकड़ में आने के बाद स्पष्ट होता है, जबकि दूसरी शैली की कविताओं में शब्द बाहर और भीतर दोनों की तरफ से परस्पर सम्बद्ध होते हैं। पहली शैली की कविता का उदाहरण है 'जमीन पक रही है' शीर्षक कविता और दूसरी शैली का उदाहरण है 'मांझी का पुल' शीर्षक कविता। हमारा खयाल है कि आगे आनेवाले दिनों में केदार की कविता 'मांझी का पुल' शैली की कविताओं की दिशा में आगे बढ़ेगी, क्योंकि उस शैली में स्पष्टतः संप्रेषणीयता अधिक है और संप्रेषणीयता वह मूल्य है, जिसे प्रगतिशील कवि दूसरे कई मूल्यों को छोड़कर स्वीकार करता है।

अन्त में केदार के कविकर्म पर उन्हीं की चन्द पंक्तियां लेकर यह टिप्पणी की जा सकती है—

> मैं जरा दूर था/मैंने भी देखा पर मैं जहां खड़ा था वहां से/वे सारे लोग और वह पूरी सड़क और वह समूचा आकाश/सभी कुछ मिलकर एक शब्द बन गया था/एक मरा हुआ शब्द···चन्द्रोदय/मैंने उसी को लिया/और पूरे उस दृश्य के विरुद्ध रख दिया। (भीड़ के विरुद्ध एक शब्द।)

फर्क पड़ता है

विष्णु खरे

केदारनाथ सिंह पिछले बीस वर्षों के अधिक समय से कविताएं लिख रहे हैं किन्तु उनका पिछला संग्रह बीस वर्ष पहले प्रकाशित हुआ था। बीस वर्ष का यह अंतराल हिन्दी कविता के लिए भी महत्वपूर्ण है—1960 में मुक्तिबोध की खोज नहीं हुई थी, धूमिल का दूर-दूर तक नामोनिशान नहीं था और कवि या समीक्षक को यह गुमान भी न था कि आगामी बीस वर्ष ही हिन्दी कविता के निर्णायक वर्ष होंगे। पिछले दो दशक कई तरह की कविताओं और कवियों के तिरोहण के दशक रहे हैं। अज्ञेय तथा उनसे प्रेरणा प्राप्त करने वाली कविता और काव्य-चिन्ता अप्रासंगिक हो चुके हैं, अकविता काल के कराल गाल में बिला गये किन्तु मुक्तिबोध पूरे काव्य-दृश्य को सूर्य की तरह आलोकित कर रहे हैं। मुक्तिबोध के अलावा भी सार्थक कवि हैं—यद्यपि इस बीच अनेक युवा कवि भी आये जिनमें से अधिकांश उल्काओं की तरह विलीन हो गये या कुछ जिनमें मुक्तिबोध जैसी जिम्मेदारी और प्रतिबद्धता है और वैविध्य मुक्तिबोध से ज्यादा है। बहुत-कुछ गीतात्मकता तथा उसके बाद 'नयी कविता' के संस्कारों से शुरू करने वाले केदारनाथ सिंह इन बीस वर्षों में न डरे, न दिग्भ्रमित हुए। वे इस या उस भगदड़ में शामिल नहीं हुए। हिन्दी में इतना धैर्य, मजबूती, बेफिक्री—और इतना आत्मविकास भी—कम ही मिलते हैं। युवा कवियों के पदार्पण से वरिष्ठ कवि चिंतित न हों यह तो समझ में आता है किन्तु अपने तीन महत्वपूर्ण समकालीनों—रघुवीर सहाय, कुंवर नारायण और श्रीकांत वर्मा की बदलती-विकसित होती कविता तथा बढ़ती हुई प्रतिष्ठा से भी वे विचलित नहीं हुए यह एक सुखद आश्चर्य है। 'जमीन पक रही है' में केदारजी की पैंतालीस कविताएं हैं– बीस वर्षों में प्रकाशन-योग्य समझी गयी पैंतालीस कविताएं यानी औसतन एक वर्ष में तीन कविताएं भी नहीं। अज्ञेय सरीखे अर्थगर्भ मौनी की सैकड़ों कविताएं इस बीच खाद बन गयीं और अनेक ग्रामीण, कस्बाई और नागर युवा कवियों ने भी हिन्दी को कूड़ेदान बनाने में

कोई कसर नहीं छोड़ी। पैंतालीस कविताओं का यह संकलन भी किसी अतिरिक्त आत्मविश्वास या आत्माभिनंदन की उपज नहीं है। संग्रह की कविताएं कोई बड़े दावे नहीं करतीं—'मेरी कठिनाई यह है/कि मैं चीजों को जानता हूं' के बावजूद सचाई यह है कि वे चीजों के त्रासद अहसास की कविताएं हैं, दांभिक ज्ञान की नहीं।

यह नहीं है कि मैंने 'जमीन पक रही है' की सारी कविताएं नहीं पढ़ी हैं—सच तो यह है कि इस संग्रह के एक-एक शब्द को कई बार पढ़ा है किन्तु यह कोई शर्त नहीं है कि यदि कोई संकलन आपको महत्त्वपूर्ण लगा है तो उसकी सारी कविताएं आपको महत्त्वपूर्ण या समाम रूप से उल्लेखनीय लगें। किसी कविता-संग्रह की सारी कविताएं पूरी-की-पूरी खराब लगें यह तो संभव है—हिन्दी के ज्यादातर संग्रहों की यही हालत है—किन्तु यदि किसी संग्रह में अच्छी कविताएं हैं तो स्पष्ट है कि सारी अच्छी नहीं होंगी या समान रूप से अच्छी नहीं होंगी। एक संकलन ही क्यों, बड़े-से-बड़े कवियों की संपूर्ण कविताएं एक जैसी पठनीय नहीं होतीं—निराला, मुक्तिबोध, शमशेर, नेरुदा, ब्रेश्ट, एलियट आदि की सारी कविताओं को एक जैसा सराह पाना या सबको सराह पाना किसी मूढ़ अंधभक्त का ही काम हो सकता है। दरअसल हर रचनाकार के पास देने के लिए एक क्रोड़ सामग्री ही होती है—एक दैदीप्यमान सर्जनात्मक ऊर्जा केन्द्र जिसमें से उसकी सारी रचनाएं फूटती हैं। यह सर्जनात्मक भभक कभी बहुत ऊंची हो सकती है और कभी सिर्फ एक चिन्गारी। हमें इस चिन्गारी या लपट से ही कवि की शक्ति का संकेत पाना होता है। इसलिए यह स्पष्ट करना आवश्यक है कि केदारनाथ सिंह के इस संकलन पर या उनकी कविता पर बात करते समय जो रचनाएं मैं अपने सामने रख रहा हूं वे हैं—**सूर्य, जमीन, आवाज, प्रतीक्षा के विरुद्ध कुछ पंक्तियां, दुश्मन, रोटी, टमाटर बेचने वाली बुढ़िया, बैल, बढ़ई और चिड़िया, फर्क नहीं पड़ता, एक प्रेम कविता को पढ़कर, जो एक स्त्री को जानता है, बारिश, गर्मी में सूखते हुए कपड़े, मैदान में बच्चे** तथा **धूप में घोड़े पर बहस**। एक संकलन में चर्चा करने लायक सोलह कविताएं हों यह अपने आप में एक उपलब्धि लगती है।

इन सोलह कविताओं के शीर्षक ही केदारनाथ सिंह की दुनिया का जुगराफिया समझाने के लिए काफी हैं--उसमें सूरज, धरती, मैदान, बारिश, गर्मी, धूप, आवाजें, बुढ़िया, बढ़ई, स्त्री, बच्चे, बैल, घोड़े, चिड़िया, रोटी, टमाटर, कपड़े, प्रेम और दुश्मन आदि हैं। दो शीर्षक ही ऐसे हैं जो ठोस संसार के नहीं हैं किन्तु उनके पीछे खासा मूर्त्त रुख है। स्पष्ट है कि केदारजी ठोस चीजों के कवि हैं (ठोस शब्द उन्हें अच्छा भी लगता है और उनकी कविताओं में लौटता रहता है) और उनकी प्रतिभा चिरंतनवादी घटाटोप में ठस नहीं हो गयी है। किन्तु कविताओं और उनके संग्रहों के शीर्षक ही उन्हें श्रेष्ठ बना पाते तो हिन्दी के अधिकांश कवि कुकवि क्यों होते, महाकवि न हो

जाते । केदारनाथ सिंह की कविताएं और उनके शीर्षक एक-दूसरे को सार्थकता और नयी अस्मिता प्रदान करते हैं । उनकी कविता की पहली पहचान अपनी दुनिया की चीजों को बहुत गहरे डूबकर प्यार करना है । इसे आप चाहें तो गीतात्मकता कह लें या रूमानियत—जबकि ध्यान से पढ़ने के बाद आप पाएंगे कि दरअसल आपको उसे एक उत्कृष्ट मानवीय लगाव कहना चाहिए था । उनकी कविता इस दुनिया में आकर मूलत: प्रसन्न और उल्लसित है, आदमी होना केदारजी के यहां खुश होना है, चीजों को सुनना, देखना, छूना, सूंघना, चखना है : धरती, सूरज, चांद, सितारों को देखकर चमत्कृत होना ही नहीं है, उन्हें अपना समझना है, यह जानना है कि ये सब आदमी और उसके सुख के लिए बने हैं । यह बहुत खतरनाक हो सकता था और उन्हें पांच जोड़ बांसुरी छाप कवि ही बनाये रख सकता था किन्तु वे इस स्वर्ग में सर्प भी देख पाते हैं । बात सिर्फ यह है कि उन्हें केवल सांपों ही सांपों के दुःस्वप्न नहीं आते—अपने होने के प्रति स्वस्थ लगाव और उसमें एक स्वस्थ आह्लाद ऐसे दुःस्वप्नों के शत्रु हैं । उनकी कविताओं के केन्द्रीय मानव-प्रेम, मानव द्वारा बनायी गयी उपगोगी वस्तुओं, उसके लिए उपयोगी प्रकृति, मानवीय भावनाओं के प्रति स्नेह ने जहां उन्हें एक स्वस्थ रूमानी कवि बनाया वहां दूसरी ओर उनकी कविता को साठोत्तरी और सत्तरोत्तरी वादों से बहुत दूर रखा । केदारनाथ सिंह पिछले दो दशकों के उन मुट्ठी भर कवियों में से हैं जिन्होंने मानवद्रोही तथा रुग्ण पाखंडों से अपनी कविता को मुक्त रखा है । उनके यहां निहिलिज्म, सिनिसिज्म, फासिज्म-समर्थक अनेकांतवाद, विश्वघृणा, आत्मविद्रूप आदि अनुपस्थित हैं—यह उस समय जब पिछले बीस वर्षों के उनकी पीढ़ी के और उनकी बाद की पीढ़ी के अधिकांश कवियों में ये प्रवृत्तियां प्रारंभिक रूप में ही सही, किन्तु दिख अवश्य जाएंगी । इसका अर्थ यह कतई नहीं है कि केदारजी ने एक रूमानी रेगिस्तान में मुंह धंसा लिया है और बुरी खबरों की तरफ से कान बन्द कर लिये हैं ।

केदारनाथ सिंह के यहां शब्दों और भावनाओं का अपव्यय नहीं है । उनकी कविताएं मसीहाई या क्रांतिकारी मुद्राएं नहीं अपनातीं, वे बहुत छोटे-छोटे हर्ष-विषाद और जद्दोजहद की कविताएं हैं, 'थोड़ा लिखा ज्यादा समझना' के संदेश हैं । उनमें छोटा या मामूली आदमी होने की न तो भंगिमा है, न लज्जा, न पश्चाताप—बल्कि अधिकतर कविताओं में वे स्वयं को उघाड़कर निहत्था रख देते हैं । छोटी-छोटी चीजों, इन्सानों गनीमती के असली, महसूस किये हुए चित्रों से वे आदमी और आदमी के बीच के रिश्तों को स्पष्ट करते हैं । वे जानते हैं कि ये रिश्ते हमेशा आदर्श, मधुर और मानवीय नहीं होते, इसीलिए उनकी कविताओं में अमूर्त आदमी नहीं है बल्कि जिन्दगी से सीधे लिए गये लोग, उनकी तकलीफें, सपने और सचाइयां हैं । केदारजी के भूखे आदमी, पिता की चाय के लिए अलस्सुबह दूध खरीदने जाता अकेला बच्चा, बढ़ई, दर्जी, औरत, मां, झुम्मन मियां, दोस्त, बुढ़िया, बच्चे, लड़के, बस का इंतजार करती स्त्री,

नंगी पीठ वाला आदमी, पिटने वाला आदमी, बहस करते हुए मित्र, मल्लाह, हलवाहा, हज्जाम आदि रणबांकुरे आराध्यों में परिवर्तित नहीं किये गये हैं। वे सिर्फ आदमी हैं, उनका आदर्शीकरण या स्वर्गारोहण केदारजी का अभीष्ट नहीं।

आदमी से इतना रिश्ता रखते हुए भी उनकी कविताएं मात्र मानव केन्द्रित नहीं हैं। दरअसल मानव और प्रकृति के बीच सम्बन्ध को उसके विभिन्न आयामों में जितना उन्होंने देखा है हिन्दी के किसी भी समकालीन कवि ने शायद ही देखा हो। आदमी की उपस्थिति के बिना प्रकृति एक बेजान और नैतिक मूल्यों से रहित वस्तु है—आदमी का मस्तिष्क ही वृहत्तर प्रकृति के विकास का वह हिस्सा है जो प्रकृति को अर्थ देता है। प्रकृति जहां गीतात्मक है वहां उसके पंजे और दांत भी हैं। केदारजी की कविताओं में कहीं भी 'प्रकृति चित्रण' केवल प्रकृति-चित्रण की अय्याशी के लिए नहीं है बल्कि प्रकृति उनके यहां हमेशा आदमी की विभिन्न भावनाओं और परिस्थितियों के जरिए देखी गयी चीज है। प्रकृति उनके लिए मानव से पलायन नहीं है बल्कि परस्पर संतुलन और मित्रता की खोज है। आदमी के दिमाग में और समाज में जब तक मानव-द्रोही तत्त्व रहेंगे तब तक प्रकृतिद्रोह एक विभीषिका बना रहेगा और शायद मानव की समाप्ति का कारण भी बनेगा। केदारनाथ सिंह की कविताएं इसी-लिए आदमी की आदमियत की खोज, उसमें गहरी आस्था और उसके प्रति अदम्य प्रतिबद्धता की कविताएं हैं।

किन्तु जिनके लिए आदमियत की खोज महज सामयिकता तक आकर रुक जाती हैं ऐसे नित्यकर्मी दिमागों को यह तकलीफ हो सकती है कि केदारजी रोज सुबह अखबार की सुर्खियां पढ़कर कविताएं नहीं लिखते। जब हमारे जमाने के सबसे ज्यादा जागरूक कवि मुक्तिबोध ने इसकी कोई आवश्यकता नहीं समझी और रघुवीर सहाय के यहां भी समसामयिक या नगर-संस्करण होने की आसानीपसंद अवसरवादिता और कविता और मानव-विरोधी हरकत नहीं है तो वह केदारनाथ सिंह के यहां क्यों हो जिन्होंने अपनी आस्था, प्रति-बद्धता, रोष, और प्रेम को अपनी तरह लिखने का कठिन रास्ता चुना? हिन्दी के अधिकांश कवि और आलोचक, जिनसे पास प्राथमिक बुद्धि भी नहीं है, अपने लेखे एक तरह की कविता और उसकी एकायामीय व्याख्या से चिपक जाते हैं और उसी सांचे में सबको ढालना चाहते हैं। हिन्दी में आज के समाज और देश को लेकर शमशेर अपने ढंग से व्यग्र हैं, त्रिलोचन, नागार्जुन, रघुवीर सहाय, कुंवर नारायण अपने ढंग से और धूमिल, चन्द्रकांत देवताले, सौमित्र मोहन, ज्ञानेन्द्रपति अपने-अपने ढंग से। इनमें एक तरीका केदारनाथ सिंह का भी है—इस समय सैकड़ों कवि आज की राजनीति, आज के समाज पर कविताएं लिख रहे हैं फिर उनमें से मुट्ठी भर ही क्यों बच रहते हैं और उनमें केदारनाथ सिंह भी क्यों उल्लेखनीय हैं इसकी कुंजी मात्र समसामयिक होने में ही नहीं है—या बस उसी में है।

केदारजी की कविताओं में व्यक्तिगत और सार्वजनीन, सूक्ष्म और स्थूल, शांत और हिंस्र के बीच आवाजाही, तनाव और द्वन्द्वात्मकता लगातार देखी जा सकती है। सूर्य कविता की पहली आठ या शायद नौ पंक्तियां कुहरे में धूप जैसा गुनगुना मूड तैयार करती ही हैं कि 'खूंखार चमक, आदमी का खून, गंजा या मुस्तंड आदमी, सर उठाने की यातना' इस गीतात्मक मूड को जहां एक ओर नष्ट करते से लगते हैं वहां उसका कंट्रास्ट भी देते हैं। इसी कविता की अंतिम चार पंक्तियों में एक और विरोधाभास है—कवि एक ओर तो कहता है कि सिर्फ सूर्य ही एक ऐसी चीज है जिस पर बस्ती के लोग भरोसा कर सकते हैं किन्तु दूसरी ओर वह यह भी जानता है कि सूर्य पर बस रोटी ही नहीं सेंकी जा सकती। स्पष्ट है कि आदमी के लिए रोटी सेंक पाना उन सब कार्यों से कठिन है जो सूर्य आसानी से कर पाता है। रोटी आदमी को ही सेंकनी होगी यह तो साफ है किन्तु एक और सम्भावना यह भी है कि हिन्दी कविता में 'सूर्य' प्रतीक के अति-प्रयोग की तरफ भी कवि इशारा कर रहा हो। इसका प्रमाण प्रतीक्षा के विरुद्ध कुछ पंक्तियों में इस तरह देखा जा सकता है—'कुछ शब्द हैं—जैसे सूर्योदय/जिनके जादू से बचना चाहिए'। कवि जानता है कि 'कितना बदल जाता है सब कुछ/यहां तक मंजन का स्वाद भी/सिर्फ यह कहने से कि आज बुध नहीं बृहस्पति है' और यह कि 'चिड़ियां/तुम्हारे कोट के जेबों से नहीं/बल्कि चिड़ियां निकलती हैं/शहर की सबसे मनहूस इमारतों से'। मृदु से कठोर की ओर यह यात्रा रोटी, बढ़ई और चिड़िया, गर्मी में सूखते कपड़े तथा मैदान में बच्चे कविताओं में भी है लेकिन जहां बढ़ई और चिड़िया और गर्मी में सूखते हुए कपड़े में यह फिर भी सांकेतिक है, शेष दो में वह काफी साफ है—यद्यपि वहां भी मुखरता या प्रगल्भता नहीं है। दुनिया की सबसे आश्चर्यजनक चीज रोटी ताप, गरिमा तथा गन्ध के साथ पक रही है। केदार जी चाहते तो इस मृदु चित्र को कुछ और पंक्तियों में ले जा सकते थे लेकिन शीघ्र ही रोटी एक झपट्टा मारने वाली चीज में बदल जाती है और कवि आदिमानव के युग में पहुंच जाता है—वह कहता अवश्य है कि पकना लौटना नहीं है जड़ों की ओर, किन्तु रोटी का पकना उसे आदिम जड़ों की ओर ही ले जाता है—उसकी गरमाहट उसे नींद से जगा रही है, आदमी के विचारों तक पहुंच रही है और वह समझ रहा है कि रोटी भूखे आदमी की नींद में नहीं गिरेगी बल्कि उसका शिकार करना होगा और यह समझना कविता लिखते हुए भी कविता लिखने की हिमाकत नहीं बल्कि आग की ओर इशारा करना है। मैदान में बच्चे में कवि कुछ दूर तक शामिल होता है, किन्तु कुछ देर बाद उनकी उपस्थिति अपर्याप्त और अन्त में शायद अनावश्यक हो जाती है—गेंद की तलाश में शहर की ओर मुट्ठियां ताने बढ़ते हुए नाराज बच्चों के लिए वह अदृश्य है। वह जो घास-भरा मैदान था, एक बे-चेहरा चीज हो जाता है—केदार जी की यह कविता एक ओर तो भावुकता से वयस्कता की ओर बढ़ जाने का संकेत है और दूसरी ओर मोह भंग का भी। गर्मी में सूखते हुए कपड़े उनकी इस तरह की कविताओं में सबसे कम ललित है—यानी सारी

ललित भावनाओं की सजग, निर्मम छंटाई उसमें हुई है और कविता अपने नितांत अनलंकृत 'सौन्दर्य' में अपने सारे प्राकृतिक गुणों के साथ सामने है—इसीलिए उसकी अन्तिम पंक्तियों की कठोरता उसी अनुपात में है—यानी सबसे कम कठोर। शायद यह केदारजी की सबसे ज्यादा धोखादेह कविता है—एक स्तर पर एकदम चाक्षुष तथा वर्णनात्मक और दूसरे पर लोहे की तरह धीरे-धीरे गरम होने वाली। 'बढ़ई और चिड़िया' में भी कोमल और क्रूर के बीच विलक्षण तनाव है—वहां गिलहरी की पूंछ के साथ बाघिन की गुर्राहट है और अन्त में स्वयं लकड़ी के अन्दर फंसी हुई चीखती चिड़िया है।

सवाल यह है कि जब केदारनाथ सिंह कठोर, क्रूर या हिंस्र होते हैं तो उनकी कविता हमसे क्या कहती है—क्या वह सिर्फ एक तरकीब है या उसके तकाजे हैं? उनका कठोर होना उनकी कविता को कहां ले जाता है, हिन्दी कविता को कहां ले जाता है और उनके पाठक को क्या देता है? जिन सोलह कविताओं का हम जिक्र कर रहे हैं उनके अतिरिक्त भी **जमीन पक रही है** में अनेक कविताएं हैं जिनका तीखापन छिपा हुआ नहीं है बल्कि बहुत ज्यादा साफ है—केदारनाथ सिंह जैसे कवि के लिए बहुत ज्यादा साफ। जब कवि एक खास स्थान बना लेता है तो उसे बहुत कुछ करने की रियायत नहीं दी जाती—वह अपनी उपलब्धि से सीमित भी हो जाता है। हम केदारनाथ सिंह की अपेक्षाकृत कम अच्छी या एकदम उनके अयोग्य कविताओं की बात नहीं कर रहे हैं किन्तु जिन कविताओं में वे कमोवेश अपनी पूरी ताकत से उपस्थित हैं उनमें उनका क्या सन्देश है? केदार जी की हमदर्दी किसके साथ है यह बताना न होगा—उन्हें अपनी सहानुभूति प्रदर्शित करने के लिए कवायद या कसरत नहीं करनी पड़ती। बल्कि यूं कहें कि उन्होंने व्यायाम का वह रास्ता स्वयं ही नहीं चुना है। प्रतिबद्धता के एक-से-एक उदाहरण हिन्दी में हैं—नागार्जुन, निराला, मुक्तिबोध, रघुवीर सहाय, धूमिल आदि। किन्तु स्पष्ट था कि केदारनाथ सिंह इनसे अलग रास्ता चुनते—यह प्रश्न शायद अप्रासंगिक है कि धूमिल को उन्होंने कितना प्रभावित किया और बाद में धूमिल से उन्होंने क्या पाया—केदार जी की कविताएं कभी भी एकदम बड़े वक्तव्य, बड़े चीत्कार, बड़े दावे, बड़े चमत्कार से शुरू नहीं होतीं—वे लगभग एक बातचीतनुमा या किस्सानुमा हल्के-फुल्के जुमले से शुरू होती है, एक शरारत की तरह भी किन्तु जिस तरह हर मामूली बात में किसी बड़ी घटना के बीज हो सकते हैं—या किसी चिन्गारी में दावानल की क्षमता—इसी तरह उनकी कविता ज्यों-ज्यों बढ़ती है, त्यों-त्यों वेग, उत्तेजना, ताप और द्युति प्राप्त करती है—यानी जो चीज दियासलाई की तरह शुरू होती है वह अंगुलियां झुलसा देती है। **टमाटर बेचने वाली बुढ़िया** की पांचवीं पंक्ति में ही गोर्की की मां याद आ जाना अकलात्मक जल्दबाजी लग सकती है—जो केदार जी में बहुत कम हैं—किन्तु सम्भव है कवि किसी भी प्रबुद्ध पाठक द्वारा उसे पहचान लिए जाने के सुख को बढ़ाने के लिए ऐसा कर गया हो—एक तरह की 'ब्रे शियन वन अप मैनशिप' वाली तरकीब या शरा-

रत : सच तो यह है कि **टमाटर बेचने वाली बुढ़िया** में शिल्प दूसरी कविताओं से बिल्कुल उल्टा है—यानी विशेषीकरण से साधारणीकरण-सामान्यीकरण-'यूनीवर्सलाइजेशन' का। केदारजी कुछ कविताओं में कहीं-कहीं अतिरिक्त कह जाने का जोखिम लगभग बिलावजह ले लेते हैं किन्तु आमतौर पर उनकी कविताओं को वे तुरन्त भट्ठी में नहीं झोंकते बल्कि एक धौंकनी से धीरे-धीरे गरमाते हैं—कोयलों को हर फूंक के साथ गुलाबी होता देखते हैं और कविता धीर-धीरे दमकने लगती है। इसलिए उनकी कविता में चीख-चिल्लाहट, हाय-हाय, झगड़ा टंटा, खून-बलवा उस तरह नहीं है जैसा दूसरों के यहां आता है और अक्सर ख़राब तरह आता है। आदमी से, भारतीय आदमी से, गहरी सहानुभूति रखे बगैर और आज के भारतीय हालात से सख्त नफरत किये बगैर अच्छी कविता लिख पाना असम्भव है। अच्छी कविता का कोई फार्मूला नहीं है यह बात अलग है—और केदारनाथ सिंह में यदि अत्यधिक रोष, अमर्ष, असन्तोष नहीं दीखता तो इसका मतलब यह नहीं है कि चूंकि वे गीतात्मकता से बढ़े थे इसलिए यह ऐसा है या इसलिए है कि उनमें उन्हें व्यक्त करने की ताकत नहीं है। केदारजी उन कवियों में से हैं जिनका विकास अद्भुत हैं—**भटका मेघ** के श्रीकांत वर्मा और 'माया दर्पण' के श्रीकांत वर्मा के बीच का विकास वैसा ही है और ऐसे विकास के पीछे की सर्जनात्मक शक्तियां कम नहीं होतीं। सच यह है कि केदार सरीखे सजग कवि वह सारे काम क्यों दोहराएं जो निराला, मुक्तिबोध, रघुवीर सहाय, श्रीकांत बर्मा, धूमिल आदि अपने-अपने तरीकों से खासे अच्छे कर चुके हैं। यही वह कठिन वरण है जिसे कर एक कवि अपनी भाषा, अपनी जमीन तथा अपनी अस्मिता प्राप्त करता है। केदार जी की कविताओं का अपनापन असंदिग्ध है और वे कवि और कविताओं की भारी भीड़ में भी तुरन्त पहचानी जा सकती हैं। इतनी कम कविताओं में अपनी पहचान इतनी ज्यादा बना लेना जहां एक विलक्षण उपलब्धि है वहां हिन्दी के कुछ आलोचकों तथा पाठकों की अद्भुत वयस्कता का भी परिचायक है। दरअसल केदारनाथ सिंह, शमशेर, विनोद कुमार शुक्ल आदि जैसे किन्हीं सांचों में फिट न हो पाने वाले सारे सर्जकों का हिन्दी में न सिर्फ बने रहना बल्कि प्रासंगिक माना जाना बुरे कवियों, बुरे आलोचकों, बुरे प्राध्यापकों और बुरे सम्पादकों के सारे झूठ, छद्म और स्यापे को चुपचाप ध्वस्त करता है।

केदारनाथ सिंह की कविताएं चीजों को दो तरह से 'सेलेब्रेट' करती हैं—एक तो उनके भौतिक या अभौतिक अर्थों और परिणामों के लिए और दूसरे वे जो हैं सिर्फ उनके लिए। **जमीन, बैल, एक प्रेम कविता को पढ़कर, जो एक स्त्री को जानता है** जैसी कविताएं एक-दूसरी तरह की कविताएं हैं। यहां **जमीन, बैल, प्रेम कविता** या **स्त्री** को कवि ने अपनी ओर से कुछ नहीं दिया है—सिवाय इसके कि वह कई बार उनके पास गया है और बहुत देर तक उसने उन्हें देखा, छुआ, सुना, पढ़ा है। इस बार-बार जाने ने जहां स्वयं कवि की इन्द्रियों को नयी क्षमताएं दी हैं वहां उसके विषयों को भी नये आयाम दिये हैं।

केदारनाथ सिंह के कवि की धृष्टताएँ अद्भुत हैं—वह अपने जुनून में दरख्त की पीठ थपथपाता है, घोड़े की तरह घास चरने की इच्छा करता है, खरहों की मांद तक खबर पहुंचाना चाहता है, धरती को आलू की तरह चीर देना तय करता है, जमीन की महक को ज़िलवाना चाहता है, वह बैल के विचार सुन सकता है, उसके सपनों में उतर जाता है, उस जानवर की खुशियां, उसका गर्व उसे मालूम है, प्रेम-कविताओं की बत्तखें, स्त्रियां, पेड़, आलू, गोभी सब उसके लिए जीवित हो जाते हैं। उस स्त्री को भूलने की प्रक्रिया में जिसे वह जानता है—उसे जंगली पत्तों की खुशबू, जानवरों के रोमों की गरमाहट, मजबूत पत्थर, पानी का संगीत, पत्ता, उसकी नसों में खून, सूरज, भेड़ों को हांकता गड़रिया, आंच, यातना, शनिवार, शहर, पेड़, जड़ें, घड़ी, हवा, नाम, तारीखें, रंग, चेहरे, आंखें, देह की बची हुई ऊष्मा, नदी और पिछला मार्च—यानी एक पूरा संसार—प्राप्त हो जाते हैं।

शब्द कविता में केदारजी ने **टमाटर बेचने वाली बुढ़िया** तथा बढ़ई और चिड़िया कविताओं का मिला-जुला शिल्प इस्तेमाल किया है—वे शब्दों की चिन्ता में निकलते हैं, दाने तक पहुंचते हैं, दाने में उन्हें आटे की गन्ध और उससे चक्की का पाट और उससे मां के गाने की आवाज आती है—इसमें जहां एक ओर शब्द टमाटर है जो मां तक पहुंचाते हैं वहां स्वयं कवि वह बढ़ई है जो दाने को चीरता हुआ उस आरे और फिर आरे से चक्की और चक्की से मां की आवाज तक पहुंचता है—इस चीरने के अन्त में 'चिड़िया' की चीख नहीं, बल्कि मां के गाने की आवाज है। यहां यह बात ध्यान देने लायक है कि केदारजी की कविताओं की मां उनकी मां नहीं हैं— वह दरअसल मेहनतकश, सताई गयी किन्तु अपनी विपन्नता में पूरी गरिमा लिए हुए एक सर्वहारा मां है जिसमें हम जैसे सब अपनी मां की तस्वीर देख सकते हैं।

यहां एक संदेह हो सकता है—क्या केदारनाथ सिंह शब्दों, बिम्बों और चित्रों के जादूगर हैं? क्या उन्होंने अपनी कवि-सुलभ शक्तियों का खतरनाक फायदा उठाया है, हम पर मेस्मरिज्म, इंद्रजाल, सम्मोहन, हिप्नोटिज्म का प्रयोग किया है? क्या वे अपने शब्दों, बिंबों और चित्रों को संगीत—बहुत ललित संगीत—के स्वरों की तरह इस्तेमाल करते हैं और एक सिद्धहस्त सितार या पियानो या वायलिन वादक की तरह आरोह और अवरोह की द्रुत आतिशबाजी से हमें मोह रहे हैं? केदारजी के यहां बिंब और चित्र हैं इससे कौन इन्कार कर सकता है—कई बार उनमें कोई 'सम्बन्ध' ढूंढ़ पाना मुश्किल होता है यह भी सही है। लेकिन 'जो एक स्त्री को जानता है' कविता केदारनाथ सिंह की कविताओं में शिल्प को समझने में बहुत सहायक हो सकती है। कविता की शुरुआत एक हल्की उदासी एवं मृदु स्वीकार से होती है और 'पेंसिवनैस' (इसके लिए कोई हिन्दी शब्द शायद नहीं है) का यह दायरा फैलता हुआ अनेक गीतात्मक और अगीतात्मक चीजों को अपने में समेटता जाता है—

जो भावना दया, करुणा, तरस तथा बिसूरने में पतित हो सकती थी धीरे-धीरे अपने आस-पास अनेक चीजों के होने के अहसास में बदल जाती है और जहां कवि अपने शोक या पीड़ा या नैराश्य में 'विशिष्ट' होने जा रहा था, सृष्टि में अनेक के बीच एक होने की अनुभूति—सृष्टि और अस्तित्व के विराट् गणतंत्र का एक-दूसरों की ही तरह वेध्य नागरिक—पर अनेक तरह की खट्टी-चिरपिरी-मीठी अनुभूतियों के एक सिलसिले को पार करता हुआ पहुंचता है जहां उसकी भावनाओं, विचारों, हृदय तथा मस्तिष्क में जो भी अतिरिक्त था वह छिलकर या तपकर गिर जाता है और एक परिशुद्ध, दमकता हुआ सार ही बच रहता है। यह चमत्कार केदारजी की प्रत्येक कविता में होता हो ऐसा न तो संभव है और न आवश्यक, किन्तु उनकी कविताओं की शब्द-यात्रा या बिंब-यात्रा या चित्र-यात्रा विभिन्न प्रक्रियाओं के विभिन्न चरणों से गुजरती हुई एक 'प्यूरिफिकेशन' की यात्रा है—वह कितनी सफल है और कितनी शुद्धि वह प्राप्त कर पाती है यह भले ही हर कविता में अलग-अलग हो। केदारजी की कविताएं इसलिए हमेशा एक 'डायलैक्टिक' में विकसित होती हैं, उसे आप चाहें तो शिल्पगत 'डायलैक्टिक' कहें या कथ्यगत—या दोनों साथ-साथ। उन्हें पढ़ते समय कभी-कभी बरबस डबल हेलिक्स का चित्र कल्पना में आता है।

केदारनाथ सिंह चीजों का वर्णन ठीक-ठीक करने वाले हिन्दी के विरले कवियों में हैं और चीजों का ठीक-ठीक वर्णन जहां एक ओर सौंदर्य और उल्लास की ओर ले जाता है वहां वह जीवन की विसंगतियों, एब्सर्डिटीज की ओर भी ले जाता है। केदारनाथ सिंह की दृष्टि सीमित नहीं है यह इसी से जाहिर हो जाता है कि उनके यहां एक खासे कसैले स्वाद की कविताएं भी हैं जैसे 'भीड़ के विरुद्ध एक शब्द', 'ढाल से उतरते हुए', 'बाजार से लौटकर', 'बहस' और 'धूप में घोड़े पर बहस'। पहली चार कविताएं आत्मपरक शैली में हैं किन्तु उनमें विसंगति का रुग्ण इस्तेमाल फिर भी नहीं है। इस तरह की कविताओं में सबसे दिलचस्प 'धूप में घोड़े पर बहस' ही है। विशद व्याख्या यहां संभव नहीं है—बहस तीन आदमियों के बीच में हो रही है—विषय थोड़ा है जो वहां दूर-दूर तक उपस्थित नहीं हैं। केदारजी का विट् यहां अपनी पूरी ताकत के साथ मौजूद है—कविता दो-तीन दफे बहुत खतरनाक ढंग से किसी 'अर्थ' या 'प्रतीक' के समीप आकर लौट जाती है। उनकी द्वन्द्वात्मकता एक चीज स्थापित करती और फिर उसीको काट देती है। बहुत किस्म के नाटकीय वक्तव्य दिये जाते हैं—काफी उत्तेजना फैलती है—एक अन्तिम सनसनीखेज भविष्यवाणीनुमा फतवा दिया जाता है और फिर लम्बे समय तक कोई बहस नहीं होती। सवाल यह नहीं है कि पहला, दूसरा और तीसरा अलग-अलग और क्या है, घोड़े क्या हैं और आंकड़े क्या हैं—जो चीज स्पष्ट है वह यह है तीनों एक-दूसरे का स्थान ले सकते हैं। कविता की अंतिम पंक्तियां कॉमिकल हैं, ट्रैजिक भी और भयावह भी। पूरी कविता कई तरह की व्याख्याओं की छूट देती है—जो एक महत्त्वपूर्ण गुण होना चाहिए। **फर्क नहीं पड़ता** इसी विसंगति से जन्म लेती है किन्तु फर्क नहीं पड़ता वाली विसंगति मानव-विरोध के इतने समीप है कि उससे कुछ पाने के लिए कविता में अनेक क्रूर विकल्पों को रखना पड़ता और गलत समझे जाने का खतरा बना रहता इसलिए केदारनाथ सिंह **फर्क नहीं पड़ता** में तुरन्त सही चीजों का पक्ष लेते हैं और अंत तक आते-आते **फर्क नहीं पड़ता** को **फर्क पड़ता है** में बदल देते हैं।